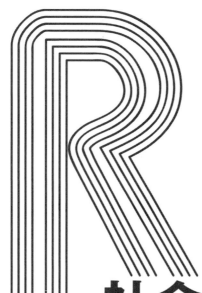

社会科学中的数据分析

R语言的应用

李泉（Quan Li）◎著
董绍政◎译

北京大学出版社
PEKING UNIVERSITY PRESS

著作权合同登记号图字：01-2019-6424

图书在版编目(CIP)数据

社会科学中的数据分析：R语言的应用 /（美）李泉著；董绍政译 . — 北京：北京大学出版社，2022.1
ISBN 978-7-301-32537-7

Ⅰ.①社⋯ Ⅱ.①李⋯ ②董⋯ Ⅲ.①程序语言 – 程序设计 – 应用 – 社会科学 – 数据处理 Ⅳ.① C-39

中国版本图书馆 CIP 数据核字(2021) 第 190452 号

Quan Li
USING R FOR DATA ANALYSIS IN SOCIAL SCIENCES, FIRST EDITION
ISBN: 9780190656225
© Oxford University Press 2018

"USING R FOR DATA ANALYSIS IN SOCIAL SCIENCES, FIRST EDITION" was originally published in English in 2018. This translation is published by arrangement with Oxford University Press. Peking University Press is solely responsible for this translation from the original work and Oxford University Press shall have no liability for any errors, omissions or inaccuracies or ambiguities in such translation or for any losses caused by reliance thereon.

"社会科学中的数据分析：R 语言的应用"英文版于 2018 年出版。此翻译版经牛津大学出版社授权出版。北京大学出版社负责原文的翻译，牛津大学出版社对于译文的任何错误、漏译或歧义不承担责任。

书　　　名	社会科学中的数据分析：R 语言的应用 SHEHUI KEXUE ZHONG DE SHUJU FENXI: R YUYAN DE YINGYONG
著作责任者	李泉（Quan Li） 著　董绍政　译
责任编辑	王晶
标准书号	ISBN 978-7-301-32537-7
出版发行	北京大学出版社
地　　　址	北京市海淀区成府路 205 号　100871
网　　　址	http://www.pup.cn
微信公众号	北京大学经管书苑（pupembook）
电子信箱	em@pup.cn
电　　　话	邮购部 010-62752015　发行部 010-62750672　编辑部 010-62767347
印　刷　者	北京圣夫亚美印刷有限公司
经　销　者	新华书店
	787 毫米 ×1092 毫米　16 开本　17.5 印张　468 千字 2022 年 1 月第 1 版　2022 年 1 月第 1 次印刷
定　　　价	52.00 元

未经许可，不得以任何方式复制或抄袭本书之部分或全部内容。
版权所有，侵权必究
举报电话：010-62752024　电子信箱：fd@pup.pku.edu.cn
图书如有印装质量问题，请与出版部联系，电话：010-62756370

中文版序

很荣幸也很高兴为本书的中文版作序。感谢庞珣教授和她的学生董绍政将我的著作翻译为中文,感谢北京大学出版社出版了本书的中文版本。希望中文版可以为中国的青年学者揭开定量研究过程的神秘面纱,帮助中国资深的定性研究学者理解、欣赏和批判定量研究。这些功能在定性研究仍然占主导地位但各类数据已经变得丰富可用的学术领域中尤其有用。

作为一个在中国长大、学习和工作到 28 岁的人,我非常希望能以我力所能及的方式为中国做出贡献。我的专业是国际关系,我的所有研究几乎都涉及定量分析。多年以来,我曾在中国的许多大学作过研究报告,还在北京大学、清华大学、北京师范大学和中山大学教授关于定量方法、国际政治经济学、学术论文写作和发表的暑期短期课程。通过这些互动,我开始了解年轻的中国学者和研究生。在国际关系研究领域,定性研究在中国流行而定量分析在美国流行,青年学者被夹在两者之间。他们试图学习定量分析并发表他们的研究,但是学习如何推翻或拓展已发表的定量研究在中国似乎是令人生畏的。我相信本书可以通过打开定量分析的"黑箱"来减轻这一过程中的困难。已公开发表的高质量定量研究在本书中被一步步分解、复制和拓展,这无疑是一个解除疑惑、令人振奋的过程。通过阅读本书,年轻的学者可以掌握必要的定量研究技能。然后,他们可以花更多时间寻找令自己兴奋的、重要的研究问题,构建令人信服和具有创新性的理论猜想,并学习和发展出合适的方法论——数据、测量与研究方法——来发现经验证据。本书可以在渴望进行定量研究的中国青年学者的发展之路上扮演一个有益的角色。

在我关于统计方法的暑期短期课程中,我遇到过一些资深的中国学者,他们专门从事定性研究,但是思想开放,对学习定量分析也很感兴趣。我很享受与他们的互动。看到他们探索定量研究的过程,了解统计推断的效用、局限性及其与因果推断之间的关系,并使用 R 生成新的图像和结果,这一切都是令人愉快的。即使这些资深学者可能永远不会去写一篇定量研究的论文,但他们至少习得了更好地理解、欣赏和批判定量研究的能力。如果我们想要更好地理解人类行为,弥合中国某些学术领域中定性分析与定量分析之间的鸿沟,那么这种能力是至关重要的。我相信本书的中文版将有助于许多思想开放的中国学者获得这种能力。

李泉
2021 年 8 月

前言

本书旨在教授社会科学领域的高年级本科生和低年级研究生如何使用 R 来进行数据管理、数据可视化和数据分析,从而回答实际的研究问题,并复制已发表期刊文章中的统计分析。在过去的几十年里,对于本科生和研究生而言,统计分析方面的训练已经在社会科学和行为科学领域,如经济学、政治学、公共管理、商科、公共卫生、人类学、心理学、社会学、教育学和传播学的教学中变得越来越重要。随着统计计算的迅速发展,熟练运用统计软件已经基本成为统计方法课程的普遍要求,尽管不同课程要求的程度有所不同。可供选择的常用软件有 SAS、SPSS、Stata 和 R。社会科学领域的学生很容易获取 SAS、SPSS 和 Stata 的入门教科书,但是 R 的教材则较为稀少。

与 SAS、SPSS 和 Stata 这样的商业软件相比,R 至少有三个优点。首先,它是一个精心设计且有条理的系统,有配套软件来帮助实现数据管理、数据可视化和数据分析。其次,为了满足不断出现的新需求,R 用户的大型社区在不断开发新的开源附加软件包,其数量已经达到 10 000 以上。最后,这个软件最大的优点也许就是免费。这种经济上的优势无论如何高估也不为过。财力有限的大学生通常会发现自己不得不依赖于实验室的计算机来使用 SAS、SPSS 和 Stata,或者是受限于这些商业软件的学生版本。甚至在毕业后,很多人也发现很难去说服雇主购买他们所熟悉的特定商业软件以用于日常工作。

在高等教育领域,选择 R 而不是其他统计软件的理由有很多。不过,陡峭的学习曲线是阻止 R 在社会科学中获得广泛运用的最大障碍。虽然市场上已经出现了很多适用于各种水平的 R 语言教材,但是针对社会科学领域学生需求的入门教科书并不容易找到。本书旨在填补这一空白。

本书与其他的 R 语言入门教材和统计教材的主要区别主要体现在三个方面。第一,作为入门教材,本书旨在服务于用 R 来完成数据分析项目但很少接触统计编程的读者。强调本书入门性质的理由很简单:这是由社会科学领域的课堂教学中我们遇到的学生群体的需求及其异质性所决定的。不同于数学和统计专业的学生,许多社会科学专业的 R 用户没有任何关于计算机语言和软件编程的经验,而且许多人也不会去追求比日常使用水平更高的编程水平。然而,社会科学领域的学生会发现,在不同的课程和未来的职业生涯中使用 R 来进行数据操作、数据可视化和数据分析的机会其实非常多。因此,他们需要能够熟练使用 R 来完成数据操作、数据可视化和数据分析的一般性任务,同时又不至于过分专业。在这一点上,现有的不涉及统计知识的 R 语言入门教材在覆盖面上过于宽泛,并且通常以数学、统计学、自然科学和工程学领域的学生为目标受众,因此吓走了大部分社会科学领域的学生。阿兰·祖尔(Alain Zuur)、埃琳娜·耶诺(Elena Ieno)和埃里克·梅斯特斯(Erik Meesters)的《R 语言初学者指南》(*A Beginner's Guide to R*)和菲利普·斯佩克特(Philip Spector)的《R 数据操作》(*Data Manipulation with R*)是很好的例子。它们的目标受众通常是数学、统计学、自然科学和工程学领域的学生,这些读者相较于社会科学领域的同学拥有更多的编程经验。

相比之下,本书采用尽可能简化的学习路径来教授 R。它只包括了用 R 来进行可复制研究项目所需的最主要特性和功能,其他内容被移到第 8 章附录或者完全不作考虑。R 极为灵活,几乎总是能够使用多种方法来完成同一编程任务。尽管这是一个优点,但它对很少接触计算机编程的初学者来说确实是一个挑战。本书采取的极简学习路径将仅为每章的主要任务提供一种解决方法,而将其他内容归入一个名为"适用于学有余力读者的综合问答"的小节。因此,这种极简学习路径应该能够平缓 R 陡峭的学习曲线以弥补这一显著缺点,使软件更容易被本科生及类似水平的读者所接受。在结构上,本书将各章分解为若干小节来模仿学生的实验课程。每一章只关注在 R 中使用数据操作、数据可视化和数据分析来完成基本统计分析任务所需的主要功能。最终,通过这种极简学习路径,读者将积累足够的关于 R 的知识和技能来完成课堂研究项目,并在必要的时候自学更高级的内容。

本书的第二个特点是重在满足学生的实际需求,即对社会科学领域的实际问题进行研究时能够使用 R 进行统计分析。除课后作业和习题集外,社会科学的统计方法课往往要求学生完成一个完整的、具有实际意义的研究项目。这是因为,如果可以证明统计知识与具体课程及学生的未来职业生涯有关,那么这种训练无疑就是重要的。理想情况下,学生可以用完成的统计分析论文作为申请研究生院或求职的写作样本来展示他们的定量分析技能。

在实践中,如果要在实际问题上完成这样的项目,学生必须收集、清理和操作数据,系统地进行数据可视化和数据分析来表达问题的内容,并有条理地报告所发现的结果。许多关于基础统计的 R 教材倾向于强调与统计方法有关的 R 代码,而忽视了读者对于研究前准备工作的需求,也没有对完成研究项目的过程给予足够重视。例如约翰·韦尔扎尼(John Verzani)的《R 语言基础统计》(*Using R for Introductory Statistics*)和迈克尔·克劳利(Michael Crawley)的《基础统计的 R 语言应用》(*Introductory Statistics Using R*)就是这一类书籍中的两本流行教材。其数据准备工作并没有与处理实际问题的特定研究项目相关联。

相比之下,本书是在读者主要使用 R 来处理其感兴趣的实际问题这一前提下编写的。这使得本书与其他使用 R 的入门统计教材有几个显著的不同。首先,本书使用 R 将原始数据集转化为适合于统计分析的格式,因此强调了如何去处理在这个过程中出现的各种问题。其次,不同于其他教材通常从 R 的交互界面操作开始,本书将注意力放在了 R 程序的编写和执行上。这种学习路径可以轻松地验证、追溯和复制分析,而在实际的可重复研究中也几乎总是会使用这种方式。采用这种学习路径的学生将会编写许多保存好的 R 代码来处理各种实际问题,这样他们就可以留存这些程序以备未来查询。最后,同时也很重要的一点是,本书将 R 的运用与研究的原始过程紧密地结合在一起,这个过程由一系列要素构成:一个需要被解答的实际问题、一个回答此问题的研究假设、对这个假设进行实证检验所使用的统计推断的逻辑、统计推断所使用的以数学符号表示并在 R 中运算实现的检验统计量,以及对研究结果有条理的呈现。这里的重点是深入了解为什么我们要进行统计分析以及 R 是如何应用于实际问题的实证研究的。因此,这种以研究过程或者说以研究项目为导向的路径应该可以显著增加学生在未来的课程和职业生涯中使用 R 来解决问题的可能性。

本书的第三个特点是强调如何复制已发表的期刊文章上的统计分析。科学进步要求前人的研究是可重复并且已被复制过的,诸如物理和化学这种学科的教学则总是会包括复制前人实验的实验练习。随着社会科学领域的知识越来越倾向于建立在实证基础上并依赖于大量的数据分析,学会复制已发表的研究结果已经成为本科生和低年级研究生学习如何进行社会科学研究的必经之路。强大的免费软件和公共领域中广泛存在的数据集使得这种训练具有了可行性。很多期刊现在要求作者提交和保存用于复制研究的数据集。很多调查和文献中的原始数据可以从网上下载。学生不再只是社会科学研究的被动接受者,相反,学生可以主动地检查已发表的研究,并使用数据成功或不成功地复制前人的研究结果。这将使学生从被动的接受者转变为积极的学习者。随着复制研究成为常态而非特例,学生进入学术界的门槛将会降低,将有能力挑战教授及其他知识生产者的研究。社会科学领域本科生课程中教学和研究之间的巨大鸿沟将会被缩小。这样的变化有可能使教学对教授来说更加有趣,使学生的学习更有成效,使双方都在教学过程中更加成功。

本书由八个章节构成。第一章介绍了 R,说明了如何使用 R 软件来编写和执行程序。第二章介绍了在 R 中准备分析所用数据的各种主要任务及其过程。第三章为统计推断的逻辑提供了概念背景,然后演示了如何使用单样本和双样本 t 检验对一个连续变量进行统计推断。第四章的内容进入到分析两个连续变量之间的关系,主要关注它们的协方差和相关性。第五章介绍了回归分析,包括了回归分析的概念基础、模型设定、估计、解释和推断。第六章继续介绍回归分析,深入到了各种诊断检验和敏感性分析。第四至六章遵循相同的路径,在每章整合了概念和数学基础、数据准备、统计分析和结果报告。第七章引导读者完成对两个已发表研究的复制。最后,第八章作为附录简要介绍了如何分析离散数据,演示了用于检验独立性的卡方检验(Chi-squared test)和逻辑回归(logistic regression)。

没有教科书是完美的,本书自然也不例外。本书采用的极简学习路径在简化了 R 的学习的同时也付出了代价。许多 R 中常用的功能和特性没有包含在本书的内容中,例如编写函数和循环。类似地,通过将教学重点放在使用 R 来解决实际问题的研究过程上,本书主要介绍的是解释一个连续结果变量的相关统计方法,例如均值、均值差、协方差、相关性和横截面回归。因此,为了获得更好的可读性、清晰度和深度,本书在编程和统计的综合性上做出了牺牲。这是为了使本书更加通俗易懂,便于编程和数据分析的初学者使用。

总而言之,本书以一种极为易于掌握和高度结构化的方式整合了 R 的编程、统计推断的逻辑与步骤以及社会科学实证研究的过程。本书强调的是学会使用 R 来进行基本的数据管理、数据可视化和数据分析,并复制已发表的研究结果。当结束本书的学习时,学生将学会如何做到以下几点:① 使用 R 来导入数据、检查数据、识别数据集的属性,并管理观测值、变量和数据集;② 用 R 来绘制简单的直方图、箱形图、散点图和研究结果;③ 用 R 来总结数据,进行单样本 t 检验,检验组间均值的差异,计算协方差和相关性,估计和解释普通最小二乘(ordinary least square,OLS)回归,并诊断和校正违背回归分析假定的情况;④ 复制已发表期刊文章中的研究结果。**本书的原则是,在教授学生尽可能少的 R 知识的基础上,使学生完成尽可能多的初级和中级水平的实际问题驱动的数据分析。**本书采用的极简学习路径能够显著降低学习成本,而仍然能够满足社会科学领域高年级本科生和低年级研究生的实际研究需求。完成本书的学习后,学生将有能力使用 R 和统计分析来回答横截面研究设计中与其感兴趣的连续结果变量相关的真实研究问题。希望这种新获取的能力可以鼓励学生主动而非被迫地进一步学习 R 与统计。

致谢

为了进行复制(replication)练习,本书转载了来自四篇不同期刊文章中的五张原始表格。这几篇文章是:① Iversen, Torben, and David Soskice. 2006. "Electoral Institutions and the Politics of Coalitions: Why Some Democracies Redistribute More Than Others," *American Political Science Review* 100(2): 165-181, Table A1. Copyright: Cambridge University Press. ② Frankel, Jeffrey A., and David Romer. 1999. "Does Trade Cause Growth?" *American Economic Review* 89(3): 379-399, Table 3. Copyright: American Economic Association. ③ Braithwaite, Alex. 2006. "The Geographic Spread of Militarized Disputes," *Journal of Peace Research* 43(5): 507-522, Table I and Table II. Copyright: SAGE Publications. ④ Bénabou, Roland, Davide Ticchi, and Andrea Vindigni. 2015. "Religion and Innovation," *American Economic Review* 105(5): 346-351, Table 2. Copyright: American Economic Association。其中,Iversen and Soskice(2006)和 Braithwaite(2006)的相关表格转载已经获得剑桥大学出版社和 SAGE 出版社的许可。这里要特别感谢杰弗里·弗兰克尔(Jeffrey Frankel)、罗兰·贝纳布(Roland Bénabou)和美国经济学会(American Economic Association)慷慨地允许我免费转载其文章中的相关表格。

本书对 Anscombe, F. J., 1973, "Graphs in statistical analysis," *The American Statistician* 27(1): 17-21 中图 1 至图 4 的改编和使用已经得到出版商 Taylor & Francis Ltd. (http://www.tandfonline.com)的许可。

没有众多学生、同事和朋友的鼓励、帮助与支持,这本书是不可能完成的。我在得克萨斯 A&M 大学(Texas A&M University)的政治计量课和高级研究研讨课上的本科生给了我编写本书的初始动力。许多参加这两门课程的学生,尤其是雅各布·金(Jacob King)和亚历克斯·古德曼(Alex Goodman),在初稿中发现了拼写失误和其他错误。在 2016 年夏,斯卡利特·阿莫(Scarlet Amo)、科尔宾·卡利(Corbin Cali)、钱德勒·道森(Chandler Dawson)和伊丽莎白·戈默(Elizabeth Gohmert)尝试使用早期版本的手稿自学 R 语言的数据分析。他们提供了关于每一章的详细报告并独立完成了应用论文。他们的努力极大地改善了本书中各种材料的呈现与组织方式。我感谢他们出色的工作和努力。我的研究生助理莫莉·贝克迈尔(Molly Berkemeier)、凯利·麦卡斯基(Kelly McCaskey)和奥斯汀·约翰逊(Austin Johnson)提供了出色的编辑协助。我的同事和朋友冯体一、牧人、埃丽卡·欧文(Erica Owen)和卡莱尔·雷尼(Carlisle Rainey)阅读了部分的初稿并提供了宝贵的反馈和建议。

牛津大学出版社中的许多人在这份书稿的完成和改善过程中提供了帮助。斯科特·帕里斯(Scott Parris)是我在剑桥大学出版社第一本书的编辑,直到从牛津退休,他都一直耐心地鼓励我完成这本书。祝你退休愉快!斯科特在从牛津退休之前,将任务转交给了安妮·德林格(Anne

Dellinger)。安妮的热情和鼓励是我决定继续在牛津大学出版社出版这本书的主要原因。在安妮离开牛津后,戴维·珀文(David Pervin)成为我的编辑并提供了合理建议。斯科特的助手凯瑟琳·沃曼(Cathryn Vaulman)和戴维的助手艾米丽·麦肯齐(Emily Mackenzie)与海利·辛格(Hayley Singer)处理了此过程中的许多后勤问题。黛比·鲁埃尔(Debbie Ruel)校正了许多错误,并且出色地完成了复制编辑,而林西·普里亚(Lincy Priya)耐心地处理了我的请求,并顺利地完成了本书的制作。庞珣和祖德·海斯(Jude Hays)提供了宝贵的意见和建议,很大地提高了本书的质量。

最后,我最应该感谢的是我的妻子柳和我的两个孩子爱伦(Ellen)和安德鲁(Andrew)。没有他们坚定的支持和不断的询问,甚至阅读了一部分手稿和检查了我的R代码,我都没办法完成这个项目。这本书是献给他们的!

目 录

图目录
表目录

第一章　了解 R 并编写首个玩具程序　1
1.1　何时在一个研究项目中使用 R？　1
1.2　R 的基本信息　2
1.3　如何建立项目文件夹并编写我们的第一个 R 程序　3
1.4　创建、描述和绘制向量：以玩具程序为例　8
1.5　简单的真实世界案例：来自 Iversen and Soskice(2006)的数据　19
1.6　第一章程序代码　23
1.7　排除错误与获取帮助　27
1.8　重要参考信息：符号、运算符和函数　28
1.9　总结　30
1.10　适用于学有余力读者的综合问答　30
1.11　练习　34

第二章　准备好数据：导入、检查和准备数据　35
2.1　准备数据　35
2.2　导入 Penn World Table 7.0 数据集　38
2.3　检查导入的数据　40
2.4　准备数据Ⅰ：变量类型和索引　44
2.5　准备数据Ⅱ：管理数据集　47
2.6　准备数据Ⅲ：管理观测值　52
2.7　准备数据Ⅳ：管理变量　54
2.8　第二章程序代码　62
2.9　总结　68
2.10　适用于学有余力读者的综合问答　68
2.11　练习　74

第三章　单样本和均值差检验　75
3.1　概念准备　76
3.2　数据准备　80
3.3　世界经济的平均增长率是多少？　82
3.4　1990 年世界经济的增长速度是否比 1960 年快？　89
3.5　第三章程序代码　99
3.6　总结　103
3.7　适用于学有余力读者的综合问答　104
3.8　练习　111

第四章　协方差与相关性　113
4.1　数据和软件准备　113
4.2　使用散点图对贸易与增长之间的关系进行可视化　116
4.3　贸易开放程度与经济增长相关吗？　117
4.4　贸易与增长之间的相关性是否会随时间变化？　121
4.5　第四章程序代码　126
4.6　总结　129
4.7　适用于学有余力读者的综合问答　129
4.8　练习　133

第五章　回归分析　135
5.1　概念准备：如何理解回归分析？　135
5.2　数据准备　138
5.3　数据可视化和检查数据　144
5.4　如何估计和解释 OLS 模型的系数？　147
5.5　如何估计系数的标准误？　148
5.6　如何推断感兴趣的总体参数？　149
5.7　如何解释模型的整体拟合度？　151
5.8　如何报告统计结果？　152
5.9　第五章程序代码　154
5.10　总结　157
5.11　适用于学有余力读者的综合问答　158
5.12　练习　162

第六章　回归诊断和敏感性分析　163
6.1　为什么 OLS 的假定和诊断非常重要？　163
6.2　数据准备　168
6.3　线性度和模型设定　171
6.4　完全多重共线性和高度多重共线性　175
6.5　误差的方差齐性　177
6.6　误差项观测值的独立性　180
6.7　高影响观测值　190
6.8　正态性检验　194
6.9　报告结果　197

6.10 第六章程序代码　200
6.11 总结　207
6.12 适用于学有余力读者的综合问答　207
6.13 练习　209

第七章　复制已发表研究的结果　210
7.1 是什么影响了军事冲突在地理上的扩散？复制和诊断 Braithwaite（2006）　211
7.2 宗教热忱会影响个人对创新的态度吗？复制 Bénabou et al.（2015）　227
7.3 第七章程序代码　236
7.4 总结　242

第八章　附录：如何分析分类数据和寻找更多数据　243
8.1 目标　243
8.2 准备数据　243
8.3 男性和女性在自我报告的幸福感上有区别吗？　244
8.4 信徒与非信徒在自我报告的幸福感上有区别吗？　249
8.5 自我报告的幸福感的来源：逻辑回归　251
8.6 在哪里寻找更多的数据？　259

参考文献　261

常用附加软件包　264

图目录

图 1.1　如何在 R 中编写第一个玩具程序 ………………………………………… 6
图 1.2　如何安装附加软件包 ……………………………………………………… 15
图 1.3　离散变量 vd＄v1 的分布：条形图 ………………………………………… 18
图 1.4　连续变量 vd＄v1 的分布：箱形图和直方图 ……………………………… 19
图 1.5　Iversen and Soskice（2006）中 Wage Inequality（工资不平等）的分布 … 23
图 1.6　Iversen and Soskice（2006）中比例代表制和多数代表制的分布 ……… 23
图 1.7　RStudio 的屏幕截图 ……………………………………………………… 32
图 2.1　使用 View( ) 函数查看原始数据 ………………………………………… 40
图 2.2　变量 rgdpl 的分布 ………………………………………………………… 44
图 3.1　错误类型和不同的抽样分布 ……………………………………………… 79
图 3.2　Growth 的直方图 …………………………………………………………… 88
图 3.3　Growth 的均值和 95% 置信区间 ………………………………………… 89
图 3.4　Growth 的均值和 95% 置信区间：1960 年和 1990 年 ………………… 98
图 4.1　两个随机变量正相关的仿真 ……………………………………………… 116
图 4.2　贸易开放程度与经济增长的散点图 ……………………………………… 117
图 4.3　贸易和增长之间随时间变化的相关系数 ………………………………… 124
图 4.4　贸易与增长之间随时间变化的相关性的 p 值 ………………………… 125
图 4.5　安斯库姆四重奏的散点图 ………………………………………………… 132
图 5.1　Frankel and Romer（1999）的原始统计结果 …………………………… 137
图 5.2　比较不取对数和取对数的人均收入 ……………………………………… 146
图 5.3　贸易开放程度和取对数的人均收入 ……………………………………… 146
图 5.4　Model 1 的系数图像 ……………………………………………………… 153
图 5.5　偏回归图像 ………………………………………………………………… 161
图 5.6　探索变量间的成对关系 …………………………………………………… 162
图 6.1　安斯库姆四重奏的回归图像 ……………………………………………… 165
图 6.2　安斯库姆四重奏模型的残差-拟合值图 …………………………………… 166
图 6.3　性能较好的回归的诊断图 ………………………………………………… 167
图 6.4　残差-拟合值图：线性度 …………………………………………………… 171
图 6.5　残差-自变量图：线性度 …………………………………………………… 172
图 6.6　贸易开放程度和对数人均收入散点图 …………………………………… 175

图 6.7　按区域分组的残差分布 …………………………………………… 181
图 6.8　按区域分组的贸易和收入散点图 ……………………………… 182
图 6.9　按区域分组的贸易对收入影响的估计 ………………………… 189
图 6.10　高影响观测值的影响图 ………………………………………… 191
图 6.11　超过库克距离阈值的高影响观测值 ………………………… 193
图 6.12　正态性假定诊断图 ……………………………………………… 195
图 7.1　回归诊断图:残差-拟合值 ……………………………………… 219
图 7.2　高影响观测值诊断:库克距离 ………………………………… 222
图 7.3　正态性假定诊断图 ……………………………………………… 224
图 8.1　世界价值观调查编码手册的样本页 …………………………… 244

表目录

表 1.1	回归分析中所用变量的国家均值（来自 Iversen and Soskice(2006)）	20
表 1.2	Iversen and Soskice(2006)中导入数据的统计信息	22
表 1.3	R 中的重要符号	28
表 1.4	算术运算符	29
表 1.5	逻辑运算符	29
表 1.6	常见的统计和数学函数	29
表 2.1	数据准备任务及相关 R 函数的列表	37
表 3.1	统计推断的逻辑	76
表 3.2	双样本均值差异性检验	96
表 5.1	对数或非对数模型中的系数解释	138
表 5.2	最终数据集的描述性统计量	145
表 5.3	贸易开放程度对实际人均收入的影响	153
表 6.1	安斯库姆四重奏的回归结果	165
表 6.2	贸易对收入的影响：稳健性检验第一部分	198
表 6.3	贸易对收入的影响：稳健性检验第二部分	199
表 7.1	变量测量和预期影响	212
表 7.2	冲突扩散的 OLS 回归（Braithwaite(2006)中的原始统计结果表）	213
表 7.3	Braithwaite(2006)中的原始描述性统计信息表	215
表 7.4	军事冲突扩散的原因：复制与稳健性检验	225
表 7.5	儿童拥有的重要品质（来源于 Bénabou et al.(2015)）	227
表 7.6	Bénabou et al.(2015)中数据集的变量标签	230
表 7.7	复制 Bénabou et al.(2015)中的 Table 2	235

第一章 了解 R 并编写首个玩具程序

本章目标

在第一章中,我们将致力于实现以下目标:
1. 理解何时在一个研究项目中使用 R。
2. 了解 R 的基本背景、软件安装以及如何获取帮助。
3. 学习如何为 R 程序和数据文件设置项目文件夹。
4. 学习如何编写和执行简单的玩具程序。
5. 学习如何在 R 中查找和设置项目的工作目录。
6. 学习如何创建数据向量。
7. 学习如何进行描述性统计量的计算和处理缺失值。
8. 学习如何将数据向量转化为数据框。
9. 学习如何引用数据框中的变量。
10. 学习如何在 R 中安装和加载附加软件包 stargazer,并使用它来获得描述性统计信息表。
11. 学习如何绘制一个变量的分布图。
12. 将以上所学内容应用到一个真实世界的数据案例中。
13. 了解常见的编程错误以及如何获取帮助。

本章的学习内容适合一个 10 人左右的班级在实验室中学习大约一个半小时,其中包括简要的讲授和动手练习。更大规模的班级或者自学可能需要更长的时间。

1.1 何时在一个研究项目中使用 R?

完成一个实证研究项目涉及多个阶段,通常以确定研究问题作为开始,以报告研究结果及其含义作为结束:
1. 确定研究问题
2. 回顾文献(找出与问题相关的既有研究)
3. 形成理论观点并提出可检验假设
4. 概念的测量

5. 收集数据
6. 准备数据
7. 分析数据
8. 报告研究结果及其含义

这里的第一步到第五步任务,即确定一个有意义且有趣的研究问题、回顾既有研究文献、形成一个合乎逻辑的理论观点和提出一些可检验的假设来解释研究困惑、对理论中的概念进行实证测量以及收集这些概念的经验性指标数据,一般是由一个学科领域中的主要课程和研究设计课程来处理的,它们超出了本书的范畴。然而第六步到第八步的任务都有可能将 R 作为研究工具来使用。具体地,将 R 用于实际的研究项目是为了分析特定的研究问题,例如评估政策的影响或者检验起因(自变量)对感兴趣的结果(因变量)的影响,其是否与预先假定的理论期望一致。如何完成第六步到第八步的任务将会在接下来的章节中说明。

这种类型的研究项目至少提出了两个挑战,而在这两个挑战中 R 都会非常有用。首先,这样的项目在实践中涉及一系列的任务,例如将数据导入软件、合并不同的数据集、验证数据、创建新变量、重新编码和重命名变量、进行数据可视化、估计统计参数、进行诊断检验,等等。其次,研究者需要能够重现自己的分析,包括数据集的构建和估计的结果,即使是多年之后。这里的第一个挑战涉及分析的效率,而第二个挑战涉及分析的可重复性和可靠性。

为了同时实现分析的高效性和可重复性,有经验的分析者都会选择将代码写入一个或多个程序中,这样就可以在需要时提交、修改并再次提交代码以快速地复制分析结果。因此,在本书中我们将着重介绍如何在程序编辑器中为特定任务编写和提交 R 程序,而不是依靠菜单交互界面来使用 R。对于所有的实际研究问题来说,依靠编程路径来使用 R 都要比依靠交互界面更加有效和一致。

在我们介绍如何使用 R 之前,我们需要说明一些相关的内容安排与细节问题。在本章中,我们将首先对 R 进行非常简要的介绍,然后展示如何安装 R,如何编写和执行 R 程序,如何安装和加载附加软件包,如何生成图像和数值结果,然后转为介绍重要符号的基本参考信息和常见的编程错误。值得注意的是,本书中同一行 R 代码有可能会出现三次:或是作为独立的命令行出现;或是在之前或之后附有对其目的与功能的解释,与执行结果一起列出;或是与本章中的所有其他程序代码整理在一起以便于参考。在本章的结尾,我们将用一个小节讨论学有余力的读者感兴趣的一些综合问题,并且给出一个小节的练习。

1.2 R 的基本信息

1.2.1 R 简介

R 是一种用于统计计算与制图的计算机语言和操作环境,具有一些重要的优点。R 最早是在 1995 年由奥克兰大学的罗伯特·金特尔曼(Robert Gentleman)和罗斯·伊哈卡(Ross Ihaka)合作开发,现在由志愿开发者组成的 R 核心开发团队维护。R 被称为一种计算机语言是因为 R 语言属于 S 语言的一种方言(dialect),而 S 语言是在 20 世纪 80 年代末在 AT&T 的实验室中被开发出来的。R 允许用户遵循算法、定义和添加新的函数、编写新的分析方法而不只是提供封装好的程序。

R 还是一个完整的系统,提供一个集成的软件环境来进行数据的存储、操作、分析和可视化。此外,R 还非常灵活,它可以在 Windows、UNIX 和 Mac OS X 上运行。它可以轻松地扩展,以实现新功能和使用最先进的统计方法,CRAN 家族的镜像站点上数量超过 10 000(截止到 2017 年 1 月)的附加软件包就是明证。最后同时也很重要的是,R 及其众多的附加软件包是免费的。因此,R 在众多领域的实践者与众多学科的学者中都非常流行,其中也包括社会科学。

1.2.2 安装

作为统计计算领域的开源软件,R 可以在以下网站中轻松下载获取:http://www.r-project.org/。我们可以直接点击高亮的"download R"链接来获取 CRAN 镜像站点的列表。选择并点击其中一个站点后,我们会被导向软件的下载页面,包括了 Linux、Windows 和 Mac 三种不同平台的版本。R 在三种不同平台上的运行略有不同。出于本书的写作目的,我们将重点关注 Windows 平台上的语言和功能。Mac 用户可以参考本章最后的综合问答部分获取简要的说明。

R 仍在被开发者不断地更新。值得指出的是,本书使用的一些 R 程序和附加软件包需要在 3.3.2 版或更高版本下运行。如果一台机器上的 R 不是最新版本,可以直接卸载旧版本后按照前述的步骤安装最新版本,或者参考综合问答中关于如何更新 R 的部分。

1.3 如何建立项目文件夹并编写我们的第一个 R 程序

1.3.1 学习如何为程序和数据文件设置项目文件夹

一个项目的第一步是设置一个项目文件夹来保存相关数据集、程序和输出文件。我们可以将项目文件夹视为家中的邮寄地址,而所有的相关数据集、程序和输出文件看作将要邮寄给我们的邮件和包裹。没有邮寄地址,包裹和邮件就不能被邮寄到正确的地点。因此,一个项目文件夹可以使我们轻松地找到所有的相关文件,并且避免将这些文件与用于其他项目或其他目的的文件混杂在一起。

在 Windows 中,我们可以通过以下步骤创建项目文件夹:打开"我的电脑"或者"资源管理器";右键点击根目录,例如"C:"或者"D:";点击"新建";点击"新建文件夹"或者"文件夹";然后为新文件夹输入一个有意义的名称,例如"Project"。

1.3.2 学习如何为项目查找和设置工作目录

当我们打开 R 时,默认的界面是基于交互模式的 R 控制台(R Console)界面。为了创建一个 R 程序,我们应该去往 R 程序编辑器(R Editor)界面。为此,我们可以打开 R,单击菜单栏上的"文件",然后单击"新建程序脚本"来打开 R 程序编辑器。现在,单击菜单栏上的"保存"按钮或者选择"文件"菜单下的"保存"选项,我们将会被提示为 R 程序文件输入一个以".R"结尾的文件名。作为一个实验,我们将文件命名为 session1.R(记住以".R"结尾),然后将其保存在"Project"文件夹中。

1.3.3 学习如何编写和执行最简单的玩具程序

现在是时候学习如何编写一个极其简单的 R 程序并运行它了。R 有一个默认的工作目录或文件夹(将它想象成邮件和包裹的邮局地址)。我们感兴趣的是告诉 R 将当前的默认工作目录更改为"Project"文件夹。这就像将投往邮局的邮件导向我们家中的邮寄地址。"Project"文件夹就是我们保存程序和数据文件的地方。

为此,我们首先需要确认当前 R 会话的工作目录,然后将其改为"Project"文件夹,最后来验证更改是否成功。

在程序编辑器中,首先输入

`getwd()`

getwd 函数列出了当前工作目录的名称。

接着输入

`setwd("C:/Project")`

setwd 函数更改了当前 R 会话的工作目录。函数的参数(argument)在括号内的双引号之间,并使用了一个正斜杠;它将指向"Project"文件夹的路径指定为当前 R 会话的工作目录。这行代码使得在接下来的 R 会话中,我们可以在无须再次指定路径的情况下引用"Project"文件夹中的文件。最后,请注意 R 语言是区分大小写的。因此,R 会把"Project"和"project"当作两个不同的文件夹。如果程序代码中的名称和实际文件夹的名称不匹配,R 将会报错。还需要注意的是,任何符号上的不匹配,如引号、冒号等,都会使 R 报错。

在指定路径时,我们可以像上面那样使用一个正斜杠,或者也可以如下使用两个反斜杠:

`setwd("C:\\Project")`

请注意这里的两个反斜杠。非常重要的一点是,如果我们从电脑的资源管理器中复制文件路径,被复制和粘贴的路径中仅包含一个反斜杠。所以,在使用 R 的时候,我们需要在路径中添加一个反斜杠,或者将其改为正斜杠。

最后,再次输入

`getwd()`

这可以让我们验证任务是否已经按照指示完成。

我们将这三行代码保存到名为"session1.R"的程序文件中。这个包含三行代码的 R 程序要求 R 显示默认工作目录,然后将"Project"文件夹设为新的当前工作目录,最后要求 R 再次显示当前的工作目录。

在程序文件名中包含".R"后缀是一个很好的做法,这是出于两个原因。首先,它可以使我们立即意识到这是一个 R 程序文件。其次,当我们在 R 程序编辑器中打开一个程序文件时,所有带有".R"后缀的文件将会自动出现在文件列表中供我们选择和打开。如果一个程序文件没有".R"后缀但我们想在 R 程序编辑器中打开它,它不会自动显示在文件列表中。我们必须从右下角的文件类型中选择"`All Files`(*.*)"才能查看文件夹中的所有文件。

```
getwd()
setwd("C:/Project")
getwd()
```

要在 R 中执行这个小程序,我们可以选择以下两种方法:

1. 如果我们要逐行执行程序,可以先将光标放在该行的任意位置,然后我们可以用三种方式执行它:(a)在键盘上同时按下 Ctrl + R 两个键;(b)右键单击鼠标打开菜单,然后点击"运行当前行或所选代码"(Run line or selection)按钮;(c)点击左上角工具栏上的第三个小图标(在第二个"保存文本"(save script)按钮的右边),这个图标代表的就是"运行当前行或所选代码"。

2. 如果我们想一次运行整个程序,请在 R 程序编辑器中高亮选择整个程序,然后右键单击鼠标并选择"运行当前行或所选代码",或者在键盘上同时按下 Ctrl + R 两个键。

当我们执行上面的程序后,我们将在 R 中得到以下输出结果:

```
getwd()

[1] "C:/Users/Quan Li/Box Sync/R Book/Rnw_oup_formal"

setwd("C:/Project")
getwd()

[1] "C:/Project"
```

请注意第一行代码 getwd() 显示默认的当前工作目录是"C:/ Users/ Quan Li / Box Sync/ R Book/ Rnw_oup_formal",在其中我保存了我的 knitr. Rnw 和 LaTex 文件用于本书的写作。然后,第二行代码要求 R 将当前的工作目录设置为"C:/ Project"。第三行代码表示除非特别指定了不同的文件路径,这个 R 会话的其余部分将会从新的工作目录提取或者保存文件。

关于编程的一个要点就是要记录整个程序的目的和每一行代码的作用,这样可以使得在几天、几周或是几个月过去以后,我们自己或者任何其他打开程序的人仍然能够理解这个程序的作用以及它是如何起作用的。为此,我们在程序中插入以"#"开头的注释行。"#"号的作用是告诉 R 不要执行这一行代码。注意这里的第一个注释详细说明了程序的目的、时间和所使用的软件版本。在添加了注释行之后,这个玩具程序就完整了,如下所示:

```
# First R toy program, today's date, R version 3.2.3
# show current working directory path
getwd()

# change the working directory for program to project folder
setwd("C:/Project")

# show current working directory path again to verify
getwd()
```

图 1.1 显示了 R 控制台和编辑器中的 4 张截图,以图片的形式展示了整个过程:从打开 R(截图 1)到打开 R 编辑器(截图 2),然后在 R 编辑器中输入 3 行代码(截图 3),最后在 R 控制台中运行这 3 行代码并生成输出结果(截图 4)。

编写和保存程序的最大好处在于只要软件的功能保持不变,就可以随时重现相同的输出结果。对于不熟悉这种基于软件包的工作方式的读者来说,也许以下过程会更有利于读者理解这种工作模式的意义:关闭 R 软件,然后再打开 R 软件,重新运行这个小程序以复制和验证其结果。要记住,在关闭 R 软件之前要先进行保存,否则将会失去上次保存之后所做的所有修改。我们之所以选择编程模式而不是通过点击菜单使用交互模式,最重要的原因之一就是我们可以在几年之后仍然运行同样的程序并产生同样的结果。

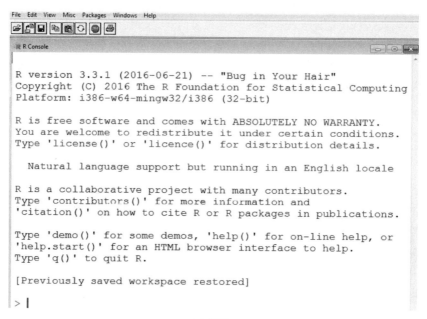

(a) 截图1

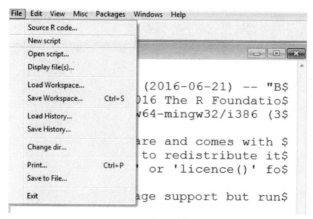

(b) 截图2

图 1.1　如何在 R 中编写第一个玩具程序

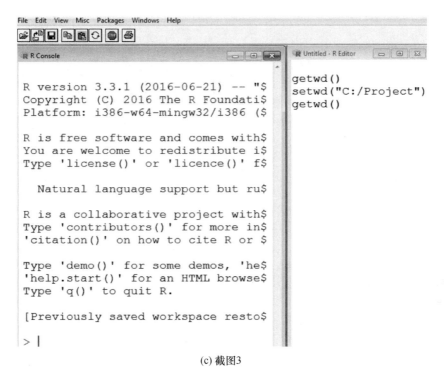

(c) 截图3

(d) 截图4

图 1.1(续) 如何在 R 中编写第一个玩具程序

1.4 创建、描述和绘制向量:以玩具程序为例

由于 R 是一种面向对象的编程语言,因此了解 R 如何处理数据是非常有益的。可以简单地认为 R 依靠各种函数将数据作为输入,然后生成所需要的输出对象。换言之,R 将数据视为对象并通过函数(函数本身也被视为对象)来对数据对象进行运算,以达到操作数据、创建图表和进行统计分析的目的。

R 中最基本的数据对象是向量。一个向量是元素的集合,例如数字、字符或逻辑语句(如 `TRUE,FALSE`)。单个向量中的元素必须属于相同的数据类型,即数值型、字符型或逻辑型。在 R 操作手册提供的一个简单示例中,被命名为 `x` 的向量由 5 个数字组成,依次为 10.4、5.6、3.1、6.4、21.7。

在本节中,我们将在一个人工数值型数据向量的基础上扩展出我们的第一个玩具程序,并对其执行各种操作,然后将其转化为数据框,再执行更多的操作。我们在本节中的具体学习目标包括以下内容:

1. 学习如何使用 `c()` 函数来创建数据向量。
2. 学习如何计算数据向量的描述性统计量。
3. 学习如何处理数据向量中的缺失值。
4. 学习如何将数据向量转化为数据框。
5. 学习如何引用数据框中的一个变量。
6. 学习如何安装和加载附加软件包。
7. 学习如何以表格形式报告变量的描述性统计量。
8. 学习如何绘制数据框中变量的分布图。
9. 学习如何将多个图形集成到一张图中。

1.4.1 使用 c() 函数创建向量

我们将展示一个以数值向量作为数据对象的简单例子。为了说明 R 是如何对数据进行操作的,我们将分别介绍一个作用于 R 的对象的函数和赋值运算符。这个函数是 `c()`。`c()` 函数将括号内的项或者说参数合并和连接成一个向量。举例来说,下面的 R 代码创建了一个向量,其中包含了一组在括号内由逗号分隔开的指定数字。

```
c(1, 2, 0, 2, 4, 5, 10, 1)
```

为了保存向量供以后使用,我们首先将这个向量分配给指定了名称的 R 对象。R 使用赋值符号"`<-`"(小于符号后面加上减号,中间没有空格)来连接对象名称和 `c()` 函数。然后,在一行新代码中,我们键入之前赋予向量的对象名,这样就可以直接显示对象中的内容。R 代码如下:

```
v1 <- c(1, 2, 0, 2, 4, 5, 10, 1)
v1
```

正如之前所提到的,R 是一种面向对象的编程语言。R 可以处理各种类型的对象,例如"numeric"(数值型)、"logical"(逻辑型)、"character"(字符型)、"list"(列表)、"matrix"(矩阵)、

"array"(数组)、"factor"(因子型)和"data. frame"(数据框)。不同类型的对象具有不同的属性。尽管我们不会在这本入门教材中详细介绍它们之间的区别,但是了解我们所创建的对象类型总是有益的。要识别对象 **v1** 的类型,我们可以直接使用 **class**( ) 函数。

```
class(v1)
```

将以上四行代码与不会被执行而只是起到解释作用的注释行混合在一起,我们生成了以下 R 程序:

```
# use c( ) function to create a vector object
c(1, 2, 0, 2, 4, 5, 10, 1)

# assign the c function output to an object named v1
v1 <- c(1, 2, 0, 2, 4, 5, 10, 1)

# call object v1 to see what is in it
v1

# identify object type of v1
class(v1)
```

在 R 中执行这个程序,生成了以下输出结果:

```
# use c( ) function to create a vector object
c(1, 2, 0, 2, 4, 5, 10, 1)

[1]  1  2  0  2  4  5 10  1

# assign the c function output to an object named v1
v1 <- c(1, 2, 0, 2, 4, 5, 10, 1)

# call object v1 to see what is in it
v1

[1]  1  2  0  2  4  5 10  1

# identify object type of v1
class(v1)

[1] "numeric"
```

1.4.2 计算向量的描述性统计量

现在我们已经在 R 中创建了第一个数据向量,我们可以利用它来实践一些有用的 R 函数。例如,我们可以要求 R 告诉我们 **v1** 中有多少个观测值、它的样本方差和样本均值是多少,以及其他关于 **v1** 的描述性统计量。请注意这里如何使用注释行来记录我们做了什么,以及告诉将来会看我们代码的人我们做了什么。

```
# find the number of observations in variable v1
length(v1)

# find v1's sample mean (two ways: mean function or formula)
mean(v1)
sum(v1)/length(v1)

# find v1's sample variance (variance function or formula)
var(v1)
sum((v1-mean(v1))^2)/(length(v1)-1)

# find v1's sample standard deviation (function or
# square root of sample variance)
sd(v1)
sqrt(var(v1))

# find v1's sample minimum and maximum using functions
max(v1)
min(v1)
```

有关上述代码的几个问题值得说明。第一,这里介绍了八个新的函数,包括 length(长度)、mean(均值)、sum(总和)、var(方差)、sd(标准差)、sqrt(平方根)、min(最小值)和 max(最大值)。它们分别表示观测值 v1 的数量、均值、总和、样本方差、样本标准差、平方根、最小值和最大值。

第二,代码使用了 R 中一些常用的数学运算符,包括加法(+)、减法(-)、乘法(*)、除法(/)和幂乘(^)。这些数学符号的意义是不言自明的,应该记住以备将来使用。

第三,上面的代码展示了计算样本均值、方差和标准差的方法。即样本均值计算是将 v1 的所有观测值之和除以观测值的数量,样本方差计算是将 v1 与其均值的偏差的平方和除以观测值的数量减去 1 的值,样本标准差是样本方差的平方根。有关这些计算的更多细节将在第三章中讨论。

第四,括号用于构造数学运算的顺序。首先,括号内的运算永远是优先的;其次,从左到右执行幂乘、乘法和除法;最后,从左到右执行加法和减法。

在 R 中执行上面的代码会产生以下输出:

```
# find total number of observations in variable v1
length(v1)

[1] 8

# find v1's sample mean (two ways: mean function or formula)
mean(v1)

[1] 3.125

sum(v1)/length(v1)
```

```
[1] 3.125

# find v1's sample variance (variance function or formula)
var(v1)

[1] 10.41071

sum((v1-mean(v1))^2)/(length(v1)-1)

[1] 10.41071

# find v1's sample standard deviation (function or
# square root of sample variance)
sd(v1)

[1] 3.226564

sqrt(var(v1))

[1] 3.226564

# find v1's sample minimum and maximum using functions
max(v1)

[1] 10

min(v1)

[1] 0
```

1.4.3 处理描述性统计量中的缺失值

前面的人造变量 **v1** 没有任何缺失值，但缺失值在现实世界的数据中是常见的。当缺失值出现时会发生什么？这个问题在我们计算向量的描述性统计量时，以及当我们想知道向量中有多少个缺失值和非缺失值时都是很有意义的。

假设我们创建一个名为 **v2** 的新变量，该变量除了有两个缺失值外与 **v1** 完全相同。在 R 中，缺失值默认由 NA 表示。因此，我们用 NA 来替换 **v1** 中的两个观测值来生成 **v2**。

```
# create v2 with missing values
v2 <- c(1, 2, 0, 2, NA, 5, 10, NA)
```

如果我们使用 mean() 函数计算 **v2** 的平均值而不移除缺失值，我们将获得以下输出：

```
# compute mean of v2 without removing missing values
mean(v2)

[1] NA
```

显然,如果变量中存在缺失值,并且在执行函数时没有告诉 R 考虑它们的存在,那么该函数的输出结果将是 NA。因此,我们需要告诉 R 忽略观测值为 NA(缺失值)的项。我们通过在函数内插入 na.rm = TRUE 选项来实现这一点,这个命令代表移除 NA 观测值为真。

```
# compute mean of v2 after removing missing values
mean(v2, na.rm=TRUE)

[1] 3.333333
```

在实际的数据分析中,获取所关注变量的观测值总数、缺失值和非缺失值数量是很重要的。之前介绍的 length() 函数只能识别向量的元素总数,包括了缺失值和非缺失值。要识别变量中缺失值的数目,我们需要使用新函数 is.na()。is.na() 为函数的对象生成一个由逻辑值(TRUE 或者 FALSE)构成的新向量:对象中元素是缺失值的为 TRUE,元素不是缺失值的为 FALSE。基本上我们可以将这个函数看作是在询问一个向量中的每个元素是否为缺失值。与此相反,我们在 is.na() 函数前加上"!"符号(代表"否")来验证一个向量中的元素是否为非缺失值。将 is.na() 和 !is.na() 应用于 v2 可以对其中每个元素生成如下的 TRUE 或者 FALSE 输出。R 代码和输出结果如下所示。请注意对于 v2 的每个元素,is.na() 和 !is.na() 是如何给出完全相反的逻辑值的。

```
# display output from is.na() function
is.na(v2)

[1] FALSE FALSE FALSE FALSE TRUE FALSE FALSE TRUE

# display output from !is.na() function
!is.na(v2)

[1] TRUE TRUE TRUE TRUE FALSE TRUE TRUE FALSE
```

要找出 v2 中有多少个缺失值,我们使用 sum() 函数计算 is.na() 输出中 TRUE 值的数量。对于非缺失值的数量,则使用 !is.na() 来代替 is.na() 来计算 TRUE 值的数量。请注意,在下面的输出结果中,观测值的总数 = 缺失值数量 + 非缺失值数量。

```
# find total number of observations in v2
length(v2)

[1] 8

# find the number of missing values in v2
sum(is.na(v2))

[1] 2

# find the number of non-missing values in v2
sum(!is.na(v2))

[1] 6
```

1.4.4 将一个向量转化为一个数据框

到目前为止，我们一直在使用像 **v1** 和 **v2** 这样的向量。在实际的数据分析中，我们通常使用的是以观测值为行、变量为列的数据集。在 R 中，我们还会使用被称为数据框的数据对象。R 中的数据框通常用矩阵的形式显示，即由行和列构成的二维数据对象。对我们的目的而言，我们可以将数据框视为 Excel 中典型的数据集，由行来代表观测值，列则代表变量。数据框的每一列数据必须具有相同的数据类型（字符型、数值型、逻辑型），但是不同的列变量可以具有不同的数据类型。

那么在 R 中是如何将向量转化为数据框的呢？我们可以直接对 **v1** 使用 **data.frame**( ) 函数来将其转化为数据框，然后给函数的输出结果分配一个指定名称的数据框。R 代码如下：

```
# convert data vector v1 into a data frame vd
vd <- data.frame(v1)
```

回想一下，数据框是一个由行和列构成的二维数据对象，就像典型的数据集一样由行表示观测值，由列来表示变量。因此，我们可以将 **vd** 视为包含了一个名为 **v1** 的变量的数据集，共有 8 个观测值。

我们还可以通过 **data.frame**( ) 函数将 **v1** 和 **v2** 两个向量合并成一个数据框。通过合并 **v1** 和 **v2**，新的数据框由两个变量 **v1** 和 **v2** 以及各 8 个观测值构成。R 代码如下：

```
# combine vectors v1 and v2 into data frame vd of two
# variables v1 and v2
vd <- data.frame(v1, v2)
```

在 R 中执行以上代码，显示数据框具体内容的输出结果如下：

```
# convert data vector v1 into a data frame vd
vd <- data.frame(v1)

# display vd
vd
   v1
1   1
2   2
3   0
4   2
5   4
6   5
7  10
8   1

# combine vectors v1 and v2 into data frame vd of two
# variables v1 and v2
vd <- data.frame(v1, v2)

# display vd
```

```
vd
  v1 v2
1  1  1
2  2  2
3  0  0
4  2  2
5  4 NA
6  5  5
7 10 10
8  1 NA
```

注意在这里我们首先用一个变量和 8 个观测值创建了一个数据集或数据框 **vd**,然后我们又创建了另一个数据框 **vd** 覆盖了之前的同名数据框。我们可以给第二个数据框赋予一个不同的名字来避免其覆盖掉第一个数据框。

现在我们已经用两个变量和 8 个观测值创建了一个数据框 **vd**,那么如何在数据框中引用变量呢? R 使用 $ 符号来连接数据框和数据框中的变量。因此,**vd**$**v1** 指的是 **vd** 中的变量 **v1**,而 **vd**$**v2** 指的是 **vd** 中的变量 **v2**。

1.4.5 以表格的形式输出结果

展示研究成果的一个重要部分就是将其以表格的形式呈现。但是 R 的基础软件包并不能生成漂亮的表格结果。正如之前所提到的,R 的最重要的优势之一是 R 用户可以通过 CRAN 家族的镜像站点获取免费提供的附加软件包。截至 2017 年,R 有接近 12 000 个免费的附加软件包。**stargazer** 是一个免费的软件包,可以使我们以表格的形式呈现统计结果。

为了将这个软件包应用到我们的数据框 **vd** 上,我们需要学习如何完成以下任务:安装用户编写的软件包以及将软件包加载到 R 中,并应用 **stargazer**( )函数来生成表格。

如何安装和加载附加软件包

要安装 **stargazer** 软件包,请按照图 1.2 中的步骤操作:在 Windows 中打开 R,单击菜单栏上的"程序包"(Packages),点击选项中的"安装程序包"(Install Packages)(截图 1),选择一个附近的 CRAN 镜像站点并点击"确定"(OK)(截图 2),选择一个软件包来安装并点击"确定"(OK)(截图 3),最后,成功安装的信息将显示在 R 控制台中(截图 4)。

请注意,一个附加软件包只需要安装一次就可以一直使用。因此,我们不需要将安装命令包括在我们的 R 程序中来运行。但是,如果我们计划在每个 R 会话中使用附加软件包,我们就必须通过 **library**( )函数来将其加载到 R 中。加载后,每个附加包的引用信息也会显示出来。R 代码如下:

```
# install.packages("stargazer")
library(stargazer)
```

在继续后面的内容之前,我们必须要强调的是,使用 **library**( )函数将附加软件包加载到 R 之前,一定要先安装附加软件包。但是所有附加软件包都只需要安装一次。因此,在本章后面,我们在使用 **library**( )函数之前都会保留一行安装附加包的代码,以提示读者需要首先安装这个附加包,但是我们会将这行代码放在注释行中,因为这些附加包只需要被安装一次。

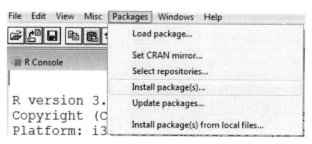

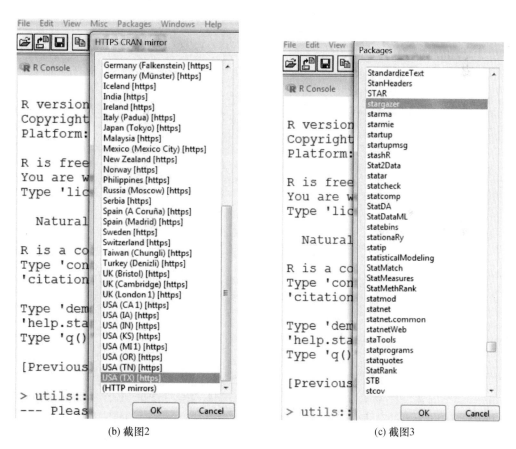

(a) 截图1

(b) 截图2

(c) 截图3

图 1.2 如何安装附加软件包

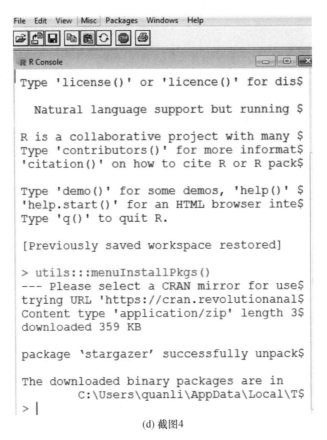

(d) 截图4

图 1.2(续)　如何安装附加软件包

生成描述性统计表格

现在我们已经加载了 **stargazer** 软件包,我们可以通过 **stargazer( )** 函数为 **vd** 中的变量生成一个描述性统计表格。R 代码如下:

```
# produce formatted descriptive statistics of variables in
# data frame vd
stargazer(vd, type = "text")
```

这里有两个问题值得说明。首先,为了获得 **v1** 的描述性统计量,我们需要将 **stargazer**( )函数应用于包含 **v1** 的数据框 **vd**;如果我们将函数直接应用于 **v1**,R 将显示 **v1** 的所有观测值而不是它的描述性统计量(尝试一下!)。其次,**stargazer**( )函数允许我们在三种输出格式中进行选择:默认的 **"latex"** 对应 **LaTex** 代码,**"html"** 对应 **HTML /CSS** 代码,**"text"** 对应 **ASCII** 文本输出。对于不熟悉前两种类型的用户,我们指定 **type = "text"**。R 的输出结果如下:

```
# install package first and for once only
# install.packages("stargazer")

# load stargazer into R
library(stargazer)

# produce formatted descriptive statistics of variable(s)
# in data frame vd
stargazer(vd, type="text")
```

```
=================================================
Statistic   N    Mean    St. Dev.    Min    Max
-------------------------------------------------
v1          8    3.125   3.227       0      10
v2          6    3.333   3.670       0      10
-------------------------------------------------
```

我们可以修改上面的代码来生成各种格式的输出。以下代码及其注释行展示了几种可能的情况。

```
# display dataset in a table format
stargazer(vd, type="text", summary=FALSE, rownames=FALSE)

# add additional statistics to be reported
# median, interquartile range (25th and 75th percentile)
stargazer(vd, type="text", median=TRUE, iqr=TRUE)

# use c() function to choose statistics to be reported
stargazer(vd, type="text", summary.stat=c("n", "mean",
    "median", "sd"))
```

举例来说,选择 **vd** 中变量的描述性统计量可以生成如下所示的结果:

```
# produce formatted select descriptive statistics of
# variables in vd
stargazer(vd, type="text", summary.stat=c("n", "mean",
        "sd", "min", "p25", "median", "p75", "max"))
```

```
================================================================================
Statistic   N    Mean    St. Dev.    Min    Pctl(25)   Median   Pctl(75)   Max
--------------------------------------------------------------------------------
v1          8    3.125   3.227       0      1          2        4.2        10
v2          6    3.333   3.670       0      1.2        2        4.2        10
--------------------------------------------------------------------------------
```

1.4.6 绘制变量的分布图

对感兴趣变量的分布进行可视化是数据分析的重要组成部分。为了展示其过程,我们将使用几个 R 函数来绘制数据集 **vd** 中变量 **v1** 的分布图。如何绘制 **vd$v1** 取决于我们认为它是什么类型的变量,即它是离散的还是连续的。离散变量是只包含有限个取值的变量,例如性别、年龄、家庭中孩子的数量。与此相反,连续变量即使限定在一定范围之内,也会包含无数个可能的取值,例如体重、距离和收入。

如果我们将 **v1** 视为离散变量,那么我们可以利用频数表和条形图来展示它的分布。一个频数表显示了变量的所有取值及其出现次数。它通常首先被用来检验离散变量的分布。在 R 中,**table**( )函数计算变量每个取值的频数。R 代码及其输出结果如下:

```
# display the frequency count of v1
table(vd$v1)

 0  1  2  4  5 10
 1  2  2  1  1  1
```

输出中的第一行显示了 **vd$v1** 的每个取值,第二行显示了每个值的频数。

条形图显示了离散变量在其取值或其他一些度量上的频率分布。在 R 中,**barplot**( )函数使用 **table**( )函数生成的频数输出结果来生成一个条形图。图 1.3 是用以下代码生成的:

```
# graph distribution of discrete variable vd$v1: bar chart
barplot(table(vd$v1))
```

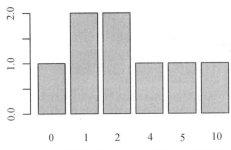

图 1.3　离散变量 **vd$v1** 的分布:条形图

如果我们将 **vd$v1** 视为连续变量,那么我们会对变量的中心、对称性或偏度以及分布中的异常值更感兴趣。我们可以用箱形图和直方图来展示它的分布。在 R 中,**hist**( )函数生成直方图,**boxplot**( )函数生成箱形图。绘制 **vd$v1** 的 R 代码如下:

```
# graph distribution of continuous variable vd$v1: box
# plot and histogram
boxplot(vd$v1)
hist(vd$v1)
```

有时我们有兴趣将这些图放在一起以便于比较。为此,我们使用 **par**( )函数来设定图像参数,例如图中的行数和列数。如果我们想要把两张图并排放在一起,即将其组织成一行两列的形式,我们可以在 **par**( )函数中指定 **mfrow=c(1,2)**,其中第一个值代表行数,第二个值代表列数。图 1.4 是使用以下代码创建的:

```
# create a figure with two plots
# set graphical parameters for a figure of one row and two columns
```

```
par(mfrow=c(1,2))

# graph distribution of continuous variable vd$v1: box
# plot and histogram
boxplot(vd$v1)
hist(vd$v1)
```

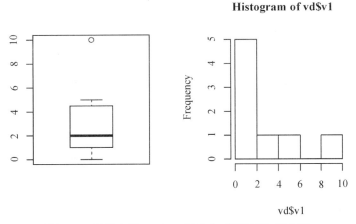

图 1.4　连续变量 vd$v1 的分布:箱形图和直方图

　　箱形图显示了所绘制变量的一些重要属性:① 中位数,由方框内的黑色水平线表示;② 第一个(25 分位)和第三个(75 分位)四分位数(即四分位距),分别由方框的上下边界表示;③ 方框外的短水平线和连接到方框的虚线一起被称为盒须(whisker),代表除去异常值之外的最小值和最大值;④ 异常值(如果有的话)用比 75 分位数大 1.5 倍或比 25 分位数小 1.5 倍的点表示。在图 1.4 中,箱形图显示了 vd$v1 的中位数是 2,25 分位数和 75 分位数分别是 1 和 4.5,最小值和最大值分别是 0 和 5,异常值为 10。总的来说,箱形图显示了变量在四分位距内较为集中,但并不是对称分布,而是偏向异常值一侧。

　　直方图也经常被用来显示连续变量的分布,例如在中心、对称性和异常值等方面。它将所绘制变量的值放入直方图中(即竖条或者间隔)。每个直方图包含了落在其范围内的数据的频数。直方图的面积表示观测值在其取值范围内出现的次数。在图 1.4 中,直方图显示 0—2 范围内包含了 5 个观测值,2—4 范围内包含了 1 个观测值,4—6 范围内包含了 1 个观测值,8—10 范围内包含了 1 个观测值。总的来说,直方图显示该变量是单峰但严重右偏的。

　　在 R 中我们可以使用许多不同的方式修改和美化这些图表。但是为了便于初学者理解图表,我们有意使图表显得尽可能简单,没有添加任何其他细节。

1.5　简单的真实世界案例:来自 Iversen and Soskice (2006)的数据

　　在本节中,我们将把简单玩具程序的代码应用到真实世界的数据中,数据来自以下已经发表的文章:

Iversen, Torben, and David Soskice. 2006. "Electoral Institutions and the Politics of Coalitions: Why Some Democracies Redistribute More Than Others," *American Political Science Review* 100(2): 165-181.

在这篇文章中，Iversen 和 Soskice 研究了不同民主政府在再分配问题上的区别。他们认为，比例代表制的选举制度使得中左翼政府能够占主导地位并进行更多的再分配，而多数代表制的选举制度会使得中右翼政府占优并减少再分配。在他们的文章中，表 A1 提供了各个国家用于统计分析的变量的均值，如表 1.1 所示。

表 1.1　回归分析中所用变量的国家均值（来自 Iversen and Soskice (2006)）

	Redistribution (reduction in Gini)	Inequality (wages)	Partisanship (Right)	Voter Turnout	Unionization	Veto Points	Electoral System (PR)	Left Fragmentation	Right over-Representaion	Per capita Income	Female Labor Force Participation	Unemployment
Australia	23.97	1.70	0.47	84	46	3	0	-0.39	0.10	10909	46	4.63
Austria	-	-	0.30	87	54	1	1	-0.18	0.04	8311	51	2.76
Belgium	35.56	1.64	0.36	88	48	1	1	-0.34	0.27	8949	43	7.89
Canada	21.26	1.82	0.36	68	30	2	0	0.18	-0.11	11670	48	6.91
Denmark	37.89	1.58	0.35	84	67	0	1	-0.40	0.07	9982	63	6.83
Finland	35.17	1.68	0.30	79	53	1	1	-0.18	0.09	8661	66	4.48
France	25.36	1.94	0.40	66	18	1	0	0.10	0.09	9485	51	4.57
Germany	18.70	1.70	0.39	81	34	4	1	-0.13	0.15	9729	51	4.86
Ireland	-	-	0.42	75	48	0	0	-0.33	0.70	5807	37	9.09
Italy	12.13	1.63	0.37	93	34	1	1	0.20	0.08	7777	38	8.12
Japan	-	-	0.78	71	31	1	0	0.22	0.28	7918	56	1.77
Netherlands	30.59	10.64	0.31	85	33	1	1	0.18	-0.36	9269	35	4.62
New Zealand	-	-	0.43	85	23	0	0	-0.40	0.98	-	47	-
Norway	27.52	1.50	0.15	80	54	0	1	-0.02	-0.32	9863	52	2.28
Sweden	37.89	1.58	0.17	84	67	0	1	-0.40	-0.03	9982	63	6.83
U.K.	22.67	1.78	0.52	76	42	0	0	0.08	0.07	9282	54	5.01
U.S.	17.60	2.07	0.40	56	23	5	0	0.00	-0.17	13651	53	5.74

注：时间范围为 1950—1996 年，Redistribution（再分配）和 Inequality（不平等）两项除外，这两项仅限于可用观测值。

接下来，我们将演示如何将该表中的几个变量载入 R、提供其描述性统计量并展示一些关键变量的分布图。

```
# create dataset from Iversen and Soskice

# assign c() function output to vector object country
country <- c("Australia","Austria","Belgium","Canada",
"Denmark","Finland","France","Germany","Ireland", "Italy",
"Japan","Netherlands","New Zealand","Norway","Sweden","U.K.","US")

# assign c() output to object gini.red for reduction in GINI
gini.red <- c(23.97,NA,35.56,21.26,37.89,35.17,25.36,18.7,NA,
              12.13,NA,30.59,NA,27.52,37.89,22.67,17.6)

# assign c() output to object wage.ineq for wage inequality
wage.ineq <- c(1.7,NA,1.64,1.82,1.58,1.68,1.94,1.7,NA,1.63,NA,
               1.64,NA,1.5,1.58,1.78,2.07)

# assign c() output to object pr for electoral system
pr <- c(0,1,1,0,1,1,0,1,0,1,0,1,0,1,1,0,0)

# use data.frame function to combine four vector objects
# assign data.frame function output to data frame is2006apsr
is2006apsr <- data.frame(country, gini.red, wage.ineq, pr)

# call data frame is2006apsr to display content
is2006apsr
```

	country	gini.red	wage.ineq	pr
1	Australia	23.97	1.70	0
2	Austria	NA	NA	1
3	Belgium	35.56	1.64	1
4	Canada	21.26	1.82	0
5	Denmark	37.89	1.58	1
6	Finland	35.17	1.68	1
7	France	25.36	1.94	0
8	Germany	18.70	1.70	1
9	Ireland	NA	NA	0
10	Italy	12.13	1.63	1
11	Japan	NA	NA	0
12	Netherlands	30.59	1.64	1
13	New Zealand	NA	NA	0
14	Norway	27.52	1.50	1
15	Sweden	37.89	1.58	1
16	U.K.	22.67	1.78	0
17	US	17.60	2.07	0

现在数据集已经准备就绪,我们可以计算 gini.red、wage.ineq 和 pr 的描述性统计量,并使用 stargazer 附加包以表格形式呈现结果。我们将首先加载附加包,然后应用 stargazer () 函数,R 代码如下:

```
# produce formatted table of descriptive statistics
# install package first and for once only
# install.packages("stargazer")

# load stargazer into R
library(stargazer)

# produce descriptive statistics table of select variables
stargazer(is2006apsr, type="text", title="Summary Statistics",
          median=TRUE, covariate.labels=c("GINI reduction",
          "wage inequality","PR system"))
```

以上 `stargazer` 函数的代码中有一些新增的特性需要说明。第一，我们使用 `title=""` 选项为表添加了标题。第二，默认的摘要统计会报告 `n`（数量）、`mean`（均值）、`standard deviation`（标准差）、`minimum`（最小值）和 `maximum`（最大值）。而现在我们还使用 `median=TRUE` 报告了每个变量的中位数。我们甚至可以使用类似的选项如 `iqr=TRUE` 来获得每个变量的 25 分位数和 75 分位数。第三，我们赋予每个变量一个意义更完整的变量标签，代替了缩写的变量名。这一点反映在 `covariates.labels=` 选项中。

表 1.2 报告了三个数值型变量的摘要统计信息。请注意我们有意没有输入 Iversen and Soskice(2006)中表 A1 的所有变量，希望读者将输入其余数据作为课后作业。

表 1.2　Iversen and Soskice(2006)中导入数据的统计信息

```
Descriptive Statistics
=====================================================================
Statistic          N     Mean      St. Dev.   Min     Median    Max
---------------------------------------------------------------------
GINI reduction    13    26.639     8.320     12.130   25.360   37.890
wage inequality   13     1.712     0.157      1.500    1.680    2.070
PR system         17     0.529     0.514      0        1        1
---------------------------------------------------------------------
```

接下来，我们会将一些图形代码应用于 `is2006apsr` 数据中的 `wage.ineq` 变量。因为这是一个连续变量，我们生成了它的箱形图和直方图。图 1.5 是用以下 R 代码生成的：

```
# create a figure with two plots
# set graphical parameters for a figure of one row and two columns
par(mfrow=c(1,2))

# graph distribution of wage inequality
boxplot(is2006apsr$wage.ineq)
hist(is2006apsr$wage.ineq)
```

最后，我们为离散的选举系统变量 `pr` 提供一个条形图，其中 1 表示比例代表制选举制度，0 表示多数代表制选举制度。图 1.6 是由以下 R 代码创建的：

```
# graph distribution of electoral system variable pr
barplot(table(is2006apsr$pr))
```

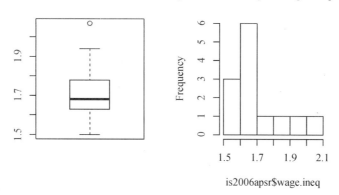

图 1.5　Iversen and Soskice(2006)中 Wage Inequality(工资不平等)的分布

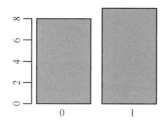

图 1.6　Iversen and Soskice(2006)中比例代表制和多数代表制的分布

1.6　第一章程序代码

到目前为止,我们已经学习了如何使用几行 R 代码来完成不同的任务。我们能否将这些代码编成一个完整的 R 程序?答案是肯定的,而且做起来很容易。下面我们列出本章中使用的所有 R 代码,可以将其复制和粘贴到 R 程序编辑器中,然后在我们的项目文件夹中保存为一个程序文件。如前所述,将 R 代码保存在永久程序文件中的最大优点就是我们可以随时复制出我们生成的内容。这个优点的重要性不容低估。

首个 R 玩具程序

```
# How to Start a Project Folder and Write First R Program
# show current working directory path
getwd()

# change working directory for program to this folder one
# could also use setwd('C:\\project')
setwd("C:/Project")

# show current working directory path again to verify
getwd()
```

简单玩具程序：创建、描述和绘制向量

```
# use c() function to create a variable or vector object
c(1, 2, 0, 2, 4, 5, 10, 1)

# assign the c function output to an object named v1 for further use
v1 <- c(1, 2, 0, 2, 4, 5, 10, 1)

# call object v1 to see what is in it
v1

# identify object type of v1
class(v1)

# calculate descriptive statistics for v1
# find total number of observations in variable v1
length(v1)

# find v1's sample mean (two ways: mean function or formula)
mean(v1)
sum(v1)/length(v1)

# find v1's sample variance (variance function or formula)
var(v1)
sum((v1-mean(v1))^2)/(length(v1)-1)

# find v1's sample standard deviation (function or
# square root of sample variance)
sd(v1)
sqrt(var(v1))

# find v1's sample minimum and maximum
max(v1)
min(v1)

# handle missing values in descriptive statistics:
# create variable v2 with missing values
v2 <- c(1, 2, 0, 2, NA, 5, 10, NA)

# compute mean of v2 without removing missing values
mean(v2)

# compute mean of v2 after removing missing values
mean(v2, na.rm=TRUE)

# display output from is.na() function
is.na(v2)
```

```r
# display output from !is.na() function
!is.na(v2)

# find total number of observations in v2
length(v2)

# find the number of missing values in v2
sum(is.na(v2))

# find the number of non-missing values in v2
sum(!is.na(v2))

# convert vector v1 into a data frame vd with a variable v1
vd <- data.frame(v1)


# display vd
vd

# combine vectors v1 and v2 into data frame vd with two variables v1 and v2
vd <- data.frame(v1, v2)

# display vd
vd

# Format descriptive statistics output of a variable into table
# install package first and for once only
# install.packages("stargazer")

# load stargazer into R
library(stargazer)

# produce descriptive statistics table for data frame vd
stargazer(vd, type="text")

# display dataset in a table format
stargazer(vd, type="text", summary=FALSE, rownames=FALSE)

# add additional statistics to be reported
# median, interquartile range (25th and 75th percentile)
stargazer(vd, type="text", median=TRUE, iqr=TRUE)

# use c() function to choose statistics to be reported
stargazer(vd, type="text", summary.stat=c("n", "mean",
          "median", "sd"))

# produce formatted select descriptive statistics of variables in vd
```

```
stargazer(vd, type="text", summary.stat=c("n", "mean", "sd",
          "min", "p25","median", "p75", "max"))

# Graph the distribution of variable:
# display the frequency count of v1 in vd
table(vd$v1)

# graph distribution of discrete variable vd$v1: bar chart
barplot(table(vd$v1))

# graph distribution of continuous variable vd$v1:
# box plot and histogram
boxplot(vd$v1)
hist(vd$v1)

# create a figure with two plots
# set graphic parameters for figure of one row, two columns
par(mfrow=c(1,2))
# graph distribution of continuous variable vd$v1:
# box plot and histogram
boxplot(vd$v1)
hist(vd$v1)
```

简单的真实世界案例：Iversen and Soskice（2006）中的数据

```
# create dataset from Iversen and Soskice

# assign c() function output to vector object country
country <- c("Australia","Austria","Belgium","Canada",
"Denmark","Finland","France","Germany","Ireland","Italy",
"Japan","Netherlands","New Zealand","Norway","Sweden","U.K.",
"US")

# assign c() output to object gini.red for reduction in GINI
gini.red <- c(23.97,NA,35.56,21.26,37.89,35.17,25.36,18.7,NA,
          12.13,NA,30.59,NA,27.52,37.89,22.67,17.6)

# assign c() output to object wage.ineq for wage inequality
wage.ineq <-c(1.7,NA,1.64,1.82,1.58,1.68,1.94,1.7,NA,1.63,NA,
          1.64,NA,1.5,1.58,1.78,2.07)

# assign c() output to object pr for electoral system
pr <- c(0,1,1,0,1,1,0,1,0,1,0,1,0,1,1,0,0)

# use data.frame function to combine four vector objects
# assign data.frame function output to data frame is2006apsr
is2006apsr <- data.frame(country, gini.red, wage.ineq, pr)
```

```
# call data frame is2006apsr to display content
is2006apsr

# produce formatted table of descriptive statistics
# install package first and for once only
# install.packages("stargazer")

# load stargazer into R
library(stargazer)

# produce descriptive statistics table of select variables
stargazer(is2006apsr, type="text", title="Summary Statistics",
          median=TRUE, covariate.labels=c("GINI reduction",
          "wage inequality","PR system"))

# create a figure with two plots
# set graphic parameters for figure of one row, two columns
par(mfrow=c(1,2))

# graph distribution of wage inequality
boxplot(is2006apsr$wage.ineq)
hist(is2006apsr$wage.ineq)

# graph distribution of electoral system variable pr
barplot(table(is2006apsr$pr))
```

1.7 排除错误与获取帮助

在使用 R 时需要记住一个重要原则,那就是我们总是会犯或严重或次要的编码错误,因此排除错误和获取帮助是使用 R 的过程中必不可少的组成部分。了解在哪里去查找编码错误以及如何获取帮助非常关键,可以帮我们节省很多时间。当一个程序无法执行时,对于初学者来说,花上半个小时来寻找他们代码中的重大错误,最终却发现错误只是逗号或括号的缺失、单词的拼写错误或者大小写被混淆,这种现象是很普遍的。正是由于这些现象太常见反而不能被忽视。这里我们为 R 的初学者提供一些常见的编码错误和有用的学习资源。

1.7.1 初学者的常见编码错误

当我们在 R 中创建第一个程序时,我们肯定会犯错。学习调试这些错误是熟练使用 R 的一部分。在 R 中产生编程错误和在其他软件环境中一样,都是很常见的。最佳建议是不要惊慌!

记住以下这一点很有用:我们收到报错信息更有可能是由于一个简单而非复杂的原因。R 的报错信息并不总是清晰或者有用的。我们可以通过检查以下这些地方来识别简单的错误:

- 拼写:检查代码以确保拼写正确。
- 大小写:R 对大小写有所区分。

- 路径：文件路径是否准确地指向正确的文件夹？我们使用双反斜杠还是单个正斜杠？
- 引用：是否应该使用引号？它们是头尾对称的吗？
- 括号：它们匹配吗？

1.7.2 如何获取帮助？

使用 R 意味着持续不断地学习。因此了解如何获取帮助信息就非常重要。如果我们对特定的函数有疑问，例如 `library()`，我们可以在提示符下输入 `help(library)` 或者 `?library` 来访问相关文档。R 会转到一个解释这条命令的文档页面中。

```
> help(library)
>? library
```

更常见的做法是到 R 以外去寻求帮助。在过去的几年中，与使用 R 相关的在线社区和资源呈指数级增长。它们非常有价值，尤其是对于初学者而言。这里有一些资源地址：

- Rseek.org：一个搜索引擎，允许我们在官方网站、CRAN、邮件列表档案库和 R 文档中搜索帮助。
- http://www.r-bloggers.com/：R-bloggers 是一个博客集合，允许我们通过搜索 R 用户博主的所有文章来获取帮助。
- http://www.inside-r.org/：inside-R 是由 Revolution Analytics 赞助的 R 社区站点，允许我们通过搜索博客和提问来获得帮助。
- http://www.cookbook-r.com/：R 编码手册，由 Winston Chang 创建，提供关于各种主题的有用信息，包括 R 的基础、数字、字符串、公式、数据输入与输出、数据操作、统计分析、图表、脚本、函数以及实验工具。
- http://www.statmethods.net/：Quick-R，基于 Rob Kabacoff 的畅销书 *R in Action* 并且由他创建，提供关于数据输入和管理、基础和进阶统计以及绘图的 R 代码信息。

1.8 重要参考信息：符号、运算符和函数

在这一节中我们提供一些将来会参考的表格。它们涉及重要的参考信息，包括 R 程序中常用的符号、通用的算术和逻辑运算符以及常见的数学和统计函数。表 1.3 提供了 R 中常用的符号。表 1.4 提供了算术运算符。运算顺序遵循通常的规则，括号用于分组运算。表 1.5 提供了逻辑运算符。表 1.6 提供了统计和数学函数。注意这些表格并没有穷尽所有内容。

表 1.3　R 中的重要符号

符号	描述
<- 或 =	赋值符号（将右侧的函数结果分配给左侧的对象）
#	注释符（指示供自己参考的代码，R 将忽略这些代码）
$	连接 R 数据对象和对象中变量的符号
( )	函数参数括号
\\ 或 /	设定文件夹或文件路径的符号（不是 Windows 中默认使用的"\"）
[ ]	用于引用向量、数据框、数组和列表中元素的方括号

表 1.4　算术运算符

算术运算符	描述
+	加法
-	减法
*	乘法
/	除法
^	幂乘
%/%	商或除法取整
%%	余数(模)

表 1.5　逻辑运算符

逻辑运算符	描述
<	小于
<=	小于等于
>	大于
>=	大于等于
==	等于
!=	不等于
!x	非 x
x|y	x 或 y
x&y	x 且 y
x%in%y	二元逻辑运算符(x 是否与 y 匹配)

表 1.6　常见的统计和数学函数

函数	描述	例子
length(x)	x 中值的个数	length(c(3,1,6,0,6))=5
max(x)	x 中的最大值	max(c(3,1,6,0,6))=6
min(x)	x 中的最小值	min(c(3,1,6,0,6))=0
mean(x)	x 的算术平均值	mean(c(3,1,6,0,6))=3.2
median(x)	x 的中位数	median(c(3,1,6,0,6))=3
quantile(x,c(0.25,0.75))	x 的四分位数	quantile(c(3,1,6,0,6),c(0.25,0.75))=1,6
range(x)	值域	range(c(3,1,6,0,6))=(0,6)

(续表)

函数	描述	例子
sd(x)	样本标准差	sd(c(3,1,6,0,6))=2.774887
sum(x)	x 的和	sum(c(3,1,6,0,6))=16
var(x)	x 的方差	var(c(3,1,6,0,6))=7.7
abs(x)	x 的绝对值	abs(2-10)=8
factorial(x)	x 的阶乘	factorial(10)=3628800
exp(x)	逆对数,e 的 x 次方	exp(2.302585)=10
log(x)	自然对数(底为 e)	log(10)=2.302585
log10(x)	对数(底为 10)	log10(100)=2
rank(x)	向量 x 中值的排序	rank(c(3,1,6))=(2,1,3)
round(x,n)	x 四舍五入到 n 位小数	round(log(10),3)=2.303
rnorm(n)	标准正态分布中 n 个随机数	rnorm(2):-0.4959407,-1.4102038
sqrt(x)	x 的平方根	sqrt(10)=3.162278

1.9 总结

第一章概述了完成研究项目的步骤,提供了 R 的一段话简介,展示了如何安装 R 及其附加软件包,提到了如何获取帮助,展示了如何编写和执行一个简单的 R 程序,然后用一个简单的数值示例来演示如何使用 R 创建、描述和绘制变量,接下来说明了如何用图表来报告描述性统计量,最后将 R 代码应用于已发表文章中的真实世界数据示例作为结尾。本章值得花费大量时间来仔细推敲代码,并使其在 R 中尽可能顺利地运行。从下一章开始,我们将使用应用研究中的更大规模的原始数据集。在第二章,我们将重点关注如何为统计分析准备好数据集。

在进入第二章之前,我们有必要说明一些许多 R 的初学者经常会遇到的综合问题。

1.10 适用于学有余力读者的综合问答

本节中的内容是基于已有内容的扩展和教材主要内容范围之外的一些特殊主题。对于扩展内容而言,学生不需要立刻学习这些新增材料才能进入下一章的学习,但是有着更高要求的学生会发现,这些材料有助于提高他们对 R 的熟练程度。对于特殊主题的内容,学生可以查询本文中的讨论或者其他在线材料。

1.10.1 如何更新 R 的版本?

R 是一个持续不断发展和改进的软件,这使得我们有必要将 R 更新到最新版本。在 Windows

中更新 R 的步骤非常简单。首先,安装一个名为 **installr** 的附加软件包,然后执行以下 R 代码。

```
# load package
library(installr)

# update R
updateR()
```

1.10.2　如何在苹果电脑上使用 R?

为了在苹果电脑上使用 R,我们需要首先按照前文的说明安装 Mac 版本的 R。安装了 R 之后,只需要略微修改用于 Windows 的 R 代码就可以在 Mac 上运行。二者最主要的区别是引用文件的路径。

为了说明这种区别,我们可以首先在 Mac 桌面上创建一个项目文件夹,方法是点击主屏幕左上角"文件"菜单下的"新建文件夹"选项。下一步,为了获得项目文件夹的路径,我们首先单击选择该文件夹,然后点击屏幕左上角"文件"菜单,接着点击"显示简介"选项,然后复制"项目文件夹简介"页面中"位置"后面的路径。现在以我们在 Windows 中的第一个玩具程序为例,我们只需要将 Windows 中的路径替换为 Mac 中的路径,如下所示:

```
# First R practice program, July 2016, R version 3.2.3
# show current working directory path
getwd()

# change working directory for program to project folder
# first copy the path from getinfo and then add the project folder name
setwd("/Users/quanli/Desktop/Project")

# show current working directory path again to verify
getwd()
```

我们可以在 Mac 上的 R 编辑器中写下这个程序,单击"文件"菜单中的"新文件"选项来打开它。

我们可以通过两种方式在 Mac 上执行 R 程序。我们可以将光标放在要执行的代码行中,然后同时按住键盘上"Command"和"Return"两个键。或者,我们可以将光标放在要执行的代码行中,然后依次点击"编辑"和"执行"按钮。如果要执行整个程序,我们可以高亮选择整个程序,然后应用上面的任一方法。

1.10.3　什么是 RStudio?如何使用它?

RStudio 作为开源软件为 R 提供了集成开发环境(integrated development environment,IDE)。该软件包括控制台、高亮显示语句的编辑器、绘图、历史、调试和工作空间的管理功能。它确实为分析人员提供了很多比 R 更友好和更方便的特性。更多相关信息可以访问 https://www.rstudio.com/。它的安装过程非常直观和简单。

图 1.7 提供了 RStudio 交互界面的屏幕截图,它分为四个面板。左上角是 R 脚本或程序编辑

器;左下角是用于交互使用的 R 控制台,R 的版本显示在其顶部,R 提示符在其下方;右上角是工作空间,显示了当前会话中所有被激活的对象,以及所用命令的历史记录;右下角是文件、图表、附加包、帮助和数据查看器的标签所在地。请注意,这些不同面板在交互界面中的排列方式是可以调整和重组的。可以像使用 R 一样使用 RStudio,但是 RStudio 更容易使用(例如更容易安装附加软件包)和更友好(例如可以同时看到程序和输出结果)。

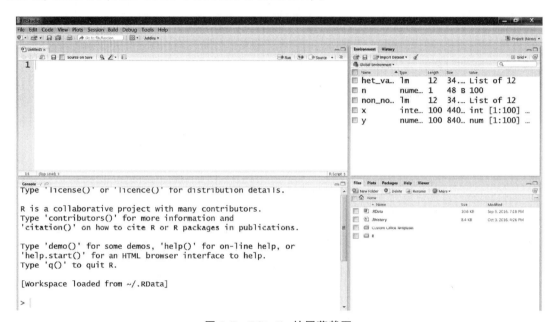

图 1.7　RStudio 的屏幕截图

1.10.4　如何将 R 的输出结果导出到文件?

有很多种方法导出 R 的结果。第一,将 R 程序的所有输出结果导出到文本文件的最简单方法是使用 **sink( )** 函数。**sink( )** 函数直接将控制台中的输出结果重新定向到一个文件。我们可以在计划要导出结果的 R 程序的开头和结尾插入两个 **sink( )** 函数,以下用 **v1** 作为示例。

```
# change working directory for program to project folder
setwd("C:/Project")

# redirect and export console output to a file named output.txt
sink("output.txt")

# Simple Example: Create, Describe, and Graph a Variable
# use c( ) function to create a variable or vector object
c(1, 2, 0, 2, 4, 5, 10, 1)

# assign the c function output to an object named v1 for further use
v1 <- c(1, 2, 0, 2, 4, 5, 10, 1)

# call object v1 to see what is in it
```

```
v1
# restore output to the screen
sink()
```

运行这个程序,然后打开 `output.txt`,我们将会看到以下输出结果:

```
[1]    1  2  0  2  4  5  10  1
[1]    1  2  0  2  4  5  10  1
```

这里有两点值得注意。两个 `sink()` 函数之间的输出结果被重新定向到 `output.txt`,因此不再显示在控制台中。`output.txt` 文件中只包含 R 函数的输出,但不包含 R 代码。

导出 R 输出结果的第二种方法是将所选的结果转化为统计表格。如前所述,`stargazer` 附加包提供了一种将统计结果导出为文本格式或 LaTeX 格式表格的方法。除此之外,我们也可以将计算出来的统计量赋值给一个数据对象,使用 `write.table()` 函数将数据对象导出到用制表符或逗号分隔的文件中,然后在 Excel 或 Word 中显示出来。此外,我们可以使用 `xtable()` 函数为任何统计输出结果创建 LaTeX 代码,以便在 LaTeX 中创建格式美观的表格。

导出 R 输出结果的第三种方法是将论文或报告的文本、R 的代码和 R 的输出结果整合为一个文件,通过 `knitr` 软件包和 `pandoc` 来为最终的论文或报告创建一个 Word 文档,或是通过 `knitr` 软件包和 RStudio 创建 .Rnw 或 .Rmd 文件,并将其编译成最终论文或报告的 pdf 文件。这种方法需要用户投入更多的时间和精力,但是最终生成的论文或报告在排版上有着专业水准。实际上,本书的各个章节就是以 .Rnw 格式编写,然后编成一本 pdf 格式的书。

1.10.5 如何将图表保存为 pdf 或者其他格式的文件?

为了将图表保存为 pdf 文件,我们首先使用 `pdf()` 函数生成一个名为 `graph1.pdf` 的图表,然后在用于绘图的代码后加上 `dev.off()` 函数,这样我们就可以在其他应用程序如 Acrobat Reader 中打开图表文件。

```
# pdf() function creates a pdf file for subsequent graph function output
pdf("graph1.pdf")

# hist() function creates a histogram for variable v1
hist(v1)

# dev.off() returns back to screen
dev.off()
```

注意,由于我们没有告诉 R 在哪里保存图表文件,R 会将它保存在之前通过 `setwd()` 指定的工作目录中。或者我们也可以在 `pdf()` 函数中设定保存到其他文件夹的路径。

有时我们需要将图表保存为其他格式。为此,我们只需要将代码中的 `pdf()` 函数替换为以下函数:

```
# create image files of alternative formats
bmp("graph1.bmp")
jpeg("graph1.jpeg")
```

```
png("graph1.png")
postscript("graph1.ps")
```

此外，R的图形输出结果可以直接复制和粘贴到微软的Word和PowerPoint文件中。

1.10.6 为什么"="也被用作赋值符号？

小于符号和减号构成的复合符号<-被用作R中的赋值符号，这意味着复合符号右侧的函数输出结果被分配给符号左侧的R对象。但是，从2001年的1.4.0版开始，R也允许使用=作为赋值运算符。不过，为了在本书中保持前后一致，我们将始终使用<-作为赋值符号。

1.10.7 除了向量和数据框外，还有什么R中经常使用的数据对象？

另外两个经常使用的数据对象是数组和列表。我们在之后的章节中遇到它们时会详细地讨论。

数组是由行、列和高组成的三维数据对象，就像是矩阵叠加在其他矩阵的上方一样。和矩阵一样，数组中的所有元素必须具有相同的数据类型。

R中的列表是数据对象的集合，对象可以是向量、矩阵、数组、数据框和其他列表。列表使我们可以将这些数据对象集中在同一个对象名下。

1.10.8 如何根据一个变量的不同取值创建另一个变量的箱形图？

我们经常希望比较一个连续变量在不同组别中（即根据一个变量不同的取值）的分布。R代码如下所示：

```
# compare distribution of x1 across different groups of x2
boxplot(x1~x2, data=filename)
```

请注意由于我们使用`data=`选项设定了数据框的名称，我们就不需要再使用$符号连接数据集及其变量。

1.11 练习

1. 创建一个家庭作业项目文件夹，然后创建一个指向并保存在该文件夹中的R程序文件。
2. 阅读Soskice and Iversen(2006)这篇文章，确定表A1中变量的定义，并将变量定义写在程序文件的注释行中。
3. 创建一个包含表1.1中所有变量的数据集。
4. 按表1.2的格式生成数据集的摘要统计信息表。
5. 复制图1.5，然后讨论工资不平等变量的分布。
6. 绘制一个关于工资不平等和选举制度的包含不同组别的箱形图，即一个比例代表制下的工资不平等箱形图和一个多数代表制下的箱形图。讨论两种选择制度之间工资不平等分布的差异。
7. 保存R程序，退出R，然后在R中重新运行该程序，确保结果是可复制的。

第二章 准备好数据：导入、检查和准备数据

本章目标

在本章中，我们将开始处理实际数据分析中的原始数据集。处理原始数据集有助于我们观察从导入数据到报告统计结果的整个过程。为了便于说明，我们将重点关注以下研究问题：对国际贸易更加开放的国家是否经济增长更快？收入更高？为了在实证上解决这个问题，我们首先需要找到一个能同时度量贸易开放程度（即 $\frac{出口+进口}{GDP}$）和经济增长的数据集，然后为统计分析准备好数据。准备数据涉及导入、检查和管理数据。因此，在本章中我们将致力于实现以下目标：

1. 学习将原始数据集导入 R 并创建相应的数据对象。
2. 学习以电子表格（spreadsheet）格式查看原始数据，以此来检查导入的数据，识别数据集的属性，并绘制所选的变量。
3. 学习管理数据集、观测值和变量来准备分析所用的数据。
4. 熟悉各种逻辑和数学运算符。

2.1 准备数据

在我们讨论如何实现这些目标之前，我们必须确保已准备好从第一章继续前进。我们必须在两个重要方面做好准备。首先，我们需要完成足够的后勤准备工作，例如设置项目文件夹、知道如何在 R 中编写和执行程序，以及查找和下载必要的数据及编码手册文件。其次，我们需要为第二章中必须完成的不同任务及其相互关系制定概念路线图。下面我们将详细讨论它们。

2.1.1 后勤准备工作

在进入第二章之前，我们应该已经完成下列任务：
① 设置项目文件夹以保存数据、程序和输出文件。
② 创建一个记录良好的 R 程序将工作目录重置为项目文件夹，然后将程序保存在项目文件夹中。
③ 在 R 中执行该程序。
④ 获取将要导入 R 的数据集的编码手册或自述文件。

⑤ 下载将要导入 R 的数据集并将其放在项目文件夹中。

虽然前一章的内容覆盖了任务(1)到(3)的内容,但(4)和(5)是全新的任务。作为一个原则,同时也是一个很好的习惯,我们应该始终获取所使用数据集的编码手册或自述文件。编码手册或自述文件包括了重要的信息,诸如数据集的格式、样本信息(例如年份和国家覆盖范围)、分析单位(例如国家年份、个人受访者等)、变量的数量、观测值的数量、变量名称、变量的定义和测量、变量类型、变量值的标签(如果有的话)、数据来源,有时还包括变量的描述性统计量(平均值、最大值、最小值、方差或标准差、观测值的数量)。

编码手册的重要性体现在三个方面。首先,我们可以确保数据集在变量和样本覆盖面上适用于我们的研究目的。其次,我们可以选择正确的命令或函数将数据集导入 R 并验证它是否被正确地读入 R 中。最后,我们可以在准备分析数据时参考编码手册。R 在处理变量标签方面做得不是很好。因此,我们需要使用编码手册来了解我们有哪些变量以及如何管理它们。

在社会科学和行为科学中,原始数据通常以表格或矩形的形式组织起来,其中每行是观测值,每列是变量。在本章中,我们将讨论如何以社会科学和行为科学中常见的格式导入表格数据文件,包括逗号或制表符分隔(comma- or tab-delimited)文本文件、定宽(fixed-width)文本文件、Excel 文件、Stata 和 SPSS 文件。但我们的第一个重点是学习如何导入逗号分隔格式的经济变量常用原始数据集——Penn World Table Version 7.0 数据库。

可通过以下链接找到 Penn World Table Version 7.0 数据库:http://www.rug.nl/ggdc/productivity/pwt/pwt-releases/pwt-7.0。如果上述链接由于站点变更而无法打开,读者可以通过在互联网上搜索来找到它。Penn World Table 数据集最初由艾伦·赫斯顿(Alan Heston)、罗伯特·萨默斯(Robert Summers)和贝蒂娜·阿滕(Bettina Aten)在宾夕法尼亚大学的国际生产、收入和价格比较中心(Center for International Comparisons of Production, Income and Prices)完成,现在已被加州大学戴维斯分校和格罗宁根大学接管。该数据集以 2005 年为参考年份,提供了大量关于 1950—2009 年间 189 个国家和地区转为国际价格的购买力平价和国民收入账户的变量。它已被社会科学领域的许多学者广泛使用。对于我们的目的而言,测量许多国家在不同年份贸易开放程度和国民收入的变量就在该数据集中。

在上面列出的网站上,我们将选择通过单击"完整数据下载"将 PWT7.0 数据及其自述文件下载到一个压缩文件中。下载压缩文件后,将其放入项目文件夹中。下一步操作取决于我们是在 Windows 中还是在 Mac 电脑上使用 R。如果我们使用 Windows 操作系统,我们需要从这个网站下载并安装 7zip 免费软件:http://www.7-zip.org/,然后解压缩 PWT7.0 zip 文件。解压缩 PWT7.0 zip 文件后,我们现在应该在项目文件夹中看到两个单独的文件。第一个文件 pwt70_Vars_for-Web.xls 是一个定义变量名称和标签的自述或编码手册文件。第二个文件 pwt70_w_country_names.csv 是一个逗号分隔数据文件,它将变量名放在标题行中,观测值放在行中,变量放在列中。我们稍后会将数据文件导入 R。

如果我们使用的是 Mac 电脑,我们不需要下载任何其他软件来解压缩文件,但我们需要将这两个文件分别放入项目文件夹中。否则,R 将在读取数据文件时给出错误信息,因为 R 无法在 zip 文件中找到数据文件。

2.1.2 对第二章各种概念的概述

第二章将帮助我们学习如何将数据集导入 R、如何检查导入的数据,以及如何管理变量、观测值和数据集。由于第二章涉及的大量信息导致我们难以看清全局,我们应该对整体教学方案中不同的任务、函数和方法如何相互关联进行概念上的概述。为此,表 2.1 列出了各种数据准备任务、需要安装的附加软件包以及相关的 R 函数与方法。为了呈现整体情况,表 2.1 不仅包括第二章正文中讨论的函数与方法,还包括那些综合问答部分所覆盖的内容。

表 2.1　数据准备任务及相关 R 函数的列表

任务	函数与方法
导入数据	附加软件包:`foreign`,`Hmisc`,`readstata13`,`RODBC`,`gdata`,`haven`,`XLConnect`
逗号分隔文件	`read.csv`,`read.table`
制表符分隔文件	`read.table`
Stata 文件	`stata.get`,`read.dta`,`read.dta13`
SPSS 文件	`spss.get`
SAS 文件	`read.xport`,`read_sas`
Excel 文件	`odbcConnectExcel`,`sqlFetch`,`odbcClose`,`read.xls`,`readWork-sheet`
R 数据文件	`load`
检查数据	附加软件包:无
浏览导入数据	`View`,`head`,`tail`
识别数据集属性	`dim`,`names`,`str`
绘制选定的变量	`hist`,`boxplot`,`qqnorm`,`par`
编辑导入数据	`fix`
管理数据集	附加软件包:`reshape2`,`DataCombine`
数据排序	`order`
选中行和列	索引方法,逻辑运算符,`c`
创建子数据集	索引方法,运算符,赋值,`subset`
合并数据集	`merge`
长数据转为宽数据	`dcast`
宽数据转为长数据	`melt`
管理观测值	附加软件包:无
移除选定的观测值	索引方法,运算符,赋值
找出并移除重复值	`duplicated`,`!duplicated`
管理变量	附加软件包:`Hmisc`,`car`,`reshape`,`pwt`
创建新变量	数学和逻辑运算符,赋值,`factor`

(续表)

任务	函数与方法
显示变量类型	`class`
创建领先和滞后变量	`slide`
创建组别统计量	`by`, `aggregate`
重命名变量	索引方法, `names`, 赋值, `rename`
重新编码变量值	索引方法, 赋值, `recode`
创建变量标签	`label`

2.2 导入 Penn World Table 7.0 数据集

将数据集导入 R 是许多初学者最先遇到的大障碍,这不是一个小问题。而当一个数据集最终被成功地导入 R 之后——有时需要经历很大的困难——它也可以为编程者提供很大的成就感。要学习将数据集导入 R,我们将从逗号分隔文件 `pwt70_w_country_names.csv` 开始。

在导入数据集之前,我们必须首先完成一些任务:① 将在本章中使用的附加软件包安装一次。假设已经安装了所有软件包,则代码 `install.packages()` 应该被注释掉;否则,需要删除注释符号并运行此行代码一次,然后将注释符号放回。② 清理 R 的工作空间——其临时工作区。③ 将当前工作目录设置为项目文件夹。总是从这些步骤开始新程序是一个好习惯。

```r
# install following packages only once, then comment out code
# install.packages(c('reshape2','DataCombine',
#'Hmisc','haven','foreign','gdata','XLConnect',
#'pwt','reshape','doBy'), dependencies=TRUE)

# remove all objects from workspace
rm(list = ls(all = TRUE))

# change working directory to point to project folder
setwd("C:/Project")
```

`ls()` 函数会返回一个当前 R 会话中对象名称构成的向量,`all = TRUE` 代表所有的被创建对象。`rm()` 函数删除 `ls()` 函数输出中列出的所有对象。因此,上面的代码行告诉 R 从工作区中删除所有对象。

在前一章中多次提到的 `setwd()` 函数重置了 R 的当前工作目录。在程序的其余部分,R 将寻求在该目录中查找文件,而不是每次都需要我们设定路径名。在这种情况下,我们首先在 C 盘中创建了一个名为 Project 的文件夹,数据文件都会存储在其中。

通过以下代码,我们将在 R 中读入 Penn World Table 数据集并创建一个名为 `pwt7` 的数据对象:

```
# import comma-delimited file, create data object pwt7
pwt7 <- read.csv("pwt70_w_country_names.csv", header = TRUE,
    strip.white = TRUE, stringsAsFactors = FALSE,
    na.strings = c("NA", ""))
```

由于此代码可能难以理解,我们将在下面详细讨论代码中的每个元素。

1. `read.csv()`函数将逗号分隔数据文件读入 R 中。函数的参数列在其括号内。

2. 参数`"pwt70_w_country_names.csv"`表示要读入 R 的原始数据文件,其中 `.csv` 表示它是逗号分隔文件(一种常见的文件格式,我们可以在 Excel 中保存数据文件时看到)。请注意,如果我们没有首先设定 `setwd("C:/Project")`,那么 `read.csv` 函数中的第一个参数就必须是`"C:/Project/pwt70_w_country_names.csv"`。确保文件名加双引号!

3. 参数 `header=TRUE` 是一个逻辑语句,意味着第一行是包含变量名的。如果原始数据文件在第一行中没有变量名称,请将选项更改为 `header = FALSE`。我们可以将参数简化为 `header=T` 或 `header=F`。

4. 参数 `strip.white=TRUE` 移除了字符在开头和结尾的所有空格。在数据输入时经常会意外输入空格。由于在 USA 前后存在空格的不同情况,R 将以下三个字符视为不同的值:`"USA"`" "USA"和"USA "`。我们将在综合问答部分进一步说明这个概念。

5. 参数 `stringsAsFactors = FALSE` 告诉 R 保持字符型变量不变,不要将它们转换为因子型变量。我们将在之后解释什么是因子型变量。

6. 参数 `na.strings = c("NA","")`告诉 R 将以下两种类型的值视为缺失值:R 默认情况下对缺失值的编码`"NA"`,以及中间无空格的双引号表示的空格或空字符串。默认情况下,R 将字符数据列中的空白单元格视为零长度而不是缺失值。最后,请注意这里 `c()` 函数是如何允许我们设定多个符号,而所有这些符号都被编码为缺失值并用逗号分隔的。缺失值在社会科学的数据中很常见,不同的软件对缺失值的处理略有不同。对于 R 来说,`NA` 是默认表示缺失值的代码。如果我们发现数据集使用一些其他值或符号来表示缺失值,我们必须告诉 R 以使得数据能够被 R 正确地读取。例如,如果数据集使用了 `.` 或 `-999` 来代表缺失值,我们只需通过设定 `na.strings ="."`或者`na.strings ="-999"`来告诉 R,我们也可以使用 `na.strings = c("NA", "", ".", "-999")`来代替。

7. `read.csv` 函数输出的数据通过`<-`赋值给命名为 `pwt7` 的数据对象。数据对象 `pwt7` 是一个数据框,它是 R 中矩阵类型的数据对象。数据框也可以更简单地被认为是 Excel 中的工作表。新的数据对象 `pwt7` 被创建之后,我们就可以要求 R 对其进行操作以便分析。如果我们只使用代码的 `read.csv()`函数部分而不将其输出结果分配给数据对象,则 R 将仅在屏幕上显示数据集本身。

8. 为了顺利地让 R 读取数据,我们需要遵循 R 的规则对原始数据集内的变量进行命名。一个合适的变量名可以使用字母、数字、点或下划线,但不应包含数学运算符。此外,R 不喜欢变量名称中存在任何空格。值得考虑的另一个因素是 R 对大小写的敏感性。例如 name 和 Name 对 R 来说是两个不同变量。因此,在将原始数据集读入 R 之前更改原始数据集中的某些变量名称对数据分析人员来说是一种常规操作。在这种情况下,建议数据分析人员复制一份原始数据集,然后在复制的数据文件上进行操作,而不对原始数据集进行改动。

值得注意的是,除了逗号分隔文件,我们使用的数据集通常还包括各种其他格式。作为 R 的强大优势之一,R 在导入各种格式的数据集上具有极强的灵活性和多样性,如表 2.1 所示。截至目前,我们还没有关注 R 用于导入不同格式数据集的代码,这些内容将在本章之后的部分进行介绍。

2.3 检查导入的数据

2.3.1 目视检查导入的数据

导入数据集后,直接看一眼导入的数据集本身既是有用的,同时也是重要的。查看数据是检验数据是否被正确导入的一种直观方法。我们可以通过快速浏览来初步了解数据,并查看观测值和变量名是否已被正确地导入。我们可以通过多种方式浏览和查看被导入的数据集。

目视检查导入数据的第一种方法是使用 `View()` 函数打开一个电子表格式样的浏览器。请注意,函数的第一个字母必须为大写。

```
# inspect dataset pwt7 in a spreadsheet style data viewer
View(pwt7)
```

图 2.1 显示数据集 `pwt7` 按照观测值在行、变量在列的方式组织,这是一个值得记住的普遍原则。标题行包含了变量名称。

	country	isocode	year	POP	XRAT	Currency_Unit	ppp	tcgdp
1	Afghanistan	AFG	1950	8150.368	NA		NA	NA
2	Afghanistan	AFG	1951	8284.473	NA		NA	NA
3	Afghanistan	AFG	1952	8425.333	NA		NA	NA
4	Afghanistan	AFG	1953	8573.217	NA		NA	NA
5	Afghanistan	AFG	1954	8728.408	NA		NA	NA
6	Afghanistan	AFG	1955	8891.209	1.680000e-02	Afghani	NA	NA
7	Afghanistan	AFG	1956	9061.938	2.000000e-02	Afghani	NA	NA
8	Afghanistan	AFG	1957	9240.934	2.000000e-02	Afghani	NA	NA
9	Afghanistan	AFG	1958	9428.556	2.000000e-02	Afghani	NA	NA
10	Afghanistan	AFG	1959	9624.606	2.000000e-02	Afghani	NA	NA

图 2.1 使用 View( ) 函数查看原始数据

另一种目视检查数据的方法是分别使用函数 `head()` 和 `tail()` 来查看第一个和最后一个观测值。选项 `n=` 允许我们设定想要选择的观测值数量。

```
# list first one observation in dataset pwt7
head(pwt7, n=1)

# list last one observation in dataset pwt7
tail(pwt7, n=1)
```

作为示例,列出 `pwt7` 最后一条观测值的 R 输出结果如下:

```
# list last one observation in dataset pwt7
tail(pwt7, n = 1)
         country   isocode      year       POP      XRAT  Currency_Unit
11400   Zimbabwe       ZWE      2009     11383   1.4e+17  Zimbabwe Dollar
             ppp      tcgdp      cgdp     cgdp2      cda2             cc
11400   40289.96    1906.05  167.4471  174.4197  180.2302        81.78356
              cg         ci         p        p2        pc             pg
11400   7.759873   13.78792  2.87e-11  2.87e-11  2.91e-11       1.34e-11
              pi      openc      cgnp         y        y2
11400   3.55e-11   60.31122  94.11682 0.3670967  0.382383
            rgdpl     rgdpl2    rgdpch        kc        kg             ki
11400    142.5955   136.7233   142.564  86.89917  7.905525       14.74367
            openk    rgdpeqa   rgdpwok rgdpl2wok  rgdpl2pe       rgdpl2te
11400    83.74953    182.613        NA        NA        NA       314.1711
         rgdpl2th    rgdptt
11400          NA   151.4353
```

如输出结果中所示,`pwt7` 中的最后一条观测值(即观测值 11400)是 2009 年一个名为津巴布韦的国家,国家标准代码(isocode)为 ZWE,人口(POP)为 11383(千),对美元的汇率(XRAT)是 $1.4e+17$,等等。

如果我们希望在数据集的开头或结尾看到更多观测值,我们可以直接在 `n=` 之后修改数值。

2.3.2 识别数据集的属性:维度、变量名和数据集结构

在将数据集读入 R 并且目视检查导入的数据之后,我们需要进一步验证 R 是否正确导入了数据集。我们可以获取该数据集的摘要信息,然后根据编码手册中的信息对其进行验证。为此,我们引入三个函数:`dim()`、`names()` 和 `str()`。它们可以分别帮助我们了解数据集的维度(行和列,即观测值的数目和变量的数目)、变量名和数据集的结构。

```
# dimensions of pwt7: number of observations and number of variables
dim(pwt7)

# variable names in dataset pwt7
names(pwt7)

# structure of dataset pwt7
str(pwt7)
```

R 的输出结果如下:

```
# dimensions of pwt7: number of observations and number of variables
dim(pwt7)

[1] 11400    37
```

`dim(pwt7)` 的输出结果显示该数据集包含 11400 条观测值和 37 个变量。

```
# variable names in dataset pwt7
names(pwt7)
  [1]   "country"     "isocode"    "year"
  [4]   "POP"         "XRAT"       "Currency_Unit"
  [7]   "ppp"         "tcgdp"      "cgdp"
 [10]   "cgdp2"       "cda2"       "cc"
 [13]   "cg"          "ci"         "p"
 [16]   "p2"          "pc"         "pg"
 [19]   "pi"          "openc"      "cgnp"
 [22]   "y"           "y2"         "rgdp1"
 [25]   "rgdp12"      "rgdpch"     "kc"
 [28]   "kg"          "ki"         "openk"
 [31]   "rgdpeqa"     "rgdpwok"    "rgdp12wok"
 [34]   "rgdp12pe"    "rgdp12te"   "rgdp12th"
 [37]   "rgdptt"
```

names(pwt7)函数的输出结果列出了 pwt7 中所有 37 个变量的名称,这些变量名称应该与编码手册中的变量一致。括号内的数值对应于括号旁边那个变量在列序数中的位置。例如,[1]表示变量 country 位于第 1 列,因此该行末尾的变量位于第 3 列,第 37 列包含最后一个变量 rgdptt。这是我们第一次在 R 中使用方括号。由于我们将在本书中极为依赖括号的使用,记住R 使用方括号[ ]来指代向量和数据框中的元素是很重要的,我们将在后面进一步讨论这个问题。

```
# structure of dataset pwt7
str(pwt7)

'data.frame':   11400 obs. of 37 variables:
 $ country       : chr "Afghanistan" "Afghanistan" "Afghanistan" "Afghanistan" ...
 $ isocode       : chr "AFG" "AFG" "AFG" "AFG" ...
 $ year          : int 1950 1951 1952 1953 1954 1955 1956 1957 1958 1959 ...
 $ POP           : num 8150 8284 8425 8573 8728 ...
 $ XRAT          : num NA NA NA NA NA 0.0168 0.02 0.02 0.02 0.02 ...
 $ Currency_Unit : chr NA NA NA NA ...
 $ ppp           : num NA NA NA NA NA NA NA NA NA NA ...
 $ tcgdp         : num NA NA NA NA NA NA NA NA NA NA ...
 $ cgdp          : num NA NA NA NA NA NA NA NA NA NA ...
 $ cgdp2         : num NA NA NA NA NA NA NA NA NA NA ...
 $ cda2          : num NA NA NA NA NA NA NA NA NA NA ...
 $ cc            : num NA NA NA NA NA NA NA NA NA NA ...
 $ cg            : num NA NA NA NA NA NA NA NA NA NA ...
 $ ci            : num NA NA NA NA NA NA NA NA NA NA ...
 $ p             : num NA NA NA NA NA NA NA NA NA NA ...
 $ p2            : num NA NA NA NA NA NA NA NA NA NA ...
 $ pc            : num NA NA NA NA NA NA NA NA NA NA ...
 $ pg            : num NA NA NA NA NA NA NA NA NA NA ...
 $ pi            : num NA NA NA NA NA NA NA NA NA NA ...
```

```
$openc       : num NA NA NA NA NA NA NA NA NA ...
$cgnp        : num NA NA NA NA NA NA NA NA NA ...
$y           : num NA NA NA NA NA NA NA NA NA ...
$y2          : num NA NA NA NA NA NA NA NA NA ...
$rgdpl       : num NA NA NA NA NA NA NA NA NA ...
$rgdpl2      : num NA NA NA NA NA NA NA NA NA ...
$rgdpch      : num NA NA NA NA NA NA NA NA NA ...
$kc          : num NA NA NA NA NA NA NA NA NA ...
$kg          : num NA NA NA NA NA NA NA NA NA ...
$ki          : num NA NA NA NA NA NA NA NA NA ...
$openk       : num NA NA NA NA NA NA NA NA NA ...
$rgdpeqa     : num NA NA NA NA NA NA NA NA NA ...
$rgdpwok     : num NA NA NA NA NA NA NA NA NA ...
$rgdpl2wok   : num NA NA NA NA NA NA NA NA NA ...
$rgdpl2pe    : num NA NA NA NA NA NA NA NA NA ...
$rgdpl2te    : num NA NA NA NA NA NA NA NA NA ...
$rgdpl2th    : num NA NA NA NA NA NA NA NA NA ...
$rgdptt      : num NA NA NA NA NA NA NA NA NA ...
```

　　str(pwt7)函数的输出结果提供了有关 pwt7 性质和结构的大量信息,显示了它作为数据对象的类型(data.frame)、它的观测值的数目(11400)、它的变量的数目(37)、每个变量的名称(在每个 $ 符号后面)、每个变量的类型(在每个冒号后面,chr 表示字符型,int 表示整数型,num 表示数值型),以及每个变量的前几个观测值(在每个变量类型之后)。注意 R 将某些变量视为字符型,例如 country, isocode, Currency_Unit(记为 chr),其他一些变量则被视为整数型,例如 year(记为 int),还有一些变量被视为数值型(记为 num)。另外值得注意的是缺失值被记为 NA。

　　这些变量的具体定义请参阅之前下载的自述文件。出于本章的学习目的,我们将特别关注三个变量:country、year 和 rgdpl。变量 country 是一个字符串,包含了国家的名称。变量 year 是一个整数变量,显示了年份。变量 rgdpl 是一个数值变量,表示以国际元计算的实际人均 GDP,国际元是一种被广泛使用的衡量人均国民收入的单位。country 和 year 都是 id 变量,允许我们具有唯一性地识别每个观测值。变量 rgdpl 则是本节讨论的重点。

2.3.3　为检查数据绘制感兴趣变量的图像

　　我们还可以通过绘制感兴趣变量的分布图来检查它们是否被正确地导入 R 中。例如,我们可以使用前一章内容中的一些代码来绘制 rgdpl 的分布图,如图 2.2 所示。请注意我们如何使用 par()函数为图像指定图形参数,并将图像按不同的行和列排列。回想一下,par(mfrow=c(2,2))意味着创建一个图像,其中的图形排列成两行两列。

```
# create a figure with three plots
# set graphic parameters for figure of two rows, two columns
par(mfrow=c(2,2))

# graph distribution of variable rgdpl in data frame pwt7
hist(pwt7$rgdpl)
```

```
boxplot(pwt7$rgdpl)
qqnorm(pwt7$rgdpl)
```

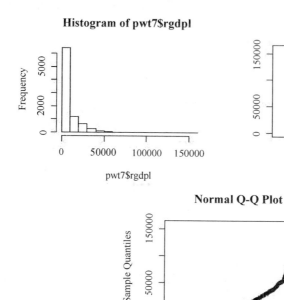

图 2.2　变量 rgdpl 的分布

2.4　准备数据 I：变量类型和索引

为数据分析准备好导入数据可能非常耗时,并且涉及操作和清理数据。数据管理通常侧重于使变量、观测值和数据集变得有序,最终目标是为分析准备好干净的数据集。在我们了解数据管理的细节之前,我们首先需要学习一些预备知识,主要关于变量类型和指代观测值与变量的索引方法。

2.4.1　R 的变量类型

R 使用各种类型的数据对象,包括标量、向量、矩阵、数组、数据框和列表。出于我们的教学目标,我们将主要关注数据框内的变量。在统计学中,变量通常是定类的、定序的或者连续的。定类变量是分类性质的,对它们的值进行排序在任何情况下都是没有意义的。例如,在 `pwt7` 数据集中,变量 `country` 是定类变量,因为它的值只是国家的名称而不是按国家大小排序。定序变量也可以是分类性质的,但它们的值是按大小排序的,但与连续变量不同,定序变量不包含不同值之间差值的任何信息。例如,我们可以根据 `pwt7` 数据集中的实际人均 GDP 创建收入组的定序变量,目的是将国家划入不同的收入类别。高收入国家的富裕程度排名会比低收入国家更高,但它们之间确切的差距大小则不得而知。最后,连续变量可以取一定范围内的任何值,两个值之间的差值同时表示了排序和大小的差距。变量 `rgdpl` 是一个很好的例子,它的两个值之间的差异不仅表明了哪一个更大,而且表示了具体大多少。

现在,R 有自己定义变量类型的方法。对于 R,数据框中的变量可以被分为字符型、因子型和数值型。例如,变量 `country` 是一个字符型变量,如前所述,它相当于一个定类变量,它的值是国家名称或字符串。变量 `rgdpl` 是一个数值型变量,相当于一个连续变量。这两种变量类型相当传统,但 R 中的因子型变量较为独特。R 中的因子型变量是分类变量,是具有字符值相应整数值的向量。字符型和数值型变量都可以转换为因子型变量,但因子型变量的每个取值水平始终是字符值。例如,之前讨论的定类变量 `country` 和定序变量收入组可以转化为 R 中的因子型变量。因子型变量最重要的用途是它可以直接用于统计建模。这甚至适用于将 `country` 这类变量转换为因子型变量后的情形。我们将在下一节中进一步讨论有关变量类型的问题。

2.4.2 索引

了解 R 如何指代一个变量的观测值或一个数据集中的观测值和变量非常重要。在本节中,我们将学习索引方法,这是 R 中最基本的指代方法,也是我们将在全书中反复使用的方法。在索引方法中,我们将位置值或识别条件放在一对方括号[ ]中来引用变量或数据框中的元素。

引用变量中的观测值

我们将从如何在变量中引用观测值开始。为了便于说明,我们以数据集 `pwt7` 中的人口变量为例,记为 `pwt7$POP`。如图 2.1 所示,变量的第五个观测值等于 8728.408。我们可以通过两种不同的方法来引用 `pwt7$POP` 的第五个观测值:通过变量的位置值,或者是其他的唯一性识别条件。

对于第一种方法,我们将变量名后一对方括号内的数值设定为第五个观测值的位置值(即为 5)。要让 R 显示该观测值,R 代码和输出结果如下:

```
# reference fifth observation of pwt7$POP
pwt7$POP[5]

[1] 8728.408
```

我们还可以通过设定唯一性识别条件来引用 `pwt7$POP` 的第五个观测值。举例来说,观测值是被 `country` 和 `year` 变量的相关信息标识的,即 1954 年的阿富汗。因此,我们可以通过在方括号内填入关于国家和年份的唯一性标识信息来引用该观测值。R 代码和输出结果如下:

```
# reference specific observation of pwt7$POP
pwt7$POP[pwt7$country == "Afghanistan" & pwt7$year == 1954]

[1] 8728.408
```

正如预期的那样,两种引用方法均生成了相同的输出值:8728.408。第一种方法需要变量中观测值的位置值,第二种方法需要变量唯一性标识信息的对应值。对于后者,请注意这里是如何使用两个逻辑运算符(==和&)的。还要注意,字符型变量 `country` 的值必须用引号引起来,而数值型变量 `year` 的值则不用。

引用数据集中的行和列

引用数据框中的元素是有所不同的,因为数据框同时具有行和列。回顾图 2.1,数据框 `pwt7` 是一个矩形数据,其中行表示观测值,而列表示变量。类似于变量或向量的情况,我们还是通过两种不同的方法引用数据集中特定变量的特定观测值:通过相关位置值或是唯一性识别条件。

再次以 `pwt7` 数据集中人口变量的第五个观测值为例。我们可以在数据集而不是变量中引用该元素。在第一种方法中,我们设定数据框名称(而非变量名称),然后在其后加一对方括号,并将相关行和列的位置值放入其中并用逗号隔开。如图 2.1 所示,人口变量的第五个观测值位于第五行观察值与第四列变量的交点。R 代码和输出结果如下。请注意,在方括号内两个位置值是观测值在先,变量在后。

```
# reference fifth observation of fourth variable in pwt7
pwt7[5,4]
```

```
[1] 8728.408
```

在第二种方法中,我们通过设定由逗号隔开的唯一性行与列条件来引用数据集内的特定元素。例如,`pwt7` 的第五行观测值和第四列变量由基于 `country` 和 `year` 的相关行信息与相关列信息(`POP`)所标识。因此,我们可以通过将相关的行条件和列条件放在方括号内并用逗号隔开来引用该元素。R 代码和输出结果如下。注意,行条件是第一个出现的,列条件是第二个出现的,列变量名要用引号引起来。请记住行和列条件必须用逗号隔开。

```
# reference certain observation of certain variable in pwt7
pwt7[pwt7$country=="Afghanistan" & pwt7$year==1954,"POP"]
```

```
[1] 8728.408
```

正如预期的那样,两种引用方法均生成了相同的输出值:8728.408。值得注意的是,即使四行代码生成了相同的输出值,前两行涉及的是如何引用向量中的元素,而后两行涉及的是如何引用数据框中的元素。

将以上示例一般化,`dataframe[Select Rows, Select Columns]` 允许我们引用任何数据框中的特定行和列,并将位置值或识别条件放在方括号内并用逗号隔开。

逗号前的索引值或条件指的是特定的行和观测值,逗号后的索引值或条件指的是特定的列和变量。

作为扩展,如果我们将索引位置保留为空,则它指向所有行或列。例如,`pwt7[5,]` 指的是 `pwt7` 中所有变量的第五个观测值,逗号后的索引位置为空是告诉 R 要包括所有的变量。相反,`pwt7[,4]` 指的是 `pwt7` 中第四个变量的所有观测值。逗号前的索引位置为空是告诉 R 要包括所有的观测值。我们可能会在这些索引位置使用各种条件表达式,以便我们可以通过多种方式引用数据集中的观测值和变量。我们将在下一节中了解有关此问题的更多信息。显然,数据管理将会非常依赖于索引方法。

2.5 准备数据Ⅱ:管理数据集

2.5.1 观测值排序

在进行任何数据操作之前,最好先根据数据集的关键 ID 变量对数据进行排序。关键 ID 变量指的是唯一性地标识了数据集中每个观测值的那些变量。以 pwt7 数据集为例。其关键 ID 变量是 country 和 year,它们唯一性地标识了数据集中的每一行。因此,我们可以先按 country 以升序对 pwt7 进行排序,然后对其中每个国家按 year 以升序排序。我们可以将 order() 函数应用于 pwt7 所有行和所有列。请注意,为了表示所有的列,我们需要在方括号内的逗号后面留空。

```
# sort data first by country and then by year
pwt7 <- pwt7[order(pwt7$country, pwt7$year), ]
```

如果有必要,现在我们还可以按年度降序对数据集进行排序。在下面的代码中,我们在 year 前面添加一个减号以表示降序。

```
# sort data by country (ascending) and by year (descending)
pwt7 <- pwt7[order(pwt7$country, -pwt7$year), ]
```

2.5.2 选择观测值和变量

当我们在研究中使用原始数据集时,我们经常需要为各种目的选择观测值和变量。首先,我们想要找出我们特别感兴趣的某些特定观测值。例如,使用 Penn World Table 数据,我们可能想知道特定国家在特定年份的人均 GDP。其次,我们通常不需要所有的观测值和所有的变量,特别是当原始数据集太大的时候,留下所有观测值和变量可能是笨拙而费时的。因此,我们通常选择将观测值和变量挑选出来形成新的数据集以供分析。

在 R 中有很多种方法选择观测值和变量。在这里,我们通过几个例子来说明如何使用前面介绍的最基本的索引方法。下面的示例将显示如何在 pwt7 的所有变量中选择第 100 和第 102 个观测值。

```
# show select rows; example: observations 100 and 102
pwt7[c(100, 102), ]
```

回忆一下第一章中 c() 函数将括号内的参数组合成一个向量。另外,请注意逗号后面的第二个索引位置是空白的,它告诉 R 要包括所有列(即变量)的第 100 个和第 102 个观测值。

如果我们想选择第 100 个到第 102 个观测值,我们所要做的就是用冒号替换 c() 函数中的逗号,冒号代表连续的行。

```
# show select rows; example: observations from 100 to 102
pwt7[c(100:102), ]
```

第二个示例涉及如何选择数据框中特定变量的所有观测值。下面的例子要求 R 将 pwt7 中的变量 country、year 和 rgdpl 组合起来并显示其观测值。在方括号中第一个索引位置上,我们使用空白来引用所有行(即观测值);在第二个索引位置上,我们使用 c( ) 函数来选择变量。引号、括号和逗号有助于告诉 R 要做什么。

```
# show select variables
pwt7[, c("country", "year", "rgdpl")]
```

第三个例子展示了我们如何将上面两个例子结合起来,为三个变量 country、year 和 rgdpl 选择从第 100 个到第 102 个观测值。

```
# combine two selections: certain rows and certain columns
pwt7[c(100:102), c("country", "year", "rgdpl")]
```

现在让我们看一些包含更多选择的示例。如果我们想要展示自 2006 年以来阿富汗按购买力平价计算的实际人均 GDP,我们可以使用以下代码:

```
# show certain observations and certain variables that meet
# conditions: Afghanistan since 2006 for three variables
pwt7[pwt7$year>=2006 & pwt7$country=="Afghanistan",
   c("country", "year", "rgdpl")]
```

我们使用 >=、& 和 == 来根据年份和国别设定观测值的条件。具体来说,我们用 pwt7$year >=2006 来选择自 2006 年以来的年份,用 pwt7$country=="Afghanistan" 来选择阿富汗,并使用 & 符号来指定观测值必须同时满足这两个条件。R 的输出结果如下所示:

	country	year	rgdpl
57	Afghanistan	2006	687.7274
58	Afghanistan	2007	736.4802
59	Afghanistan	2008	1009.8645
60	Afghanistan	2009	1170.9935

现在让我们看一个更复杂的例子。如果我们想比较在五个不同年份内中国和印度的人均 GDP,我们可以使用 %in% 作为逻辑运算符,从左侧找到与其右边相匹配的元素。在下面的代码中,我们选择的年份是 1970 年、1980 年、1990 年、2000 年和 2009 年,国家是 "India" 和 "China Version 1"。

```
# select multiple countries and non-consecutive years
# for select variables
pwt7[pwt7$year %in% c(1970, 1980, 1990, 2000, 2009) &
   pwt7$country %in% c("India", "China Version 1"),
   c("country", "year", "rgdpl")]
```

输出结果如下所示:

	country	year	rgdpl
2121	China Version 1	1970	390.4169
2131	China Version 1	1980	640.2915
2141	China Version 1	1990	1262.7539
2151	China Version 1	2000	2888.3145
2160	China Version 1	2009	7008.1742
4641	India	1970	887.1750
4651	India	1980	1019.6258

4661	India	1990	1407.2194
4671	India	2000	1860.2439
4680	India	2009	3237.8371

现在如果我们对 1970 年至 1990 年间的所有年份都感兴趣,我们可以用 c(1970:1990) 替换 c(1970, 1980, 1990, 2000, 2009)。

值得注意的是,我们可以使用各种逻辑运算符来挑选数据框中的行(观测值)和列(变量)。回想一下表 1.5 中的一些常见逻辑运算符:<(小于),<=(小于等于),>(大于),>=(大于等于),==(等于),!=(不等于),l(或),&(且)。

2.5.3 使用数据集的子集创建新的数据集

现在我们已经知道如何选择特定的观测值和变量,是时候学习如何使用所选择的观测值和变量创建另一个数据集了。实际上这非常简单。接下来的这行代码告诉 R 要选取 pwt7 中三个变量的所有观测值,并将其分配给一个名为 pwt7new 的数据集,pwt7new 只含有 pwt7 中的三个变量,但包括这三个变量的所有观测值。

```
# create a new dataset with three select variables
pwt7new <- pwt7[, c("country", "year", "rgdpl")]
```

如果我们对新数据集使用相同的数据框名称 pwt7,则新数据集将会替换具有相同名称的旧数据集。

2.5.4 合并数据集

在实际数据分析中,我们经常需要合并数据集,因为我们需要的变量来自不同的来源。下面我们将提供一个通过 merge() 函数来合并 R 中数据集的示例。

假设我们使用 pwt7 在 R 中创建两个数据集,分别称为 pwt7.tmp1 和 pwt7.tmp2,每个数据集都有一个不同的变量,但有两个共同的合并 ID 变量(isocode 和 year)。

```
# create two temporary pwt7 subsets for merging example
pwt7.tmp1 <- pwt7[, c("isocode", "year", "rgdpl")]
pwt7.tmp2 <- pwt7[, c("isocode", "year", "openk")]
```

要合并这两个数据集,我们可以应用 merge() 函数根据 isocode 和 year 来匹配与合并来自两个不同数据集的观测值。

```
# merge two datasets
pwt7.m <- merge(pwt7.tmp1, pwt7.tmp2, by = c("isocode",
    "year"), all = TRUE, sort = TRUE)
```

在 merge() 函数内,我们首先设定要合并的两个数据集,然后根据这两个要合并的数据集使用 by= 选项和 c() 函数来设定排序 ID 变量。接下来,通过使用 all = TRUE,我们告诉 R 应该保留来自两个数据集的所有的不匹配观测值。最后,选项 sort = TRUE 告诉 R 合并数据集应该按照排序 ID 变量进行排序。

值得注意的是,这是一个人为痕迹很重的例子。稍后当我们尝试将关于组别统计量的数据集与 pwt7 数据集合并时,我们将讨论更加实际的例子。

另外两个函数——`cbind()`和`rbind()`——有时用于合并数据集。这里我们提供一些典型的例子。我们可以使用`cbind()`函数来横向地合并具有相同行数但列数不同的两个矩阵而不需要任何排序`ID`;相反地,如果我们想要纵向地叠加具有相同列数但行数不同的两个数据集,我们可以使用`rbind()`函数而不需要任何其他排序`ID`。注意,在下面的代码中,`data1`和`data2`只是对数据框的通称,而没有指代任何特定的数据对象。因此,在没有修改的情况下执行这两行代码将在 R 中产生错误信息。

```
# combine datasets of equal observations but different variables
new.data <- cbind(data1, data2)

# append datasets of equal variables, different observations
new.data <- rbind(data1, data2)
```

2.5.5 改变数据结构

我们经常需要为了分析的目的而重塑数据集的构造方式。假设我们有兴趣比较两个国家之间随时间变化的人均 GDP 值(以 `rgdpl` 来测量),最直观的结构是逐年并排地列出其 `rgdpl` 值。这就需要重新组织数据集的结构。我们将通过使用附加软件包 `reshape2` 中的某些函数来提供一些例子。

为了展示重构工作,我们首先创建一个名为 `pwt7.ip` 的新数据集,该数据集包含印度和巴基斯坦两个国家六年间的三个变量。它是按 `country` 和 `year` 组织的,因此是一个如下所示的长格式数据,R 代码和输出结果如下:

```
# create a subset of pwt7 (India and Pakistan, three variables and six years)
pwt7.ip <- pwt7[pwt7$year %in% c(1950, 1960, 1970, 1980,
    1990, 2000) & pwt7$country %in% c("India","Pakistan"),
    c("country","year","rgdpl")]

# display the long form dataset
pwt7.ip
```

```
        country     year         rgdpl
4621      India     1950      594.1658
4631      India     1960      713.6806
4641      India     1970      887.1750
4651      India     1980     1019.6258
4661      India     1990     1407.2194
4671      India     2000     1860.2439
7681   Pakistan     1950      732.1559
7691   Pakistan     1960      732.4439
7701   Pakistan     1970     1148.8489
7711   Pakistan     1980     1453.3522
7721   Pakistan     1990     1933.9449
7731   Pakistan     2000     1858.5410
```

接下来,我们使用以下 R 代码将新创建的数据集 `pwt7.ip` 由长数据转换为宽数据。我们首先

安装和加载 `reshape2` 软件包,然后应用 `dcast()` 函数来重构 `pwt7.ip`。我们希望印度和巴基斯坦每一年的 `rgdpl` 值能够并排显示。我们将这个过程称为将数据集由长格式重构为宽格式。

```
# load reshape2 package
library(reshape2)

# reshape pwt7.ip from long to wide form
pwt7.ip2 <- dcast(pwt7.ip, year~country, value.var="rgdpl")
```

`dcast()` 函数将长格式的国家-年份数据集 `pwt7.ip` 转换为宽格式的年份数据集 `pwt7.ip2`。在 `dcast()` 函数内部,我们首先设定的是要重构的长格式数据集,然后设定要保留的排序变量 `ID`,然后是波浪号和将用作新的列名称的变量(`India` 和 `Pakistan`),最后将新变量 `India` 和 `Pakistan` 的值用 `value.var` = 选项中所设定变量的值来填充。如下所示,新数据集 `pwt7.ip2` 是按照我们期望的方式构成的。

```
# display the wide form dataset
pwt7.ip2
     year      India    Pakistan
1    1950   594.1658    732.1559
2    1960   713.6806    732.4439
3    1970   887.1750   1148.8489
4    1980  1019.6258   1453.3522
5    1990  1407.2194   1933.9449
6    2000  1860.2439   1858.5410
```

接下来,一个自然的问题就是如何将数据集从宽格式重构为长格式。为此,我们可以在 `reshape2` 中应用 `melt()` 函数。下面的 R 代码和输出结果显示了如何将宽格式的 `pwt7.ip2` 重构为长格式。

```
# reshape a dataset from wide to long
melt(pwt7.ip2, id.vars="year", variable.name="country",
     value.name="rgdpl")
     year    country      rgdpl
1    1950      India   594.1658
2    1960      India   713.6806
3    1970      India   887.1750
4    1980      India  1019.6258
5    1990      India  1407.2194
6    2000      India  1860.2439
7    1950   Pakistan   732.1559
8    1960   Pakistan   732.4439
9    1970   Pakistan  1148.8489
10   1980   Pakistan  1453.3522
11   1990   Pakistan  1933.9449
12   2000   Pakistan  1858.5410
```

在 melt( ) 函数内部,选项 `id.vars = "year"` 设定 `year` 作为 `ID` 变量;选项 `variable.name =` 设定新变量的名称,将宽格式数据集中的变量名转换为长格式数据集中的变量值;而选项 `value.name =` 设定新变量的名称,该变量将宽到长变量的值存储在宽格式数据集中。

2.6 准备数据Ⅲ:管理观测值

2.6.1 移除选定的观测值

有时,我们希望移除某些观测值来满足特定的条件。最简单的解决方法是对数据集应用逻辑运算符和索引方法。以数据集 `pwt7` 为例。在数据集中,中国的 GDP 数据有两种版本,分别基于官方价格和非官方价格。因此,对于中国,在相同的年份,一组观测值用标准代码(isocode)"CHN"表示,另一组用标准代码"CH2"表示。在数据分析中,同时包含这两组观测值显然是不合适的。下面的代码演示了一个简单的方法来删除所有 isocode 等于 CH2 的观察值,并将输出结果保存到新的数据集 `pwt7.nc` 中。

```
# remove observations with isocode equal CH2
pwt7.nc <- pwt7[pwt7$isocode !="CH2", ]
```

为了说明两个数据集 `pwt7` 和 `pwt7.nc` 之间的差异,我们将对两个数据集使用 dim( ) 函数,从中可以看到它们具有相同的变量数目,但是 `pwt7.nc` 的观测值减少了 60 个。我们将进一步显示 `pwt7` 从 1950—2009 年有 60 年满足 `isocode` 等于 `CH2` 这一条件,而 `pwt7.nc` 没有年份满足该条件。

```
# remove second set of China observations with isocode CH2
pwt7.nc <- pwt7[pwt7$isocode !="CH2", ]

# compare pwt7 and pwt7.nc
dim(pwt7)

[1] 11400    37

dim(pwt7.nc)

[1] 11340    37

# display the number of years under CH2
pwt7$year[pwt7$isocode=="CH2"]

 [1] 1950 1951 1952 1953 1954 1955 1956 1957 1958 1959 1960
[12] 1961 1962 1963 1964 1965 1966 1967 1968 1969 1970 1971
[23] 1972 1973 1974 1975 1976 1977 1978 1979 1980 1981 1982
[34] 1983 1984 1985 1986 1987 1988 1989 1990 1991 1992 1993
```

```
[45]  1994  1995  1996  1997  1998  1999  2000  2001  2002  2003  2004
[56]  2005  2006  2007  2008  2009

pwt7.nc$year[pwt7.nc$isocode == "CH2"]

integer(0)
```

2.6.2 找出和移除重复的观测值

数据集有时包含需要被移除的重复观测值。下面我们将展示如何根据一些关键排序变量来移除重复的观测值。为了便于说明,首先我们将创建具有重复观测值的人造数据集。回想之前章节中的数据集 `pwt7.ip`。下面我们将使用 `rbind()` 函数将来自 `pwt7.ip` 的所有印度的观测值叠加到数据集 `pwt7.ip` 本身上,从而生成一个每年都带有一个重复的印度观测值的数据集。`pwt7.dup` 显示的内容表明重复观测值的创建符合预期。

```
# create dataset with duplicate India observations
pwt7.dup <- rbind(pwt7.ip, pwt7.ip[pwt7.ip$country=="India",])

# display data with duplicate observations
pwt7.dup

        country   year      rgdpl
4621      India   1950    594.1658
4631      India   1960    713.6806
4641      India   1970    887.1750
4651      India   1980   1019.6258
4661      India   1990   1407.2194
4671      India   2000   1860.2439
7681   Pakistan   1950    732.1559
7691   Pakistan   1960    732.4439
7701   Pakistan   1970   1148.8489
7711   Pakistan   1980   1453.3522
7721   Pakistan   1990   1933.9449
7731   Pakistan   2000   1858.5410
46211     India   1950    594.1658
46311     India   1960    713.6806
46411     India   1970    887.1750
46511     India   1980   1019.6258
46611     India   1990   1407.2194
46711     India   2000   1860.2439
```

现在,我们应用 `!duplicated()` 函数来删除 `pwt7.dup` 中的重复观测值。R 代码如下:

```
# remove duplicate observations
pwt7.dup[!duplicated(pwt7.dup[,c("country", "year")]),]
```

`duplicated()` 函数的工作原理是基于关键排序变量 `country` 和 `year`,根据是否存在重复值给每个观测值赋予一个逻辑值(`True` 或者 `False`)。由于我们有两个关键 `ID` 变量,我们可以使用 c( ) 函数来指代它们。我们通过要求 R 只选择没有 country 和 year 重复值的观测值来删除重复的观测值。与 duplicated( ) 函数相反, !duplicated( ) 函数基于 country 和 year 将 TRUE 赋值给非重复的观测值。执行代码的输出结果如下：

```
       country    year      rgdpl
4621     India    1950    594.1658
4631     India    1960    713.6806
4641     India    1970    887.1750
4651     India    1980   1019.6258
4661     India    1990   1407.2194
4671     India    2000   1860.2439
7681  Pakistan    1950    732.1559
7691  Pakistan    1960    732.4439
7701  Pakistan    1970   1148.8489
7711  Pakistan    1980   1453.3522
7721  Pakistan    1990   1933.9449
7731  Pakistan    2000   1858.5410
```

如果我们想保存没有重复观测值的数据集,则只需将输出结果分配给新的数据对象。

2.7 准备数据Ⅳ:管理变量

管理数据框的列(即变量)通常涉及创建新变量、用变量的名称来重新命名变量、用变量的值来重新编码变量以及创建变量标签。本节在很大程度上依赖于 2.4.1 节中有关变量类型的讨论。

2.7.1 创建新变量

为了回答研究问题而进行的数据分析通常需要创建新变量。在这里我们提供一些示例来说明如何创建数值型、字符型和因子型变量,如何构造领先、滞后和增长率变量,以及如何计算表示组内均值的新变量。

数值型变量:实际人均投资和实际总体投资

我们从简单的数值变量例子开始。假设我们要使用 pwt7 创建两个关于投资的新变量:一个国家的实际人均投资和实际总体投资。这个任务的相关变量包括 ki、rgdpl 和 POP,这些变量在自述文件中定义如下:

- 变量 ki 是"按 2005 年不变价格[rgdpl]计算的由人均 GDP 转化的 PPP 中投资所占的比例,以百分比表示";
- 变量 rgdpl 是"经购买力平价转换的人均 GDP(Laspeyres),由 c,g,i 的增长率得出,按 2005 年不变价格(2005 年人均国际元)计算";
- 变量 POP 是"人口(千)"。

因此,实际人均投资(以 2005 年国际元为单位)应计算为 rgdpl * ki /100,而实际总体投资(以 2005 年国际元为单位)应计算为 rgdpl * POP * 1000 * ki /100 = rgdpl * POP * ki * 10。

用于创建这两个变量的 R 代码如下:

```
# create real per capita investment in 2005 international $
pwt7$investpc <- pwt7$rgdpl*pwt7$ki/100

# create total real investment in 2005 international $
pwt7$invest <- pwt7$rgdpl*pwt7$POP*pwt7$ki*10
```

字符型变量和因子型变量:收入组和年代

我们将展示如何创建字符型变量和因子型变量。如前所述,因子型变量的优点在于其可以直接用于统计建模。下面我们将展示如何构造收入组变量,首先是作为字符型变量,然后将其转换为因子型变量。

假设我们要创建一个收入组变量来将国家分为以下四个类别:低收入、中等偏下收入、中等偏上收入和高收入。世界银行根据 2012 年国民总收入制定以下标准:低收入不超过 1 035 美元;中等偏下收入为 1 036—4 085 美元;中等偏上收入为 4 086—12 615 美元;高收入是 12 616 美元或更多。为了便于说明,我们将应用类似的阈值。

我们将首先使用 1 000、4 000 和 12 000 作为阈值创建一个字符型变量。我们使用索引方法和各种不同的运算符来设定每个收入组类别的条件。举例来说,如果 `rgdpl` 小于 1 000(即[`pwt7$rgdpl<1000`]),则为新变量 `income.group` 分配值"`low-income`"。需要谨记的是,字符型变量的值必须放在双引号内,比如"`low-income`"。

```
# create a character variable income.group
pwt7$income.group <- NA
pwt7$income.group[pwt7$rgdpl<1000] <- "low-income"
pwt7$income.group[pwt7$rgdpl>1000&pwt7$rgdpl<4000]<-"low-middle"
pwt7$income.group[pwt7$rgdpl>4000&pwt7$rgdpl<12000]<-"up-middle"
pwt7$income.group[pwt7$rgdpl>12000] <- "high-income"
```

我们可以使用 `class()` 函数来说明 `income.group` 的变量类型。回想一下 `class()` 函数可以识别 R 对象的类型,该对象可以是"数值型"(`numeric`)、"逻辑型"(`logical`)、"字符型"(`character`)、"列表"(`list`)、"矩阵"(`matrix`)、"数组"(`array`)、"因子型"(`factor`)或"数据框"(`data.frame`)。

```
# show variable type using class() function
class(pwt7$income.group)

[1] "character"
```

我们可以使用 `factor()` 函数来将这个字符型变量转换为因子型变量。

```
# convert character variable into factor type
pwt7$income.group <- factor(pwt7$income.group,
    levels = c("low-income", "low-middle", "up-middle",
        "high-income"), ordered = TRUE)
```

`factor()` 函数中的 `levels =` 和 `ordered = TRUE` 选项一起为变量 `income.goup` 设定了以下整数值的赋值:`1 = "low-income"`,`2 = "low-middle"`,`3 = "up-middle"`,`4 = "up-middle`。

可以使用 `factor()` 函数将任意字符型变量转换为一个因子型变量。如前所述,字符型变量不能直接用于许多统计模型,例如回归分析,但是因子型变量可以。

我们可以再次使用 class() 函数确认变量类型。我们还可以使用 table() 函数显示每个收入类别中观测值的频数。

```
# show variable type again
class(pwt7$income.group)

[1] "ordered" "factor"

# show frequency count in each category
table(pwt7$income.group)

low-income    low-middle    up-middle    high-income
     1613          2750         2421           1941
```

接下来,我们将显示如何创建一个数值型变量来指示收入组类别、检查其变量类型并将其转换为一个因子型变量。

```
# create a numeric variable income.group2
pwt7$income.group2 <- NA
pwt7$income.group2[pwt7$rgdpl<1000] <- 1
pwt7$income.group2[pwt7$rgdpl>1000 & pwt7$rgdpl<4000] <- 2
pwt7$income.group2[pwt7$rgdpl>4000 & pwt7$rgdpl<12000] <- 3
pwt7$income.group2[pwt7$rgdpl>12000] <- 4

# show variable type using class() function
class(pwt7$income.group2)

[1] "numeric"
```

请注意,将数值型变量转换为因子型变量时,我们在 factor() 函数中使用了 labels = 选项,该函数会将不同的标签分配给不同水平的数值型变量。

```
# convert numeric variable into factor variable
pwt7$income.group2 <- factor(pwt7$income.group2, labels =
   c("low-income", "low-middle", "up-middle", "high-income"))
```

最后,我们将说明如何创建代表十年间隔的因子型变量,以表示观察结果是来自 1950 年代、1960 年代、1970 年代、1980 年代、1990 年代还是 2000 年代。

```
# create a character variable for decade
pwt7$decade <- NA
pwt7$decade[pwt7$year >= 1950 & pwt7$year <= 1959] <- "1950s"
pwt7$decade[pwt7$year >= 1960 & pwt7$year <= 1969] <- "1960s"
pwt7$decade[pwt7$year >= 1970 & pwt7$year <= 1979] <- "1970s"
pwt7$decade[pwt7$year >= 1980 & pwt7$year <= 1989] <- "1980s"
pwt7$decade[pwt7$year >= 1990 & pwt7$year <= 1999] <- "1990s"
pwt7$decade[pwt7$year >= 2000] <- "2000s"
```

```
# convert character variable into factor variable
pwt7$decade <- factor(pwt7$decade, levels = c("1950s", "1960s",
                      "1970s", "1980s", "1990s", "2000s"), ordered = TRUE)

# show frequency count in each decade
table(pwt7$decade)

1950s    1960s    1970s    1980s    1990s
 1900     1900     1900     1900     1900
```

领先、滞后和增长率变量

我们经常需要创建领先或滞后于当前年份的变量或代表年增长率的变量。以一个国家的年度经济增长率为例,我们经常用人均 GDP 的年度变化除以上一年的人均 GDP 来衡量经济增长。我们可以将国家 i 在第 t 年的经济增长表示为:

$$\text{Growth}_{t,i} = \frac{\text{rgdplt}_{t,i} - \text{rgdpl}_{t-1,i}}{\text{rgdpl}_{t-1,i}}$$

例如,国家 i 在 1990 年的年增长率为:

$$\text{Growth}_{1990,i} = \frac{\text{rgdplt}_{1990,i} - \text{rgdpl}_{1989,i}}{\text{rgdpl}_{1989,i}}$$

为了计算增长率,我们需要当年的 `rgdpl` 和滞后一年的 `rgdpl`。前者可以直接用作变量,而后者则不能。为了给每个国家生成滞后一年的 `rgdpl`,我们应用了 `DataCombine` 软件包中的 `slide()` 函数。具体步骤包括:安装 `DataCombine` 软件包,将其加载到 R 中,首先按国家然后按年份升序对数据进行排序,使用 `slide()` 函数创建新的领先或滞后变量,将 `slide()` 函数的输出分配给 `pwt7`,然后计算 `rgdpl` 的年增长率。R 代码如下:

```
# create leading and lagging variables in a panel data
# load DataCombine package in order to use slide function
library(DataCombine)

# sort data first by country and then by year
pwt7 <- pwt7[order(pwt7$country, pwt7$year),]

# create a one-year leading variable for rgdpl
pwt7 <- slide(pwt7, Var="rgdpl", NewVar="rgdplead",
              GroupVar="country", slideBy=1)

# create a one-year lagged variable for rgdpl
pwt7 <- slide(pwt7, Var="rgdpl", NewVar="rgdplag",
GroupVar="country", slideBy=-1)

# create annual growth rate for rgdpl
pwt7$growth <- (pwt7$rgdpl-pwt7$rgdplag)/pwt7$rgdplag
```

`slide()` 函数中的各项参数可能难以理解,因此需要一些说明。

① 设定所使用的数据集。

② 选项 `Var =`用来标识哪个变量需要创建其领先或滞后变量。

③ 选项 `NewVar =` 用来设定新创建的领先或滞后变量的名称。
④ 选项 `GroupVar =` 用来标识所创建的领先或滞后变量的横截面组。
⑤ 选项 `slideBy =` 用来设定新变量要滞后(-)或领先(+)的行数(时间单位,例如年份)。举例来说,1 表示领先一年,而-1 表示滞后一年。

创建组别变量:世界平均年增长率

我们经常需要创建组别变量(group-specific variable)。世界平均经济增长率就是组别变量的一个很好的例子。它是按年份区分的所有国家的增长率均值,使我们可以将一个国家自己的增长率与世界经济的增长率进行比较。下面我们将展示如何使用 `by()` 函数在 R 中创建组别变量。

```
# create world average annual growth using by() function
pwt7$growth.w <- by(pwt7$growth, pwt7$year, FUN=mean,na.rm=TRUE)
```

表示世界平均年增长率的新变量被称为 `growth.w`,它是由 `by()` 函数的输出结果赋值的。首先,`by()` 函数设定了用于计算组内均值的原始变量 `growth`,然后设定了组变量(索引变量) `year` 来指示按什么分组来计算均值,接着是 `FUN =` 选项,该选项设定了每个组计算的统计量*。由于 `growth` 变量中存在缺失值,因此必须使用 `na.rm = TRUE` 来删除计算中的缺失值。

`by()` 函数能够在由组变量定义的数据集的子集间进行函数运算,因此,可以用来计算各种组别统计量。关于此类统计量信息,请参阅表 1.6。

创建与合并更多组别统计量

我们可能还想了解每十年中每个收入群体的平均经济增长率。为此,我们可以使用 `aggregate()` 函数:

```
# compute by-group economic growth rates
aggregate(growth ~ decade + income.group, data=pwt7, FUN=mean)
```

在 `aggregate()` 函数内部,我们首先设定将要进行汇总的变量,接着在波浪号之后,我们需要设定组变量来指示按什么分组计算组别统计量。在此之后,我们用 `data =` 设定哪个数据集将要被使用,用 `FUN =` 设定哪个统计量将被计算。我们可以从表 1.6 的列表中选择计算不同的组别统计量。R 的输出结果如下:

```
   decade  income.group    growth
1   1950s    low-income     0.016622330
2   1960s    low-income     0.019106637
3   1970s    low-income     0.007661474
4   1980s    low-income     0.002613433
5   1990s    low-income    -0.004449034
6   2000s    low-income     0.015688352
7   1950s    low-middle     0.023500379
8   1960s    low-middle     0.026975806
9   1970s    low-middle     0.031768607
10  1980s    low-middle     0.008659334
```

---

* 在这里是计算均值。——译者注

11	1990s	low-middle	0.020114909
12	2000s	low-middle	0.035340001
13	1950s	up-middle	0.033518688
14	1960s	up-middle	0.048562439
15	1970s	up-middle	0.039638180
16	1980s	up-middle	0.010777898
17	1990s	up-middle	0.015921743
18	2000s	up-middle	0.038937086
19	1950s	high-income	0.019925973
20	1960s	high-income	0.036524799
21	1970s	high-income	0.035745528
22	1980s	high-income	0.021335852
23	1990s	high-income	0.019735372
24	2000s	high-income	0.026003399

`by()`和`aggregate()`函数都能生成组的摘要信息，但是它们在几个方面有所不同。首先，前者可以处理任何函数，例如均值或者值域，但后者只能与返回单值（例如均值）的函数一起使用。其次，前者可能同时生成多个组别统计量，而后者一次只能生成一个。最后，前者的输出值是一个列表，需要使用`as.data.frame((as.table(output)))`将其转换为数据框，而后者的输出值默认是一个数据框。

我们可能想要将`aggregate()`的输出结果保存为一个数据集。这可以通过将其赋值给一个新的名为`pwt7.ag`的数据框来直接完成。R 代码如下：

```
# save by-group economic growth rates to a dataset
pwt7.ag <- aggregate (growth ~ decade + income.group,data =pwt7, FUN=mean)
```

不过，我们通常感兴趣的是将一个国家一年的人均 GDP 与该收入组的十年平均水平进行比较。但是前者位于数据集 `pwt7` 中，而后者位于数据集 `pwt7.ag` 中。通过使用前面讨论过的代码，我们可以将后者合并到前者中。此过程的一个复杂之处在于 `pwt7.ag` 中的变量 `growth` 是组别统计量，而 `pwt7` 中的变量 `growth` 是一个国家一年的人均 GDP 值。因此，尽管它们具有相同的变量名，它们测量的却是不同的事物，如下所示。

```
# show variable names in pwt7.ag
names(pwt7.ag)

[1] "decade"  "income.group"  "growth"
```

因此，我们必须首先使用以下代码在 `pwt7.ag` 中重新命名变量 `growth`，然后根据两个排序 ID 变量 `income.group` 和 `decade` 合并 `pwt7` 和 `pwt7.ag` 这两个数据集。R 代码如下：

```
# rename the growth variable in pwt7.ag
names(pwt7.ag)[names(pwt7.ag) = = "growth"] <- "growth.di"

# merge pwt7.ag into pwt7
pwt7 <- merge(pwt7, pwt7.ag, by = c("decade", "income.group"), all = TRUE,
        sort = TRUE)
```

通常，我们需要为多个变量创建多个组别统计量。在这种情况下，`aggregate()`函数就受到了限制。**doBy** 软件包中的 **summaryBy()** 函数可以为多个变量在多个组间同时生成多个统计量。例如，如果我们有兴趣为每个国家在每十年的 growth、openk 和 POP 这三个变量都生成均值和标准差，我们可以使用以下 R 代码。在 **summaryBy()** 内部，我们首先设定多个需要计算组别统计量的变量，然后在波浪号之后设定多个组变量，统计量通过 **FUN =** 来设定。为了便于说明，我们将输出结果保存到新的数据集 **pwt7.cs** 中，然后显示其最后的观测值。注意 **pwt7.cs** 中的变量名是如何结合原始变量名和被计算的统计量的。

```
# load package
library(doBy)

# generate multiple group-statistics for multiple
# variables
pwt7.cs <- summaryBy(growth + openk + POP ~ isocode + decade, FUN = c(mean, sd),
                     data = pwt7, na.rm = TRUE)

# display last observation
tail(pwt7.cs, n = 1)

        isocode    decade    growth.mean    openk.mean    POP.mean
1140        ZWE     2000s    -0.05472721      81.33989    11646.44
        growth.sd  openk.sd   POP.sd
1140   0.05515508  4.734968  203.5446
```

2.7.2 重命名变量

我们经常会遇到这样的情况，即原始数据集中的变量名称并不是我们希望使用的名称。假设我们想将 **pwt7** 中的变量名 **POP** 用 **population** 来替代。我们可以使用 **names()** 函数、方括号和赋值符号来完成。

```
# rename variable by changing column name of dataset with
# names() function and indexing brackets
names(pwt7)[names(pwt7) == "POP"] <- "population"
```

运行这段代码，**names(pwt7)** 显示变量名 **POP** 现在已经被改为 **population**。

```
# rename variable by changing column name of dataset with
# names() function and indexing brackets
names(pwt7)[names(pwt7) == "POP"] <- "population"

# confirm rename from output of names() function
names(pwt7)

 [1]    "country"       "isocode"       "year"
 [4]    "population"    "XRAT"          "Currency_Unit"
 [7]    "ppp"           "tcgdp"         "cgdp"
[10]    "cgdp2"         "cda2"          "cc"
[13]    "cg"            "ci"            "p"
```

```
[16]   "p2"        "pc"                "pg"
[19]   "pi"        "openc"             "cgnp"
[22]   "y"         "y2"                "rgdpl"
[25]   "rgdpl2"    "rgdpch"            "kc"
[28]   "kg"        "ki"                "openk"
[31]   "rgdpeqa"   "rgdpwok"           "rgdpl2wok"
[34]   "rgdpl2pe"  "rgdpl2te"          "rgdpl2th"
[37]   "rgdptt"    "income.group"      "income.group2"
[40]   "decade"    "rgdplead"          "rgdplag"
[43]   "growth"    "growth.w"
```

2.7.3 重新编码变量值

我们经常需要更改变量值的编码方式。我们的第一个示例将是如何重新编码 `pwt7` 中两个字符型变量的某些值。

```
# recode variable value
pwt7$isocode[pwt7$isocode == "CH2"] <- "CHN"
pwt7$country[pwt7$country == "China Version 1"] <- "China"
```

这种重新编码方式的逻辑是将新值赋值给某个变量的被选中的观测值。上面的第一行代码选择了变量 `pwt7$isocode`,然后通过使用索引方法,选择 `isocode` 等于 `CH2` 的那些观测值并为其分配新值 `CHN`。对于字符型变量,必须在值的前后使用双引号。如果我们要重新编码数值型变量,则不需要使用引号。

现在,重新编码对于那些为缺失值分配了特殊数值(例如 -99 或 -999)的数据集显得尤为重要。如果我们不将这些特殊的缺失值重新编码为 R 的默认缺失值 `NA`,它们将被错误地视为普通数值。因此,我们必须将它们重新编码为 R 的默认缺失值 `NA`。假设 `rgdpl` 使用 -999 作为其缺失值的编码,那么我们可以使用以下代码行对其进行重新编码。

```
# recode hypothetical missing value -999 in rgdpl
pwt7$rgdpl[pwt7$rgdpl == -999] <- NA
```

2.7.4 创建变量标签

我们经常使用变量的标签来回溯变量的定义。在变量标签方面,R 不如 Stata 或 SAS 这样的软件好。一种补救方法是使用 `Hmisc` 软件包中的 `label()` 函数,该函数使我们能够为变量创建有意义的标签或定义。下面我们将展示如何为 `pwt7` 中的某些变量分配标签。如果尚未安装 `Hmisc`,我们将需要首先安装 `Hmisc` 软件包;如果已经安装,则跳过该步骤。然后加载该软件包,并将 `label` 函数应用于每个我们想要分配一个有意义标签的变量。接下来,我们为每个变量的 `label()` 函数的输出分配一个用双引号引起来的长标签。最后,我们将 `label` 函数应用于整个数据集 `pwt7`,以显示分配好的变量标签。省略了输出结果的 R 代码如下:

```
# load Hmisc package
library(Hmisc)

# use label function to assign variable labels
```

```
label(pwt7$isocode) <- "Penn World Table country code"
label(pwt7$rgdpl) <- "PPP Converted GDP Per Capita (Laspeyres)
derived from growth rates of c, g, i, at 2005 constant prices"
label(pwt7$openk) <- "Openness at 2005 constant prices in percent"
label(pwt7$pop) <- "Population (in thousands)"
label(pwt7$growth) <- "annual economic growth rate, based on RGDPL"

# display labels of all variables
label(pwt7)
```

`label()`函数的一个主要缺点是分配的标签仅对`Hmisc`软件包中的函数有用。尽管如此,它还是提供了一种很好的方法来追踪 R 程序中的变量标签。

2.8 第二章程序代码

设定工作目录;导入和检查数据

```
# install packages only once, then comment out code
# install.packages(c("reshape2", "DataCombine", "Hmisc",
# "haven", "foreign", "gdata", "XLConnect", "pwt",
# "reshape", "doBy"), dependencies=TRUE)

# remove all objects from workspace
rm(list=ls(all=TRUE))

# change working directory to point to project folder
setwd("C:/Project")

# import comma-delimited file, create data object pwt7
pwt7 <- read.csv("pwt70_w_country_names.csv", header=TRUE,
                strip.white=TRUE, stringsAsFactors = FALSE,
                na.strings=c("NA",""))

# Inspect Imported Data

# inspect dataset pwt7 in a spreadsheet style data viewer
View(pwt7)

# list first one observation in dataset pwt7
head(pwt7, n=1)

# list last one observation in dataset pwt7
tail(pwt7, n=1)
```

```r
# dimensions of pwt7: number of observations and number of
# variables
dim(pwt7)

# variable names in dataset pwt7
names(pwt7)

# structure of dataset pwt7
str(pwt7)

# create a figure with three plots
# set graphic parameters for figure of two rows, two columns
par(mfrow=c(2,2))

# graph distribution of variable rgdpl in data frame pwt7
hist(pwt7$rgdpl)
boxplot(pwt7$rgdpl)
qqnorm(pwt7$rgdpl)
```

管理数据集、观测值和变量

```r
# reference fifth observation of pwt7$POP
pwt7$POP[5]

# reference specific observation of pwt7$POP
pwt7$POP[pwt7$country=="Afghanistan" & pwt7$year==1954]

# reference fifth observation of fourth variable in pwt7
pwt7[5, 4]

# reference certain observation of certain variable in pwt7
pwt7[pwt7$country=="Afghanistan" & pwt7$year==1954, "POP"]

# sort data in ascending order by country and by year
pwt7 <- pwt7[order(pwt7$country, pwt7$year),]

# sort data by country (ascending) and by year (descending)
pwt7 <- pwt7[order(pwt7$country, -pwt7$year),]

# show select rows; example: observations 100 and 102
pwt7[c(100, 102),]

# show select rows; example: observations from 100 to 102
pwt7[c(100:102),]

# show select variables
pwt7[, c("country", "year", "rgdpl")]
```

```
# combine two selections: certain rows and certain columns
pwt7[c(100:102), c("country", "year", "rgdpl")]

# show certain observations and certain variables that meet
# conditions: Afghanistan since 2006 for three variables
pwt7[pwt7$year>=2006 & pwt7$country=="Afghanistan",
     c("country", "year", "rgdpl")]

# select multiple countries and non-consecutive years
# for select variables
pwt7[pwt7$year %in% c(1970, 1980, 1990, 2000, 2009) &
pwt7$country %in% c("India","China Version 1"),
c("country","year","rgdpl")]

# create a new dataset with three select variables
pwt7new <- pwt7[, c("country", "year", "rgdpl")]

# create two temporary pwt7 subsets for merging example
pwt7.tmp1 <- pwt7[,c("isocode","year","rgdpl")]
pwt7.tmp2 <- pwt7[,c("isocode","year","openk")]

# merge two datasets
pwt7.m<-merge(pwt7.tmp1, pwt7.tmp2, by=c("isocode","year"),
              all=TRUE, sort=TRUE)

# combine datasets of equal observations, different variables
new.data <- cbind(data1, data2)

# append datasets of equal variables, different observations
new.data <- rbind(data1, data2)

# create a subset of pwt7
# India and Pakistan, three variables and six years
pwt7.ip <- pwt7[pwt7$year %in% c(1950,1960,1970,1980,1990,2000)
        & pwt7$country %in% c("India","Pakistan"),
        c("country","year","rgdpl")]

# display the long form dataset
pwt7.ip

# load reshape2 package
library(reshape2)

# reshape pwt7.ip from long to wide form
pwt7.ip2 <- dcast(pwt7.ip, year~country, value.var="rgdpl")

# display the wide form dataset
```

```r
pwt7.ip2

# reshape a dataset from wide to long
melt(pwt7.ip2, id.vars="year", variable.name="country",
     value.name="rgdpl")

# remove second set of China observations with isocode CH2
pwt7.nc <- pwt7[pwt7$isocode!="CH2",]

# compare pwt7 and pwt7.nc
dim(pwt7)
dim(pwt7.nc)

# display the number of years under CH2
pwt7$year[pwt7$isocode=="CH2"]
pwt7.nc$year[pwt7.nc$isocode=="CH2"]

# create dataset with duplicate India observations
pwt7.dup <- rbind(pwt7.ip, pwt7.ip[pwt7.ip$country=="India",])

# display data with duplicate observations
pwt7.dup

# remove duplicate observations
pwt7.dup[!duplicated(pwt7.dup[,c("country", "year")]),]

# create real per capita investment in 2005 international $
pwt7$investpc <- pwt7$rgdpl * pwt7$ki /100

# create total real investment in 2005 international $
pwt7$invest <- pwt7$rgdpl * pwt7$POP * pwt7$ki * 10

# create a character variable income.group
pwt7$income.group <- NA
pwt7$income.group[pwt7$rgdpl<1000] <- "low-income"
pwt7$income.group[pwt7$rgdpl>1000&pwt7$rgdpl<4000]<-"low-middle"
pwt7$income.group[pwt7$rgdpl>4000&pwt7$rgdpl<12000]<-"up-middle"
pwt7$income.group[pwt7$rgdpl>12000] <- "high-income"

# show variable type using class() function
class(pwt7$income.group)

# convert character variable income.group into factor type
pwt7$income.group <- factor(pwt7$income.group,
        levels=c("low-income", "low-middle", "up-middle",
        "high-income"), ordered=TRUE)
```

```r
# show variable type again
class(pwt7$income.group)

# show frequency count in each category
table(pwt7$income.group)

# create a numeric variable income.group2
pwt7$income.group2 <- NA
pwt7$income.group2[pwt7$rgdpl<1000] <- 1
pwt7$income.group2[pwt7$rgdpl>1000 & pwt7$rgdpl<4000] <- 2
pwt7$income.group2[pwt7$rgdpl>4000 & pwt7$rgdpl<12000] <- 3
pwt7$income.group2[pwt7$rgdpl > 12000] <- 4

# show variable type using class() function
class(pwt7$income.group2)

# convert numeric variable into factor variable
pwt7$income.group2 <- factor(pwt7$income.group2, labels=
    c("low-income", "low-middle", "up-middle", "high-income"))

# show variable type again
class(pwt7$income.group2)

# show frequency count within each category
table(pwt7$income.group2)

# create a character variable for decade
pwt7$decade <- NA
pwt7$decade[pwt7$year>=1950 & pwt7$year<=1959] <- "1950s"
pwt7$decade[pwt7$year>=1960 & pwt7$year<=1969] <- "1960s"
pwt7$decade[pwt7$year>=1970 & pwt7$year<=1979] <- "1970s"
pwt7$decade[pwt7$year>=1980 & pwt7$year<=1989] <- "1980s"
pwt7$decade[pwt7$year>=1990 & pwt7$year<=1999] <- "1990s"
pwt7$decade[pwt7$year>=2000] <- "2000s"

# convert character variable into factor variable
pwt7$decade <- factor(pwt7$decade, levels=c("1950s", "1960s",
    "1970s", "1980s", "1990s", "2000s"), ordered=TRUE)

# show frequency count in each decade
table(pwt7$decade)

# create leading and lagging variables in a panel dataset
# load DataCombine package in order to use slide function
library(DataCombine)

# sort data first by country and then by year
```

```r
pwt7 <- pwt7[order(pwt7$country, pwt7$year),]

# create a one-year leading variable for rgdpl
pwt7 <- slide (pwt7,Var="rgdpl", NewVar="rgdplead",
              GroupVar="country", slideBy=1)

# create a one-year lagged variable for rgdpl
pwt7 <- slide (pwt7, Var="rgdpl", NewVar="rgdplag",
              GroupVar="country", slideBy=-1)

# create annual growth rate for rgdpl
pwt7$growth <- (pwt7$rgdpl-pwt7$rgdplag)/pwt7$rgdplag

# create world average annual growth using by() function
pwt7$growth.w <- by (pwt7$growth, pwt7$year, FUN=mean,
                    na.rm=TRUE)

# compute by-group economic growth rates
aggregate(growth ~ decade + income.group, data=pwt7, FUN=mean)

# save by-group economic growth rates to a dataset
pwt7.ag <- aggregate (growth~decade+income.group, data=pwt7,
                    FUN=mean)

# rename the growth variable in pwt7.ag
names(pwt7.ag)[names(pwt7.ag)=="growth"] <- "growth.di"

# merge pwt7.ag into pwt7
pwt7 <- merge(pwt7, pwt7.ag, by=c("decade","income.group"),
            all=TRUE, sort=TRUE)

# load package
library(doBy)

# generate multiple group-statistics for multiple variables
pwt7.cs <- summaryBy(growth + openk + POP ~ isocode + decade,
                    FUN=c(mean, sd), data=pwt7, na.rm=TRUE)

# display last observation
tail(pwt7.cs, n=1)

# rename variable by changing column name of dataset
# with names() function and indexing brackets
names(pwt7)[names(pwt7)=="POP"] <- "population"

# confirm rename from output of names() function
names(pwt7)
```

```
# recode variable value
pwt7$isocode[pwt7$isocode=="CH2"] <- "CHN"
pwt7$country[pwt7$country=="China Version 1"] <- "China"

# recode hypothetical missing value -999 in rgdpl
pwt7$rgdpl[pwt7$rgdpl==-999] <- NA

# load Hmisc package
library(Hmisc)

# use label function to assign variable labels
label(pwt7$isocode) <- "Penn World Table country code"
label(pwt7$rgdpl) <- "PPP Converted GDP Per Capita (Laspeyres)
                     derived from growth rates of c, g, i, at 2005 constant prices"
label(pwt7$openk) <- "Openness at 2005 constant prices in
                      percent"
label(pwt7$pop) <- "Population (in thousands)"
label(pwt7$growth) <- "annual economic growth rate, based on
                       RGDPL"

# display labels of all variables
label(pwt7)
```

2.9 总结

本章介绍了如何将逗号分隔格式的原始数据集读入 R,如何创建相应的数据对象,如何以目视方式检查导入的数据,如何获取数据集属性的相关信息(维度、变量名等),如何绘制所选变量的图像,以及如何管理变量、观测值和数据集以备分析。第二章包括了大量关于准备数据的内容,为实际的数据分析提供了基础,虽然仅是初学者水平。不过,大量的信息有可能使我们很难看清全局。因此,现在重新回顾表 2.1 非常有用,该表提供了第二章中所有信息的概念地图。

既然我们已经学会了如何准备用于分析的数据集,那么现在是时候学习如何使用 R 来获取描述性统计量,以及对感兴趣的结果变量进行基础的统计推断了。这些是第三章的主题。当然,在进入第三章之前,有必要解决一些 R 的初学者经常会遇到的综合问题。

2.10 适用于学有余力读者的综合问答

2.10.1 如何将其他格式的数据集导入 R?

Penn World Table 7.0 数据集的例子展示了 R 是如何导入逗号分隔文件的。实际运用中,我们总是会遇到许多其他格式的数据集。R 在数据导入方面功能强大。下面我们将提供一些示例代码,用于导入几种常见格式的数据集。以下所有代码将假定我们已执行 setwd() 函数并指定了数据集的存储位置。

（1）制表符分隔文件。制表符分隔文件的 R 代码与逗号分隔文件的代码非常相似，不同之处在于如何表示一个文件是制表符分隔的。

```
dataframe.name <- read.table("filename.txt", header=TRUE,
            sep="\t", na.strings=".", strip.white=TRUE,
            stringsAsFactors=False)
```

`read.table`()函数导入一个名为 `filename.txt` 的制表符分隔文件，其中的标题行包含变量名，各列由制表符分隔，由"."表示的观测值被视为缺失值。`read.table` 函数的输出分配给命名为 `dataframe.name` 的数据对象。

我们使用选项 `sep="\t"`来表示文件是制表符分隔的。`read.table` 函数也可以通过指定选项 `sep=","`来导入逗号分隔文件。

（2）Stata 文件。要将 Stata 文件导入 R，我们可以使用以下几种方法之一。

```
# install.packages("foreign")
# install.packages("Hmisc")
library(foreign)
library(Hmisc)
dataframe.name <- stata.get("filename.dta")
```

在上面的示例中，我们首先使用 `libarary` 函数将两个附加软件包（`foreign` 和 `Hmisc`）加载到 R 中。请注意，该代码假定软件包已经安装；如果尚未安装，则在尝试加载软件包时会收到错误信息。然后，我们使用 Stata.get 函数读取 Stata 文件并创建一个名为 `dataframe.name` 的数据对象。

在第二种导入 Stata 文件的方法中，我们首先使用 `library` 函数将 `foreign` 附加软件包加载到 R 中。然后，我们使用 `read.dta` 函数读取 Stata 文件并创建一个数据对象 `dataframe.name`。

```
library(foreign)
dataframe.name <- read.dta("filename.dta")
```

将 Stata 文件导入 R 时要记住三个重要的注意事项。首先，与 R 不同，Stata 文件中的许多变量名都包含下划线，例如 `variable_name`。我们可以使用选项 `covert.underscore = TRUE` 将下划线替换为句点。其次，Stata 文件中的许多变量通常都作为因子型变量读入 R，这对于初学者来说可能很难使用。我们可以使用选项 `convert.factors = FALSE` 来告诉 R 仅将数字变量作为数值型变量导入。添加这些选项后，R 代码会看起来如下所示：

```
dataframe.name <- stata.get("filename.dta",
            convert.underscore=TRUE, convert.factors=FALSE)
dataframe.name <- read.dta("filename.dta",
            convert.underscore=TRUE, convert.factors=FALSE)
```

最后，`stata.get` 和 `read.dta` 函数均不能导入 Stata 13 格式的文件。一个新的用于导入 Stata 13 数据文件的软件包现在已经可以使用，以下代码将能够让我们做到这一点。

```
# install.packages('readstata13')
library(readstata13)
dataframe.name <- read.dta13("filename.dta")
```

我们首先安装并加载 **readstata13** 软件包,然后使用 **read.dta13** 函数导入 Stata 文件,并将其分配给 R 中的数据对象。

Stata 文件通常包含信息量很大的变量标签。这里是将这些变量标签保存在单独文件中的一种方法,在下面的 R 代码中我们将其称为 **codebook**。

```
dataframe.name <- read.dta("filename.dta")
var.labels <- attr(dataframe.name,"var.labels")
codebook <- data.frame(var.name=names(dataframe.name),
                       var.labels)
```

(3) SPSS 文件。与 Stata 文件类似,我们可以使用两种不同的函数来导入 SPSS 文件:**foreign** 软件包中的 **read.spss** 和 **Hmisc** 软件包中的 **spss.get**。后者更可取一些,这是因为它会自动处理许多选项,从而使数据导入更加顺畅。后者的 R 代码如下:

```
library(foreign)
library(Hmisc)
dataframe.name <- spss.get("filename.sav")
```

在许多 SPSS 文件中,变量通常带有值标签。如果要为变量保留那些由变量值标签定义的水平,则可以在函数的参数中添加一个选项,并改用以下代码:

```
dataframe.name <- spss.get("filename.sav",
                           use.value.labels=TRUE)
```

(4) SAS 文件。我们可以使用 **foreign** 和 **haven** 软件包将 SAS 文件读入 R。我们可以在 **foreign** 软件包中使用 **read.xport**() 函数,在 **haven** 软件包中使用 **read_sas**() 函数来分别读取两种不同的 SAS 数据格式。

```
library(foreign)
dataframe.name <- read.xport("filename.xport")
```

```
library(haven)
dataframe.name <- read_sas("filename.sas7bdat")
```

(5) Excel 文件。学生使用 Excel 电子表格文件是最常见的情况。在许多关于 R 的书籍中,推荐的数据导入方法是将这些文件从 Excel 中导出为逗号分隔或制表符分隔文件,然后使用前文所述的代码将其导入 R。我们鼓励 R 的初学者遵循这一建议。

当然,R 确实可以直接与 Excel 电子表格交互以导入数据。在我们将 Excel 文件读入 R 之前需要对其进行一些准备。例如,将变量名保持在电子表格的第一行,并为要读入 R 的表提供一个工作表名称,以便我们可以在 R 中引用它。这里是 R 代码:

```
# install.packages('RODBC')
library(RODBC)
channel <- odbcConnectExcel("filename.xls")
dataframe1 <- sqlFetch(channel, "worsheet1")
odbcClose(channel)
```

在代码中,我们首先将 **RODBC** 软件包安装并加载到 R 中,如果已安装该软件包就忽略安装步骤。**odbcConnectExcel**() 函数读取一个名为 **filename.xls** 的 Excel 文件,并返回一个名为

channel 的 RODBC 连接对象。然后，sqlFetch()函数使用 channel 对象导入标签为 worksheet1 的 Excel 工作表，并将输出分配给名为 dataframe1 的 R 数据对象。最后，odbcClose()函数删除名为 channel 的 RODBC 连接对象。

有时，我们想从一个 Excel 文件中导入多个工作表。假设我们有三个工作表，分别标记为 worksheet1、worksheet2 和 worksheet3。下面的代码显示了如何将三个工作表导入三个分别称为 dataframe1、dataframe2 和 dataframe3 的 R 数据对象。

```
library(RODBC)
channel <- odbcConnectExcel("filename.xls")
dataframe1 <- sqlFetch(channel, "worsheet1")
dataframe2 <- sqlFetch(channel, "worsheet2")
dataframe3 <- sqlFetch(channel, "worsheet3")
odbcClose(channel)
```

其他几个软件包也可以帮助将 Excel 文件导入 R，包括 gdata 和 XLConnect。要使用这些软件包，可以尝试以下代码：

```
library(gdata)
dataframe <- read.xls("datafile.xls", sheet = 1)
```

```
library(XLConnet)
workbook <- loadWorkbook("datafile.xls")
dataframe <- readWorksheet(workbook, sheet = "Sheet1")
```

（6）R 数据格式。如果数据对象以 R 数据格式保存，则可以直接使用 load() 函数将其加载到 R 中。下面的 R 代码显示了如何在工作空间中保存数据对象，然后将其加载到 R 中。

```
save(data.object, file = "datafile.RData")
load("datafile.RData")
```

2.10.2　可以在电子表格查看器中编辑观测值吗？

回想一下，我们使用 View(pwt7) 在电子表格交互界面中打开和查看 pwt7 数据框。除了 View(pwt7)，我们还可以使用 fix(pwt7) 来查看数据。尽管两者都可以用来查看数据，但它们是极为不同的函数。View() 仅允许查看数据，而 fix() 不仅允许查看数据，还可以在电子表格查看器中编辑和更改数据集的值。

2.10.3　可以使用索引方法来指代变量吗？

我们可以使用索引号码来指代数据集中的变量。要做到这一点，我们首先使用 names() 函数查找相关变量的索引号码，然后就可以在其他函数中指代它们。以下是如何从 pwt7 数据集中选择 country、year 和 rgdpl 的示例。请注意，在 names() 函数的输出值中，方括号内的数字是它右边变量的索引号码。在下面的示例中，country 在第 1 列中，year 在第 3 列中，而 rgdpl 在第 24 列中。因此这两行代码产生相同的输出结果。

```
names(pwt7)
 [1]  "country"       "isocode"       "year"
 [4]  "population"    "XRAT"          "Currency_Unit"
 [7]  "ppp"           "tcgdp"         "cgdp"
[10]  "cgdp2"         "cda2"          "cc"
[13]  "cg"            "ci"            "p"
[16]  "p2"            "pc"            "pg"
[19]  "pi"            "openc"         "cgnp"
[22]  "y"             "y2"            "rgdpl"
[25]  "rgdpl2"        "rgdpch"        "kc"
[28]  "kg"            "ki"            "openk"
[31]  "rgdpeqa"       "rgdpwok"       "rgdpl2wok"
[34]  "rgdpl2pe"      "rgdpl2te"      "rgdpl2th"
[37]  "rgdptt"        "income.group"  "income.group2"
[40]  "decade"        "rgdplead"      "rgdplag"
[43]  "growth"        "growth.w"
pwt7[, c(1, 3, 24)]
pwt7[, c("country", "year", "rgdpl")]
```

2.10.4 空格真的对字符型变量很重要吗？

我们使用以下示例显示 R 认为 "USA" （没有任何空格）与 " USA" （在 USA 前面有一个空格）是否相同。

```
# show that white space matters for character fields
# isTRUE tests if it is TRUE or FALSE that 'USA' is the
# same as 'USA'
isTRUE("USA" == " USA")
```

```
isTRUE("USA" == " USA")
[1] FALSE
```

输出结果显示 "USA" 与 " USA" 相同的陈述为假。

2.10.5 是否有其他方法来得到数据集的子集？

之前我们展示了如何运用行标和列标选择观测值和变量来获取 pwt7 的子集。另一种执行此操作的方法是使用 subset() 函数。以下是同时使用这两种方法来生成 pwt7 相同子集的示例。

```
# create a new dataset with five select variables
# excluding CH2 observations
pwt7.v1 <- pwt7[pwt7$isocode != "CH2", c("country","isocode",
        "year","rgdpl","openk")]

# get the same result by using subset function
pwt7.v2 <- subset(pwt7, isocode != "CH2", c(country, isocode,
        year, rgdpl, openk))
```

在 subset( ) 函数中,我们首先设定数据框名称,之后设定满足条件的行,之后使用 c( ) 函数选择列或变量。请注意,在 subset( ) 函数内部,c( ) 函数内不需要使用引号。

我们可以在下面看到相同代码的更完整表达。

```
# a fuller expression of the same code
pwt7.v3 <- subset(pwt7, subset = (isocode != "CH2"), select =
    c("country", "isocode", "year", "rgdpl", "openk", "POP"))
```

2.10.6 还有其他方法来重新编码变量值吗?

重新编码变量值的另一种方法是使用 car 软件包中的 recode 函数。由于该软件包是附加包,因此我们必须先安装 car 软件包,然后再将其载入 R。

```
#install.packages('car')
library(car)
pwt7$isocode <- recode(pwt7$isocode, "'CH2'='CHN'")
```

请注意我们在字符串的前后使用单引号,而数值不需要使用单引号。

2.10.7 如何将重复的观测值保存到不同的数据集中?

之前我们学习了如何移除重复的观测值。通常我们有必要知道为什么存在重复的观测值,以及这些重复的观测值是不是因为排序变量的重复所造成的。因此,我们经常需要将重复的观测值发送到单独的数据集进行检查。以下 R 代码显示了如何以两种不同的方式执行此操作。

```
# create a dataset of duplicated observations
pwt7.d <- pwt7[duplicated(pwt7[, c("isocode", "year")]), ]
```

检查重复观测值的另一种方法是为原始数据集中的每个观测值分配逻辑值 TRUE 或 FALSE,其中 TRUE 表示观测值具有重复的排序变量,然后将输出结果分配给新数据集。之后,我们可以应用 View( ) 函数直接查看哪些观测值是重复项,并应用 table( ) 函数来获取数据集中重复观测值的频数。R 代码如下:

```
# assign a logical value TRUE or FALSE to each observation
# based on duplicate values for sorting variables, and
# assign the output to a data object
idx <- duplicated(pwt7[, c("isocode", "year")])

# directly view which observations are duplicates
View(idx)

# obtain a frequency count of the number of duplicate
# observations
table(idx)
```

2.10.8 还有其他方法重命名变量吗?

附加软件包 reshape 为我们提供了 rename( ) 函数,可以利用该函数轻松地重命名变量。

```
# load the reshape package
library(reshape)

# apply the rename function to rename three variables and
# send output to pwt7
pwt 7 <- rename(pwt7, c(POP = "population", openk = "trade",
    rgdpl = "rgdppc"))
```

2.10.9　Penn World Table 数据的其他来源

之前我们展示了如何通过下面的链接以逗号分隔文件的格式下载 pwt7.0 数据集：www.rug.nl/ggdc/productivity/pwt/pwt-releases/pwt-7.0。一些学者创建了一个 R 软件包 **pwt**，其中包含 Penn World Table 数据六个不同的较早版本（pwt5.6、pwt6.1、pwt6.2、pwt7.0 和 pwt7.1）。因此，访问 pwt 7.0 数据集的一种简单方法是安装 **pwt** 软件包，在 R 中载入该软件包，然后直接读取 pwt7.0 数据集。下面的 R 代码显示了如何载入软件包后在 R 中读取 pwt7.0。

```
library(pwt)
data(pwt7.0)
```

2.11　练习

对于使用 R 进行数据分析的初学者来说，第一个主要障碍是将数据读入 R。接下来的练习将主要关注如何导入将要在本书中使用的数据集。

1. 创建一个家庭作业项目文件夹，然后创建一个指向并保存在该文件夹中的 R 程序文件。
2. 在 Excel 中，将 pwt 7.0 数据集另存为制表符分隔文件，然后将数据集读入 R，并生成摘要统计信息表。
3. 按照第 6 章中的说明，将 Braithwaite（2006）中使用的数据集读入 R，并生成摘要统计信息表。
4. 按照第 6 章中的说明，将 Bénabou et al.（2015）中使用的数据集读入 R，并生成摘要统计信息表。
5. 按照第 8 章中的说明，将 World Value Survey（WVS）Wave 6 的数据集读入 R，并生成摘要统计信息表。

第三章 单样本和均值差检验

本章目标

从本章开始,我们将学习如何使用 R 来通过统计推断回答实际问题。在本章中,我们将集中讨论关于连续结果变量的问题。连续变量可以在一定间隔内取无限数量的可能值(例如收入)。经济增长将作为贯穿本章的示例变量。具体来说,我们将使用统计推断来回答两个实际问题:世界经济的平均增长率是多少?1990 年世界经济的增长速度是否比 1960 年快?我们将详细讨论如何使用统计推断、样本数据和 R 来回答这两个问题。这里所学习的过程可以应用于与其他连续随机变量相关的类似问题。

我们将从简要介绍统计推断的逻辑和关键概念开始。然后,我们将演示如何为 R 中的分析做好数据准备。接下来,对于每个研究问题,我们将讨论两种不同的统计推断方法:零假设检验和构建置信区间。我们将同时强调对统计推断概念的完整理解以及其在 R 中的实现。

本章的目标如下:
1. 学习统计推断概念上的准备知识。
2. 学习如何将数据准备和数据分析分为不同的程序文件。
3. 学习如何为 R 的数据分析准备数据。
4. 学习使用 R 对零假设进行检验。
5. 学习使用 R 构建置信区间。
6. 学习使用单样本 t 检验和均值差检验进行统计推断。

在开始本章之前,我们需要注意两个问题。第一,我们在 3.1 节、3.3 节和 3.4 节对统计推断的讨论中有意地重复了一些内容,以便不同研究问题之间逻辑的一致性可以被清晰地观察到。与此同时,正如我们从 3.1 节到 3.3 节再到 3.4 节中所读到的那样,对统计推断的讨论从一般到特殊,从基础到执行,从简单到复杂。逐渐深入与全面的讨论应该能减少统计学与 R 的初学者的入门障碍。

第二,关键概念和检验统计量的数学表达是必要的,但对某些读者而言可能具有挑战性。如果在重读本章内容时将 3.3 节和 3.4 节中的数学与 3.7 节中详尽的 R 代码进行比较,我们可以更好地理解这些数学材料。综合问答部分将样本方差、标准差、t 检验和构建置信区间的 R 代码以一步一步的方式展现,因此它清楚地说明了 R 在计算中是如何实现每个概念的。

3.1 概念准备

3.1.1 统计推断的逻辑

统计模型的主要用途是使用样本数据对总体情况进行统计推断,从而帮助我们回答实际研究问题。总体的概念是指分析人员感兴趣的所有研究对象构成的整体,样本是总体的子集,理想情况下是随机选择的子集。如果无法在整个总体中收集数据,则必须基于样本信息进行统计推断。简而言之,我们使用样本数据来计算样本统计量,以便估计总体的属性或参数,然后以概率的方式得出关于它们的推论。

我们对总体的哪些属性感兴趣?表 3.1 列出了一些总体的参数,可以通过相应的样本统计量来估计和推断出这些参数。在本章中,我们将学习如何推断总体均值以及两组总体均值之间的差异。在下一章中,我们将学习总体的相关性和回归系数。

表 3.1 统计推断的逻辑

推断目标 未知总体参数	概率推断	推断的可用信息 已知的样本统计量和数据
1. 总体均值 μ_Y	⇐	样本均值 $\bar{y}$
2. 两个总体的均值差 $\mu_{Y_1} - \mu_{Y_2}$	⇐	两个样本的均值差 $\bar{y_1} - \bar{y_2}$
3. 总体方差 σ^2	⇐	样本方差 s^2
4. 总体相关系数 ρ	⇐	样本相关系数 r
5. 总体回归方程 $Y = \beta_0 + \beta_k X_k + \varepsilon$	⇐	样本回归方程 $y = b_0 + b_k x_k + e$

统计推断会根据样本数据告诉我们总体的属性信息,即告诉我们用样本统计量捕捉到总体参数的概率。换句话说,我们使用表 3.1 右栏中的可用样本信息以概率的形式猜测表 3.1 左栏中的未知总体属性,即总体的参数。统计推断的有效性取决于是否从总体中随机抽取样本,以及是否满足有关样本统计量和总体参数的相关假定。

3.1.2 统计推断的两种方法

我们经常使用两种方法根据已知样本信息对未知总体参数进行统计推断。第一种方法是以概率的方式检验关于总体参数值的假设,第二种方法是围绕样本估计值构建置信区间以对未知总体参数进行概率预测。因此,这两种推断方法是相关但截然不同的。

我们将通过一个示例来说明它们在概念上的差异以及一些相关的概念,这里会把更多方法上的细节留给后面的小节。假设一个名叫乔(Joe)的学生正在考虑是否选修统计入门课 STAT101,他对该课程的学生平均成绩感兴趣,并以此来帮助他做出决定。假设在 0—200 的评分范围内,课程成绩的真实总体均值为 150（略高于 C），总体标准差为 11，但这些对于乔来说都是未知的。由于乔没有过去和将来的 STAT101 课上所有学生的成绩信息，因此他无法计算出真实的总体平均成绩，也就无法得知该值是 150。但是，乔在一些样本信息的基础上想知道总体平均成绩可能是多少。该系的本科生顾问根据过去的 STAT101 课程记录随机抽取了 45 名学生的样本，并告诉乔样本的成绩均值为 140，标准差为 12。乔如何利用现有信息来做出有根据的猜测，或者是根据统计推断得出 STAT101 课程的总体平均成绩呢？

在乔的案例中，统计推断的任务是使用样本信息（例如样本均值、样本标准差和样本量）以概率方式推断总体均值。简而言之，乔的推断的概念基础或数学基础如下。如果资源允许我们从过去的记录中重复收集随机样本并获得与样本数量一样多的平均值，那么我们将发现以下规律：如果样本量足够大，则许多样本均值构成的图形将遵循钟形的正态分布曲线，样本均值的平均值与真实总体均值一致。此钟形正态分布曲线是样本均值的概率分布，称为样本均值的抽样分布。如果样本量足够大，则样本均值的抽样分布近似正态的特性可以用数学方法证明。这条性质使我们能够进行假设检验，并以概率的方式构造总体均值的置信区间。因此，即使乔无法自己获得重复样本，他也可以使用顾问提供的一组样本和样本均值的抽样分布性质来进行统计推断。

零假设检验

假设检验方法可用于检验未知总体平均成绩是否等于分析人员乔所选择的某些假设值。假设乔想检验一个零假设，即未知总体均值等于 120（乔不知道真实的总体平均成绩为 150，但觉得该课程在难度上有一定挑战性，想知道总体平均成绩是否可能低至 120 分，即 D）。根据某些假设，乔可以构造一个检验统计量，例如 Z 统计量或 t 统计量（取决于样本量以及总体标准差是否已知）。Z 检验或 t 检验的统计量将在后面详细讨论，它们具有两个相似的特征：①以标准化的方式测量样本平均成绩与乔假设的总体平均成绩之间的差距。②检验统计量遵循某种概率分布：Z 统计量的标准正态分布或 t 统计量的 t 分布。这两种分布都是钟形的，但是二者之间存在一些区别，这将在之后讨论。

通过使用 Z 统计量或 t 统计量的计算值与 Z 或 t 的概率分布表，乔可以发现产生第一类错误（type I error）的概率，即在零假设为真时拒绝了零假设。然后，他可以将计算出的与检验统计量相关的第一类错误概率（即 p 值）与通常可接受的第一类错误概率 α（通常设置为 5%）进行比较。推断的判定规则如下：如果 p 值小于 α，则零假设（真实总体平均成绩等于 120）被拒绝，并且乔可以得出结论，即真实总体均值不是 120；但是，如果 p 值大于 α，则零假设不会被拒绝，尽管乔没有足够的证据声称总体平均成绩确实是 120（可能是 119、121、122 等，没有一个被明确检验过）。因此，总的来说，对于未知的总体参数到底是多少，零假设检验的结论实际上并没有起到什么帮助作用。

我们可以更一般性地总结零假设检验的过程：

① 计算未知总体参数的样本估计值。
② 在零假设中设定一个假设的总体参数值。
③ 基于某些假设，构建一个检验统计量，用于测量样本估计值与假设的总体参数之间的加权距离。
④ 确定与计算出的检验统计量相关的第一类错误概率（p 值）。
⑤ 将计算出的第一类错误概率与通常可接受的第一类错误概率（α）进行比较并做出决定。

- 如果 p 值小于 α，则拒绝零假设。
- 如果 p 值大于 α，则无法拒绝零假设。

⑥ 讨论统计推断的实际意义。

显然,零假设检验的结论取决于假设的总体参数值的选取、检验统计量的选取、是否满足检验统计量的假定、样本数量以及可接受的第一类错误概率阈值的选取。值得注意的是,对于经常被选取的5%的可接受水平,我们可以这样解释:如果乔重复进行100次样本大小相同的随机取样检验,他愿意接受100次中错误地拒绝零假设5次。因此,基于假设检验的推断结果是概率性的。

构建置信区间

置信区间方法可以用于计算一个取值范围,其中包含了在乔选择的置信度或概率水平下的未知总体均值。通常选择的置信度为95%,这意味着乔有95%的把握认为所计算的区间捕捉到了未知总体均值。计算出的95%置信区间可以被解读如下:如果我们在100个样本大小相同的不同随机样本中重复计算该置信区间,我们将捕获全部100个样本中约95%的未知总体均值。换句话说,乔使用顾问的数据计算出的置信区间可能是捕获未知总体均值的95个置信区间之一,或者是未能捕获未知总体均值的5个置信区间之一。因此,基于置信区间的推断结果本质上也是概率性的。

对于乔来说,针对STAT101总体的平均成绩的95%置信区间等于已知样本均值140加上或减去与95%置信水平相关的误差范围,从而产生了一个具有上限和下限的值域。误差范围是临界值和标准误之间的乘积。临界值为Z或t分布表中与0.95(置信度)相关的Z或t值。均值的标准误是各个重复样本的样本均值的概率分布的标准差,在这里用标准差除以样本大小n的平方根来衡量。

本质上,95%置信区间取决于样本均值、由所选置信度和所选概率分布(Z或t分布)确定的临界值、标准误(由标准差和样本量确定)和样本量。

我们可以更一般性地总结构建置信区间的过程,如下所示:

① 计算未知总体参数的样本估计值。
② 选择特定的置信度(例如90%、95%或99%),并找到根据特定假定选择的检验统计量的相应临界值。
③ 找到置信区间的下限,该下限等于样本估计值减去检验统计量临界值乘以标准误。
④ 找到置信区间的上限,该上限等于样本估计值加上检验统计量临界值乘以标准误。
⑤ 讨论统计结果的实际意义。

相对于假设检验,置信区间的信息更为丰富,因为它确定了以预先选择的置信度捕获总体参数的值域。值得注意的是,如果我们将置信度从0.95提高到0.99,则误差范围将增大,从而导致整个值域将变得更宽。这意味着较高的置信水平与较不精确的置信区间是相关的。

3.1.3 错误类型、样本分布和统计推断

统计推断容易出现两种类型的错误:第一类错误(type Ⅰ error)和第二类错误(type Ⅱ error)。前面的讨论主要围绕第一类错误展开——在零假设成立时却拒绝零假设。第一类错误由假设检验中可接受的第一类错误概率α和p值来反映。如果仅考虑第一类错误,则分析人员可以将其最小化至接近于零。不幸的是,由于第二类错误的存在,这是不可行的。第二类错误定义为在零假设为假时却没有拒绝零假设的错误。在前面的示例中,第一类错误表示乔拒绝了总体平均成绩为120的零假设,尽管该假设是正确的。相反,第二类错误意味着即使总体平均成绩不为120,乔却没有拒绝零假设。这两种类型的错误是反向相关的。

我们将在下面使用一个特意构造的示例以图形方式说明这种关系,并在此过程中进一步阐明统计推断是如何进行的。回想一下我们之前的讨论,如果样本量足够大,则样本均值的抽样分布为钟形正态曲线。为了便于说明,图 3.1 绘制了在两种不同的真实条件下乔的样本均值的两种可能的抽样分布。如果零假设是真实的,则样本均值的抽样分布中心应落在 120(零假设中的总体均值)上,抽样分布应类似于左侧的情况。但是,如果零假设为假,而总体均值实际上为 150,则样本均值的抽样分布中心应落在 150 上,那么抽样分布应类似于右侧的情况。

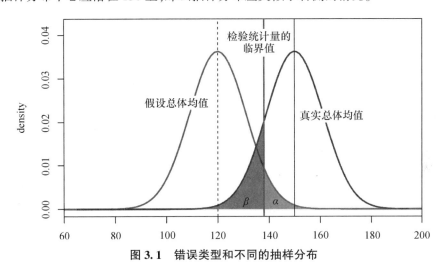

图 3.1　错误类型和不同的抽样分布

两种可能的抽样分布最终相互重叠。在图 3.1 中,图中间的垂直实线表示相对于 120 的零假设(即左侧的抽样分布),由于乔将 α 选为 5% 所确定的 Z 检验的临界值。当乔根据左侧的抽样分布检验零假设时,以 α 表示的区域是可接受的第一类错误。β 表示的区域位于另一个抽样分布中,这是乔将第一类错误临界值 α 选为 5% 所产生的第二类错误。

这里需要进行一些说明。第一个说明涉及假设检验中的决策规则。在图 3.1 中,基于左侧的分布,如果计算出的 Z 检验统计量大于 Z 临界值(在临界值线的右侧且远离假设均值 120),则 p 值小于 α,并且零假设被拒绝;但是,如果计算出的 Z 检验统计量小于 Z 临界值(在临界值线的左侧,因此更接近假设均值 120),则 p 值大于 α,并且不会拒绝零假设。

第二,位于临界值线左侧的 β 区域代表以真实总体均值 150 为中心的右侧抽样分布中的情况,但是对于它们而言,零假设不会被拒绝。因此,β 区域捕获了在零假设为假时没能拒绝零假设的错误。

第三,图 3.1 中的一个关键点是,表示 α 大小的区域与表示 β 大小的区域是反向相关的。如果我们选择小于 5%(例如 1%)的 α,则临界值线将向右移动,从而导致 α 的面积缩小而 β 的面积扩大。这意味着当我们减少可接受的第一类错误概率时,我们将同时增加第二类错误的概率。

第四,除非知晓未知的总体参数值,否则 β 的面积是未知的。在实践中,研究人员经常在实验设计阶段估计 β 的大小,因为他们有兴趣寻找检验的效力(1–β),即图 3.1 右侧抽样分布中的剩余区域。为此,研究人员通常基于过去实验的估计来假设总体参数值。

3.2 数据准备

为了准备好数据,我们应该完成以下任务:
① 清理 R 中的工作空间,移除所有对象。
② 创建一个项目文件夹以保存原始的 Penn World Table 数据、程序和输出文件。
③ 创建一个记录良好的 R 程序,将原始数据集读入 R。
④ 检查导入的数据,以确保原始数据已正确导入 R。
⑤ 清理可能存在的数据问题。
⑥ 使用原始数据集的一个子集创建一个新数据集。
⑦ 创建新变量供之后使用。
⑧ 安装所需的附加软件包。

利用在前两章中所学的内容,我们在进行分析之前必须先使用 R 清理工作区、设置项目文件夹、将数据读入 R、检查和清理导入的数据、安装和加载本章所需的软件包以及准备数据。前一章介绍了我们下面执行的所有任务以及相关的 R 代码。本章将使用以下附加软件包:**DataCombine**、**ggplot2**、**Rmisc** 和 **stargazer**。读者应该首先使用诸如 **install.packages("Data Combine")** 的代码来安装一次这些软件包。在数据准备工作结束后,我们会将已清理好的数据集保存到项目文件夹中新的 R 数据集 **"pwt7g"** 里。

```
# Data Cleaning and Management Program

# install following packages only once, then comment out code
# install.packages(c("DataCombine", "ggplot2", "Rmisc",
#                    "stargazer"), dependencies=TRUE)

#(1) before running program, remove all objects in workspace
rm(list=ls(all=TRUE))

#(2) change working directory to project folder
setwd("C:/Project")

#(3) import comma-delimited data file, create data object pwt7
pwt7 <- read.csv("pwt70_w_country_names.csv", header=TRUE,
         strip.white=TRUE, stringsAsFactors = FALSE,
         na.strings=c("NA",""))

#(4) inspect imported data using functions from last chapter
# inspect dataset pwt7 in a spreadsheet style data viewer
View(pwt7)

# list first one observation in dataset pwt7
head(pwt7, n=1)
```

```
# list last one observation in dataset pwt7
tail(pwt7, n=1)

# dimensions of pwt7: observations and variables
dim(pwt7)

# variable names in dataset pwt7
names(pwt7)

# structure of dataset pwt7
str(pwt7)

#(5) clean data
# sort data in ascending order by country and by year
pwt7 <- pwt7[order(pwt7$country, pwt7$year),]

# remove second set of China observations with isocode CH2
pwt7 <- pwt7[pwt7$isocode!="CH2",]

# create annual economic growth rate in a panel dataset
# load DataCombine package in order to use slide function
library(DataCombine)

# sort data in ascending order by country and by year
pwt7 <- pwt7[order(pwt7$country, pwt7$year),]

# create a one-year leading variable for rgdpl
pwt7 <- slide (pwt7, Var="rgdpl", NewVar="rgdplead",
          GroupVar="country", slideBy=1)

# create a one-year lagged variable for rgdpl
pwt7 <- slide (pwt7, Var="rgdpl", NewVar="rgdplag",
          GroupVar="country", slideBy=-1)

# create annual growth rate based on rgdpl
pwt7$growth <- (pwt7$rgdpl-pwt7$rgdplag)/pwt7$rgdplag

# create a new dataset: a subset of pwt7 with three variables
pwt7g <- pwt7[, c("country", "year", "rgdpl", "growth")]

# save R dataset
save(pwt7g, file="pwt7g.RData")
```

在数据分析中，流程管理上的一个好习惯是将上面关于数据清理的 R 代码保存到一个程序文件中，然后将下面关于数据分析的 R 代码保存到另一个程序文件中。

为了遵循这个习惯，我们现在将开启另一个专注于数据分析的程序文件。我们将使用以下 R 代码开始分析程序：

```
# Data analysis program

#(1) before running program, remove all objects in workspace
rm(list=ls(all=TRUE))

#(2) change working directory to project folder
setwd("C:/Project")

#(3) load R data
load("pwt7g.RData")
```

3.3 世界经济的平均增长率是多少？

在研究实际问题时，我们首先需要定义作为推断目标的总体是什么，以及它与我们现有的数据之间的关系。回想一下，统计推断有效的基本前提是随机抽样，也就是说，每个对象都有相同的机会被选入样本。在实际的概率抽样中可能满足这一假定，但是在便利样本（convenience sample）中很有可能违背这一假定。在进行数据分析时，我们必须始终考虑假定被违背的后果，这是本书后面经常要解决的问题。

在当前案例中，该问题要求我们找出所有国家和地区构成的总体的平均经济增长率。可用的 **pwt7g** 数据集包括 1950—2009 年的 190 个国家和地区。对于我们所研究的问题，我们必须决定要选择哪一种总体。有三种可能的情况。

在第一种情况下，我们可以将 **pwt7g** 数据的覆盖范围视为总体。也就是说，我们只关心数据集覆盖部分的平均经济增长率。如果是这样，基于 **pwt7g** 数据集的平均增长率就是总体参数。在这种情况下，由于我们已经有了总体的数据，因此不再需要统计推断。

在第二种情况下，我们可能会对一个更广的由所有国家和地区构成的总体感兴趣，包括那些 1950—2009 年间在 **pwt7g** 数据集中已经有可用数据的国家和地区、那些 1950—2009 年间在 **pwt7g** 数据集中缺少数据的国家和地区以及那些用于预测的处在 2009 年以后时间段的数据。在这种情况下，我们拥有的数据类似于一个便利样本。每个国家和地区都不是被随机选入样本的，一个国家和地区的数据缺失或不缺失也很可能不是随机的。

在第三种情况下，我们可以认为总体是由可能影响经济增长的经济、技术和政治过程所产生的所有国家和地区的所有可能性所构成的集合。在这种情况下，**pwt7g** 数据集描述了由于潜在的社会过程而可能偶然发生的许多种可能性中的一种情形。它可以被视为来自某一无限的假设总体或超级总体（super population）的随机样本。统计推断是从观察到的数据去推断超级总体。推断的真正目的是研究潜在的数据生成过程。

因此，在第二种情况和第三种情况下，我们使用基于 **pwt7g** 的平均经济增长来推断总体的平均经济增长率。这一过程被称为统计推断。第一节已经简要介绍了统计推断的逻辑、方法和关键问题。在本节中，我们将在更多的技术细节中进一步讨论统计推断，并展示如何在 R 中实现它。

3.3.1 从样本均值推断总体均值

假设代表经济增长的随机变量 Y 在总体中具有 N 个元素或观测值。我们有兴趣了解总体中

Y 的平均值,但获取总体中所有元素的数据并不可行,因此,我们抽取了样本大小为 n 的样本 **pwt7g**,并用变量 y 代表经济增长。在这种情况下,我们将 y 的样本均值用作 Y 的总体均值的估计。在此示例中,需要注意两个问题。首先,大写表示总体数据,小写表示样本数据。其次,样本 **pwt7g** 不是随机生成的,但是它能够大体代表总体的可能性很高。

随机变量 Y 的总体均值定义为其期望值或长期平均值,表示为:

$$\mu_Y = E(Y)$$

另一种表示方法是:

$$\mu = \frac{1}{N} \sum_{i=1}^{N} Y_i$$

其中 Y_i 表示 Y 中第 i 个观测值的值,而 i 从总体的第 1 个观测值遍历至第 N 个观测值。

相应的样本均值 y 是其在样本中的算术平均值,即样本中所有 n 个测量值的总和除以样本大小,表示为:

$$\bar{y} = \frac{1}{n} \sum_{i=1}^{n} y_i$$

应用到变量 **growth**(增长)上,我们可以重新将其总体均值(以 μ_{Growth} 表示)和样本均值(以 $\overline{growth}$ 表示)定义为:

$$\mu_{Growth} = \frac{1}{N} \sum_{i=1}^{N} Growth_i = \frac{总体中所有观测值之和}{总体规模\ N}$$

$$\overline{growth} = \frac{1}{n} \sum_{i=1}^{n} growth_i = \frac{样本中所有观测值之和}{样本大小\ n}$$

根据公式,我们使用 **pwt7g** 数据在 R 中计算样本均值 $\overline{growth}$,作为总体均值 μ_{Growth}(总体的平均经济增长率)的估计:

```
# compute sample mean of growth
mean(pwt7g$growth, na.rm = TRUE)
```
```
[1] 0.02302498
```

请注意,0.023 仅仅是基于一组样本对总体均值的一个估计,因此它并不是总体均值的真实值。为了获得总体均值,我们可以采用两种统计推断方法:假设检验和置信区间。在讨论这些推断方法之前,我们首先必须解释描述随机变量的另一个重要概念:围绕变量均值的数据点的离散程度。

3.3.2 补充:总体标准差、样本标准差和标准误

方差和标准差用于描述数据点在随机变量均值附近的离散程度。要理解统计推断就必须要讨论方差和标准差的概念,因为它们会影响统计推断的过程和结果。3.1 节提到了标准差在其中的相关性,稍后将进行详细说明。

和均值概念一样,方差和标准差也同时具有总体和样本的版本。连续随机变量 Y 的总体方差是其与总体均值的偏差(deviation)的平方的期望值。偏差的概念是指观测值与平均值之间的差值。每个偏差都取平方以便负偏差和正偏差都能用来描述均值周围的数据离散程度。

$$\sigma^2 = Var(Y) = E[(Y-\mu)^2]$$

或者,可以将总体方差视为总体中变量与总体均值偏差的平方和的长期平均值。

$$\sigma^2 = \frac{1}{N} \sum_{i=1}^{N} (Y_i - \mu)^2$$

像往常一样,在没有总体数据的情况下,我们只能获得总体方差 σ^2 的样本估计值,记为 s^2。可以使用以下公式获取样本方差:

$$s^2 = \frac{1}{n-1} \sum_{i=1}^{n} (y_i - \bar{y})^2$$

样本方差是变量与样本均值的偏差的平方和,除以样本大小 n 减去 1 的值。关于这个公式,一个常见的问题是为什么必须将样本均值的偏差平方和除以样本大小 n 减 1,而不是直接除以 n。原因很简单,样本均值的偏差的平方和只除以样本大小 n 得出的是总体方差的有偏估计,其偏差为 $\frac{n}{n-1}$(在统计学中,如果样本统计量的期望值等于总体参数则称为无偏估计)。因此,这里提供的 s^2 公式是对总体方差 σ^2 的无偏估计。

为了进一步说明总体方差和样本方差之间的区别,我们将使用最简单的人造示例。在总体中,如果我们有三个观测值分别为 1、2 和 3,则总体方差就是它们分别与均值的三个偏差的平方之和:$(1-2)^2+(2-2)^2+(3-2)^2=2$,再除以总体的规模 3。总体方差等于 0.67。现在,假设这不是总体而是一个样本。那么,样本方差为 $\frac{2}{3-1}=1$。

在 R 中,经济增长率的样本方差 s^2 计算如下:

```
# compute sample variance of growth
var(pwt7g$growth, na.rm = TRUE)
```

[1] 0.005638469

请注意,计算得出的样本方差 0.0056 是对变量 growth 的总体方差 σ^2 的一个估计。

在这一点上,值得注意的是,变量的总体方差的平方根被称为总体标准差,表示为 σ,变量的样本方差的平方根被称为样本标准差,表示为 s。用于计算样本标准差 s 的 R 代码如下:

```
# compute sample standard deviation of growth
sd(pwt7g$growth, na.rm = TRUE)
```

[1] 0.07508974

回想一下,3.1 节中均值的标准误是样本均值在重复样本中的概率分布的标准差。如果我们抽取一个样本,我们将获得一个样本均值。然后,在许多样本中,我们将获得许多个样本均值,每个样本各有一个均值。这些样本均值将在某个未知的总体均值 μ 附近波动。因此,均值的标准误(standard error)反映了重复样本之间的差异性,而标准差(standard deviation)则反映了单个样本中的差异性。标准误越小,用样本均值估计总体均值的精度就越高。均值的标准误通过总体标准差 σ 除以样本大小 n 的平方根来衡量。随着样本量的增加,标准误将减小。

接下来,我们回到如何从样本均值到总体均值对 growth 变量进行推断的问题。

3.3.3 对假设的总体均值进行假设检验

回顾 3.1 节和 3.3.1 节的结尾部分,为了获得未知的总体均值,我们可以采用两种统计推断方法：零假设检验和构建置信区间。在本节中，我们将重点介绍第一种方法。

我们知道有些国家和地区的经济在某些年份中会增长很快，而在另一些年份中增长放缓，而另一些国家和地区往往会在很长一段时间内缓慢增长。这样的结果就是通常很难猜测总体的平均经济增长率。如果学者有理由相信并假设总体的平均经济增长率为3%。相反，我们的样本估计值为0.023或2.3%。问题就变成了：在给定的抽样误差和噪声下，2.3%是否在统计上等同于3%？换句话说，它们的差异是统计造成的人为结果还是真实存在的？

这是一个有意义的问题。在前面的示例中，样本均值为2.3%。在不同的样本中，估计值可能为3.2%，也可能是更高或更低。因此，这意味着存在以下问题：2.3%与假设的3%之间的差距是由于抽样误差与噪声所致，还是由于未知总体均值与假设总体均值之间存在真实的差异？我们将这两种可能性公式化为以下两个假设，其中我们分别使用 μ_{true} 和 μ_0 表示未知和假设的总体均值。

$$\text{零假设 } H_0: \mu_{\text{true}} = \mu_0 = 0.03$$
$$\text{备择假设 } H_a: \mu_{\text{true}} \neq \mu_0 = 0.03$$

我们将直接对零假设而不是备择假设进行统计检验。样本均值是总体均值的无偏估计量，这意味着来自多个重复样本的所有样本均值的均值将与未知总体的均值一致。根据中心极限定理，如果样本量足够大，则样本均值的抽样分布将近似为正态分布。样本均值的这些性质使我们能够构造以下被称为Z的检验统计量来直接检验零假设。

$$Z = \frac{\bar{y} - \mu_0}{\sigma / \sqrt{n}} = \frac{\text{样本均值} - \text{假设的总体均值}}{\text{总体标准差} / \text{样本量的平方根}}$$

从字面上看，Z统计量是以标准误为单位（基于总体标准差 σ）来测量样本均值与假设总体均值之间的距离。因此，Z统计量假定总体标准差的值是已知的。

当样本量 n 足够大时，Z统计量服从标准正态分布，表示为 $N(0,1)$（总体均值等于0、方差等于1的正态分布）。这个特点使我们能够使用计算出的Z统计量在标准正态分布概率表中确定 p 值。p 值是指零假设为真（在图3.1的左侧）时检验统计量达到临界值的概率，或者是产生第一类错误的概率（当零假设为真时拒绝零假设）。

在假设检验中，我们必须选择合理的第一类错误阈值（请注意，由于第一类错误与第二类错误之间存在负相关关系，因此我们不能选择使第一类错误概率为零）。按照惯例，p 值是5%，这意味着我们愿意在100个重复随机样本中错误地拒绝零假设5次。如3.1节中所述，假设检验的决策规则如下：如果 p 值大于5%，则零假设不会被拒绝；但是如果 p 值小于5%，则零假设将被拒绝。

之前对第一类错误的讨论需要做进一步的说明。首先，将第一类错误的概率设置为零并不是理想的，因为这样做会极大地增加第二类错误的概率，即零假设为假时没能拒绝零假设的概率。其次，可接受的第一类错误阈值为5%仅仅是一个惯例。其他常规阈值还有1%和10%。这些阈值存在一定的随意性，这使人们对零假设检验的价值和结论产生了一定的怀疑。

Z检验的一个问题是我们需要知道总体标准差 σ 的值才能计算它。具有讽刺意味的是，如果我们知道总体标准差，那么我们已经知道总体均值，就没有进行零假设检验的必要了。因此，在不知道 `growth` 的总体标准差的情况下，我们必须找到它的替代品以检验零假设。事实证明，如果用样本标准差 s 代替总体标准差 σ，则Z检验统计量将变为 t 检验统计量，表示如下：

$$t = \frac{\bar{y} - \mu_0}{s / \sqrt{n}}$$

从字面上看，t 统计量是以标准误为单位（基于样本标准差）来测量样本均值与假设总体均值之间的距离。t 统计量遵循具有 $n-1$ 个自由度的 t 概率分布。t 分布类似于正态分布,但由于不确定性更大,它的概率密度函数曲线更平或者说尾部更胖。自由度通常在统计结果中表示为 df,是样本大小 n 减去要估计的参数数量;因此,在这个案例中自由度是 $(n-1)$。

我们使用计算出的 t 统计量从 t 概率分布表中找到相应的 p 值,然后像在 Z 检验中一样执行剩下的步骤。t 检验的 R 代码如下:

```
# conduct one sample mean t-test
t.test(pwt7g$growth, mu = 0.03)
```

`t.test()` 函数告诉 R 对变量 `growth` 进行 t 检验,选项 `mu = 0.03` 假设总体平均值为 0.03 或 3%。

R 输出结果显示 t 统计量为 -8.5529,p 值非常小。由于 p 值小于 0.05 或 5%,因此我们拒绝总体平均经济增长率为 3% 的零假设。

```
# conduct one sample mean t-test
t.test(pwt7g$growth, mu = 0.03)

One-Sample t-test

data: pwt7g$growth
t = -8.5529, df = 8477, p-value < 2.2e-16
alternative hypothesis: true mean is not equal to 0.03
95 percent confidence interval:
 0.02142637 0.02462360
sample estimates:
mean of x
 0.02302498
```

3.3.4 预测未知总体均值的置信区间

回顾 3.1 节和 3.3.1 节的结尾部分,为了获得未知的总体均值,我们可以采用两种统计推断方法:零假设检验和构建置信区间。在本节中,我们将重点介绍第二种方法。

置信区间是一个值域,其中包含由分析人员选择的置信度下的未知总体均值。惯例是计算 95% 置信区间,这意味着我们有 95% 的把握(即对于 100 个重复随机样本中 95% 的样本)认为估计的值域将包含总体均值。95% 是基于可接受的第一类错误概率 5% 做出的选择,即 (1-0.05)。

如果我们知道总体标准差,则总体均值 μ 的 95% 置信区间为:

$$\text{样本均值} \pm \text{误差范围} = \bar{y} \pm z_{\frac{0.05}{2}}\left(\frac{\sigma}{\sqrt{n}}\right)$$

换句话说,95% 置信区间的下限和上限可以明确地表示如下:

$$\left[\bar{y} - z_{\frac{0.05}{2}}\left(\frac{\sigma}{\sqrt{n}}\right), \bar{y} + z_{\frac{0.05}{2}}\left(\frac{\sigma}{\sqrt{n}}\right)\right]$$

其中 $z_{0.05/2}$ 对应于标准正态分布 95% 置信度的 Z 临界值。此处 0.05/2 表示钟形标准正态分布的每一侧的第一类错误概率为 0.025。

如前所述,在不知道总体均值的情况下根本不可能知道总体标准差。这意味着总体标准差可能始终是未知的。因此,在实践中我们必须用样本标准差代替上述 Z 区间中的总体标准差。其结果就是我们使用基于 t 的 95% 置信区间来替代估计。基于 t 的 95% 置信区间的公式如下:

$$\left[\bar{y} - t_{0.025,n-1}\left(\frac{s}{\sqrt{n}}\right), \bar{y} + t_{0.025,n-1}\left(\frac{s}{\sqrt{n}}\right) \right]$$

至于如何在 R 中进行估计,事实上,在默认情况下 **t.test**( ) 函数会在零假设检验结果的正下方报告所估计的 95% 置信区间。前面的 R 输出结果表明,根据样本数据 **pwt7g**,我们有 95% 的把握认为由所有国家或地区构成的总体的平均经济增长率在 2.14% 和 2.46% 之间。

显然,置信区间比零假设的检验具有更多信息。假设检验依赖于总体均值的假设值,当我们拒绝零假设时并不能帮助我们知道总体均值是多少。相反,置信区间提供了一个估计值的值域,其中包含在预先选择的置信度下总体均值最可能是多少。

3.3.5 绘制 growth 的均值和 95% 置信区间

在应用研究中,以图像方式呈现和表达统计结果已经变得很普遍。在本小节中,我们将演示关于 **growth** 均值和置信区间的结果。我们将介绍和采用被广泛使用的 **ggplot2** 软件包。Wickham(2009) 为 R 创建的 **ggplot2** 软件包使用连贯且紧凑的语法来描述和定义统计图像。其理念是根据一些常见元素来构建任何图形:① 数据集;② 美学映射(**aes**);③ 几何对象(**geom**)。

1. 数据:仅数据框。
2. 美学映射(**aes** 函数):定义变量在图中的角色,包括 **xy** 定位、颜色、高度、大小、组,等等。例如 **aes**(**x** 变量, **y** 变量, **color** = **z** 变量)。
3. 几何对象(**geom**):图像的类型(斜线、面积、条形、箱形、误差条、历史、线、点、多边形,等等)。

在 **ggplot** 中,数据先被总结或转换,然后映射到特定的坐标系上。例如,图 3.2 中 **growth** 的直方图基于以下 R 代码:

```
# load ggplot2 package
library(ggplot2)

# plot a histogram of growth
ggplot(pwt7g, aes(growth * 100)) + geom_histogram( )
```

图 3.2 显示 **growth** 是单峰并且大致呈正态分布的,超过一半关于增长率的观测值落在正值但接近零的地方。在图的尾部似乎有一些较大的正负异常值。

现在,我们使用 **ggplot2** 软件包绘制 **growth** 的样本均值和 95% 置信区间。由于 **ggplot2** 需要使用数据框,因此我们必须生成一个数据集,其中包含样本均值和置信区间作为变量。我们通过使用 **Rmisc** 软件包来实现。安装该软件包后,我们首先加载 **Rmisc** 软件包,然后应用 **summarySE**( ) 函数计算样本均值(记为 **growth**)、样本标准差(记为 **sd**)、标准误(记为 **se**)和误差范围(记为 **ci**),然后将输出结果分配给新的数据框 **growm**。

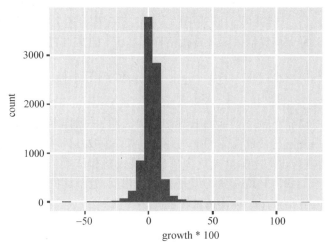

图 3.2　Growth 的直方图

```
# load Rmisc package to compute summary statistics
library(Rmisc)

# create a dataset of mean and confidence interval
growm <- summarySE(pwt7g, measurevar = "growth", na.rm = TRUE)

# show class of new data object
class(growm)

[1] "data.frame"

# display the output of summarySE growm

    .id     N    growth        sd           se            ci
1   <NA>  8478  0.02302498  0.07508974   0.0008155186  0.001598615
```

接下来,我们用数据框 `growm` 来绘制 `pwt7g` 中 `growth` 变量的均值和 95% 置信区间。图 3.3 的 R 代码和输出结果如下:

```
# load ggplot2 package
library(ggplot2)

# plot mean and 95% confidence interval
ggplot(growm, aes(x = factor(""), y = growth)) +
    geom_errorbar(aes(ymin = growth-ci, ymax = growth+ci), width = .1)+
    geom_point()+
    scale_x_discrete("")+
    scale_y_continuous(name = "Economic Growth",
                       limits = c(0.021, 0.025),
                       breaks = scales::pretty_breaks(n = 8))
```

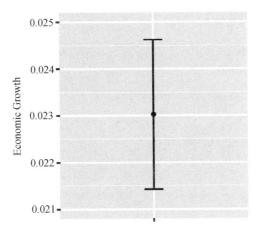

图 3.3　Growth 的均值和 95%置信区间

在 `ggplot()` 函数中,我们设定以下组成部分:
- 数据框 `growm`。
- 美学映射。在 `aes()` 函数内部,`(x=factor(""),y=growth)` 表示 x 变量为空,y 变量为 `growth`。
- 所有的加号表示要添加更多详细信息。
- 几何对象:`geom_errorbar()` 用来标记间隔。内部的 `aes()` 函数将 `growth-ci` 的下限标识为 `growth-ci`,将上限标识为 `growth+ci`,将宽度设为 `0.1`。
- 另一个几何对象:`geom_point()`,指示 y 变量的数据点(在本案例中为样本平均增长率)。
- `scale_x_discrete("")`,将 x 轴名称、标签和记号留空。
- `scale_y_continuous()`,定义 y 轴属性,变量名称为 "Economic Growth",由 `limits = c(0.021, 0.025)` 定义值域,由 `breaks =` 定义 y 轴上的断点。

图 3.3 表明,`growth` 的 95%置信区间大约在 2.14%和 2.46%之间,样本均值约为 2.3%。因此,3%的假设总体均值不在此范围内,这表明应拒绝零假设。同时,置信区间的宽度很窄,这表明最有可能的世界平均经济增长率约为 2%多一点。图 3.3 为本节开始时提出的研究问题提供了信息丰富的答案。

3.4　1990 年世界经济的增长速度是否比 1960 年快?

1990 年世界经济的增长速度是否比 1960 年快?这个问题要求我们找出 1990 年的世界平均经济增长是否与 1960 年相同。这个研究问题背后的思路是让我们学习利用两个样本(一个是 1960 年,另一个是 1990 年)之间的差异来估计和预测两个总体(一个是 1960 年,另一个是 1990 年)之间的差异。

3.4.1 从样本差异推断总体差异

假设 μ_{1960} 年和 μ_{1990} 分别代表 1960 年和 1990 年总体的世界平均经济增长率。那么问题的答案就是 $\mu_{1960} - \mu_{1990}$。由于我们并没有总体数据,因此只能基于 pwt7g 数据使用两个样本均值之间的差异,即 $\bar{y}_{1960} - \bar{y}_{1990}$ 来估算两个总体均值之间的差异。

使用 pwt7g 数据,我们计算以下样本统计量:

```
# sample average growth rate in 1960
mean(pwt7g$growth[pwt7g$year==1960], na.rm = TRUE)

[1] 0.04171108

# sample average growth rate in 1990
mean(pwt7g$growth[pwt7g$year==1990], na.rm = TRUE)

[1] 0.0067163

# difference between sample means of 1960 and 1990
mean(pwt7g$growth[pwt7g$year==1960], na.rm = TRUE) -
  mean(pwt7g$growth[pwt7g$year==1990], na.rm = TRUE)

[1] 0.03499478
```

样本的平均年增长率在 1960 年为 0.0417,在 1990 年为 0.0067。这两个值之间的差大约为 0.035。这个相当大且为正数的差异似乎表明 1960 年世界经济的增长速度快于 1990 年。

然而这些值仅仅是样本估计值及其差值。同样地,为了估计两组总体均值之间的差异(即 $\mu_{总体1} - \mu_{总体2}$),我们可以采用两种统计推断方法:零假设检验和构建置信区间。检验统计量的选择取决于是否满足其相关假设。因此,有四种可能的场景及检验统计量。

- 场景 1:总体是独立的正态分布,且具有相等方差 σ^2。
- 场景 2:总体是独立的正态分布,但方差不相等。
- 场景 3:总体是不独立的,均呈正态分布。
- 场景 4:总体是不独立的,且不呈正态分布。

3.4.2 总体均值差异性的假设检验

假设学者有兴趣来确定 1960 年与 1990 年全球经济增长速度的差异,试图找到关于这两个时期世界经济是否以相同速度增长的竞争性理论的答案。一方面,由于巨大的技术进步和生产效率的提高,1990 年世界经济的增长速度应该比 1960 年快。如果是这样,那么 1960 年与 1990 年的平均年增长率之差应该为负数。而另一方面,世界经济在 20 世纪 80 年代末和 90 年代初经历了一些衰退,而 20 世纪 60 年代世界经济却处于战后繁荣期。如果是这样,那么 1960 年与 1990 年的平均年增长率之差可能是正数。在某种程度上,这两种观点在理论上都是成立的,那么两个总体的均值差就反映了这两种竞争性理论的实际解释力。

如前所述,基于 pwt7g 数据,它们估计值的差为 0.035。两者之间的差异尤其明显且为正数。现在的问题是,0.035 是由于随机抽样误差和噪声产生的,实际在统计上与零没有区别,还是说我们获得 0.035 是由于 1960 年世界经济增长速度真的比 1990 年更快。和之前一样,可以将这两种可能性公式化为以下两个假设:

$$零假设\ H_0: \mu_{1960} - \mu_{1990} = 0$$
$$备择假设\ H_a: \mu_{1960} - \mu_{1990} \neq 0$$

像之前一样,我们将构造一个检验统计量以直接检验零假设。原则上,这里的推断逻辑与前面章节相同。但是,这里研究的问题要更加复杂一些,因此需要我们在几种可能的检验统计量中进行选择。

场景 1 下的双样本 t 检验

这通常被称为双样本联合 t 检验(two-sample pooled t-test)。如果我们有两个分别来自不同正态分布但具有相等方差($\sigma_{1960}^2 = \sigma_{1990}^2 = \sigma^2$)的独立样本,则零假设的检验统计量如下:

$$t = \frac{(\bar{y}_{1960} - \bar{y}_{1990}) - (\mu_{1960} - \mu_{1990})}{s_p \sqrt{\frac{1}{n_{1960}} + \frac{1}{n_{1990}}}}$$

其中 s_p 是合并样本标准差,其计算如下:

$$s_p = \sqrt{\frac{(n_{1960} - 1)s_{1960}^2 + (n_{1990} - 1)s_{1990}^2}{n_{1960} + n_{1990} - 2}}$$

检验统计量服从具有自由度($n_{1960} + n_{1990} - 2$)的 t 分布,因此,计算出的 t 统计量与自由度一起将使我们能够从 t 概率分布表中确定 p 值。如果 p 值大于 0.05 或 5%,则零假设不会被拒绝;如果 p 值小于 0.05 或 5%,则零假设将被拒绝。

该检验的 R 代码如下:

```
# Difference-of-means test under scenario 1
t.test(pwt7g$growth[pwt7g$year==1960],
       pwt7g$growth[pwt7g$year==1990],
       var.equal=TRUE)
```

`t.test()` 函数告诉 R 进行双样本 t 检验,假设总体均值之间的差为零。选项 `var.equal = TRUE` 假定总体方差相等。注意我们如何使用第二章介绍的索引方法来告诉 R 计算两个年份中 `growth` 的均值。R 的输出结果如下:

```
Two-Sample t-test

data: pwt7g$growth[pwt7g$year == 1960] and pwt7g$growth[pwt7g$year == 1990]
t = 3.4112, df = 237, p-value = 0.0007603
alternative hypothesis: true difference in means is not equal to 0
95 percent confidence interval:
  0.01478457  0.05520499
sample estimates:
  mean of x    mean of y
  0.04171108   0.00671630
```

R 的输出结果显示 t 统计量为 3.41,p 值极小。由于 p 值小于 0.05 或 5%,我们拒绝 1990 年世界经济增速与 1960 年相同的零假设。因此,两个样本均值之间的差异不是由于随机噪声或抽样误差导致的,而是由于两个总体均值之间的显著差异造成的。

场景 2 下的双样本 t 检验

这通常被称为韦尔奇双样本 t 检验(Welch's two sample t-test)。如果我们有两个分别来自不同正态分布且方差不等($\sigma^2_{1960} \neq \sigma^2_{1990}$)的独立样本,那么检验零假设的统计量仅在分母上与上一节有所不同:

$$t = \frac{(\bar{y}_{1960} - \bar{y}_{1990}) - (\mu_{1960} - \mu_{1990})}{\sqrt{\frac{s^2_{1960}}{n_{1960}} + \frac{s^2_{1990}}{n_{1990}}}}$$

该检验统计量近似服从一个 t 分布,自由度 df 的定义调整为:

$$df = \frac{\left(\frac{s^2_{1960}}{n_{1960}} + \frac{s^2_{1990}}{n_{1990}}\right)^2}{\frac{(s^2_{1960}/n_{1960})^2}{n_{1960}-1} + \frac{(s^2_{1990}/n_{1990})^2}{n_{1990}-1}}$$

除选项 `var.equal = FALSE` 更改了之外,用于检验的 R 代码是相同的。这表示总体方差不再相同:

```
# Difference-of-means test under scenario 2
t.test(pwt7g$growth[pwt7g$year==1960],
       pwt7g$growth[pwt7g$year==1990],
       var.equal=FALSE)
```

R 的输出结果如下:

```
Welch Two-Sample t-test

data: pwt7g$growth[pwt7g$year == 1960] and pwt7g$growth[pwt7g$year == 1990]
t = 3.819, df = 186.35, p-value = 0.0001824
alternative hypothesis: true difference in means is not equal to 0
95 percent confidence interval:
 0.01691751 0.05307206
sample estimates:
   mean of x     mean of y
  0.04171108    0.00671630
```

在此检验中 t 统计量为 3.819,与之前大致相同但自由度相对较小。p 值仍然很小。由于 p 值小于 0.05 或 5%,因此将拒绝 1990 年世界经济增速与 1960 年相同的零假设。因此,两个样本均值的差异是由两个年份总体均值的显著差异引起的,而不是随机噪声或抽样误差所导致的。

场景 3 下的配对双样本 t 检验

这通常被称为配对双样本 t 检验(paired two-sample t-test)。上面两个检验统计量的一个共有假定是两个样本彼此独立。但是对我们的数据集而言,如果数据可用,我们在 1960 年和 1990 年观察到的国家或地区就大多会相同。这通常被称为重复测量设计,因为同一国家或地区会被重复观察。因此,1990 年的许多观测值并不独立于 1960 年的观测值。要控制观测值之间的这种相关关系,我们可以改用以下检验统计量:

$$t = \frac{\bar{y}_{dif} - \mu_{dif}}{s_{dif}/\sqrt{n}}$$

其中 $\bar{y}_{dif}$ 代表 y_{dif} 变量(一个国家或地区在 1960 年与 1990 年之间的增长率差异)的样本平均值,n 代表计算中包括的国家或地区的数量,s_{dif} 是 y_{dif} 变量的样本标准差。

这个检验的 R 代码在 `t.test()` 函数的参数中添加了 `paired = TRUE`。R 代码和输出结果如下:

```
# Difference-of-means test under scenario 3
t.test(pwt7g$growth[pwt7g$year==1960],
       pwt7g$growth[pwt7g$year==1990],
       var.equal=FALSE, paired=TRUE)

Paired t-test

data: pwt7g$growth[pwt7g$year == 1960] and pwt7g$growth[pwt7g$year == 1990]
t = 2.7277, df = 73, p-value = 0.007983
alternative hypothesis: true difference in means is not equal to 0
95 percent confidence interval:
 0.005846337 0.037563117
sample estimates:
mean of the differences
             0.02170473
```

R 的输出结果显示 t 统计量为 2.73,且自由度较小,并且 p 值为 0.008。因为它仍然比 5% 的第一类错误的阈值小得多,所以拒绝了 1990 年世界经济增速与 1960 年相同的零假设。

任何配对检验的一个重要注意事项是观测值必须在两组之间正确配对。例如,1960 年的阿根廷必须与 1990 年的阿根廷匹配。设定了 `paired = TRUE` 的 `t.test()` 函数可以做到这一点,只需要 1960 年观测值的数量与 1990 年相同,并使用相同的国家或地区的名称和排序。

但是,如果两个年份(即组)的国家或地区的数量不相等,则运行上面的代码将会报错。因此,要在两组不相等数量的观测值之间进行配对均值差检验,就需要进行一些数据管理。由于这个问题至关重要,我们将使用以下代码说明该过程。

假设有两个数据集:`g1960` 和 `g1990`。每个数据集包含来自两个不同年份的两个变量:`country` 和 `growth`。然后我们根据变量 `country` 将它们合并到一个共同的数据集 `g` 中。此过程的 R 代码如下所示。

```
# generate two separate datasets
g1960 <- pwt7g[pwt7g$year==1960, c("growth", "country")]
g1990 <- pwt7g[pwt7g$year==1990, c("growth", "country")]

# merge two datasets by country
g <- merge(g1960, g1990, by="country")

# show variable names
names(g)

[1] "country"  "growth.x"  "growth.y"
```

值得注意的一个细节是，由于两个数据集都具有相同的变量 growth，为了将它们在合并后的数据集中区分开来，g1960 中的变量 growth 被重命名为 growth.x，而 g1990 中的变量 growth 被重命名为 growth.y。配对 t 检验的 R 代码和输出结果如下，从中可以看出，结果与之前生成的完全相同。

```
# Difference-of-means test under scenario 3
t.test(g$growth.x, g$growth.y,
        var.equal=FALSE,
        paired=TRUE)

Paired t-test

data: g$growth.x and g$growth.y
t = 2.7277, df = 73, p-value = 0.007983
alternative hypothesis: true difference in means is not equal to 0
95 percent confidence interval:
  0.005846337 0.037563117
sample estimates:
mean of the differences
            0.02170473
```

场景 4 下的威尔科克森符号秩检验

当两个总体中的数据相关且不服从正态分布时，我们可以使用不作任何分布假定的统计检验。在这里，我们对配对数据使用非参数威尔科克森符号秩检验（Wilcoxon signed-rank test）。如果数据不是正态分布的，则均值不再代表总体的集中趋势。威尔科克森符号秩检验所检验的是两个总体的中位数是否相等。因此，在我们的示例中假设如下：

零假设 H_0：1960 年和 1990 年总体增长率的中位数之差为零。

备择假设 H_a：1960 年和 1990 年总体增长率的中位数之差不为零。

这里的统计检验是使用 1960 年和 1990 年样本的增长率中位数的差异来检验零假设。为了提供检验环境，样本增长率中位数及其差异的 R 代码和输出结果如下：

```
# compute median growth rates and their difference
median60 <- median(pwt7g$growth[pwt7g$year==1960], na.rm=TRUE)
median90 <- median(pwt7g$growth[pwt7g$year==1990], na.rm=TRUE)
dif <- median60 - median90

# display the results
median60

[1] 0.03793623

median90

[1] 0.01002076
```

```
dif
[1] 0.02791547
```

为了检验零假设,我们必须首先对增长率之间差异的绝对值从小到大进行排序,对其中最小的差值指定其秩为 1,第二小的则指定其秩为 2,以此类推。如果出现二者差值相同的情况,则指定其秩为二者的平均值。然后,我们将所有差值为正数的秩相加以得到 W+,然后将所有差值为负数的秩相加得到 W-。威尔科克森符号秩检验统计量 W 等于正秩之和(W+)与负秩之和(W-)之间的较小者。

如果 W+ 和 W- 在统计上没有不同,则不拒绝零假设;如果它们在统计上是不同的,则零假设被拒绝。判定规则仍然保持不变,即将 p 值(基于计算出的 W)与可接受的第一类错误概率 α(基于 W 的临界值)进行比较。如果 p 值小于 α,则拒绝零假设。

检验的 R 代码和输出结果如下。请注意,我们使用两行 R 代码分别对应两组观测值的数量相等或不相等两种情况。

```
# Non-parametric Wilcoxon signed-rank test under scenario 4
wilcox.test(pwt7g$growth[pwt7g$year==1960],
            pwt7g$growth[pwt7g$year==1990],
            paired=TRUE)

wilcox.test(g$growth.x, g$growth.y, paired=TRUE)
```

这个例子显示两种情况的结果相同。

```
Wilcoxon signed-rank test with continuity correction

data: pwt7g$growth[pwt7g$year == 1960] and pwt7g$growth[pwt7g$year
== 1990]
V = 1977, p-value = 0.001508
alternative hypothesis: true location shift is not equal to 0

Wilcoxon signed-rank test with continuity correction

data: g$growth.x and g$growth.y
V = 1977, p-value = 0.001508
alternative hypothesis: true location shift is not equal to 0
```

R 的输出结果显示 p 值为 0.0015,远小于 0.05 的阈值。因此,我们拒绝零假设,即 1990 年的世界经济增速与 1960 年的相同。

均值差异性检验的总结表

均值差异性检验在应用研究中被广泛使用。由于本节涵盖了大量的检验,将所用到的不同检验、它们的基本假定和相应的 R 代码放在一起展示就相当有价值了。表 3.2 做到了这一点。

请注意,表 3.2 中的 R 代码是其一般形式。要让其实际发挥作用,我们应该将一般形式的 R 代码与前述 1960 年和 1990 年平均经济增长率差异性的四种特定场景相互对照。为了方便读者,相应的 R 代码重复如下:

表 3.2　双样本均值差异性检验

检验	假定	R 代码
• 双样本联合 t 检验	总体独立、正态分布、方差相同	t.test(x1,x2,var.equal=TRUE)
• 韦尔奇双样本 t 检验	总体独立、正态分布、方差不相同	t.test(x1,x2,var.equal=FALSE)
• 配对双样本 t 检验	总体不独立、正态分布、方差不相同	t.test(x1,x2,var.equal=FALSE, paired=TRUE)
• 威尔科克森符号秩检验	总体不独立、非正态分布	wilcox.test(x1,x2,paired=TRUE)

```
# Difference-of-means test under scenario 1
t.test(pwt7g$growth[pwt7g$year==1960],
       pwt7g$growth[pwt7g$year==1990],
       var.equal=TRUE)

# Difference-of-means test under scenario 2
t.test(pwt7g$growth[pwt7g$year==1960],
       pwt7g$growth[pwt7g$year==1990],
       var.equal=FALSE)

# Difference-of-means test under scenario 3
t.test(pwt7g$growth[pwt7g$year==1960],
       pwt7g$growth[pwt7g$year==1990],
       var.equal=FALSE, paired=TRUE)

# generate two separate datasets
g1960 <- pwt7g[pwt7g$year==1960, c("growth", "country")]
g1990 <- pwt7g[pwt7g$year==1990, c("growth", "country")]

# merge two datasets by country
g <- merge(g1960, g1990, by="country")

# Difference-of-means test under scenario 3
t.test(g$growth.x, g$growth.y,
       var.equal=FALSE,
       paired=TRUE)

# Non-parametric Wilcoxon signed-rank test under scenario 4
wilcox.test(pwt7g$growth[pwt7g$year==1960],
            pwt7g$growth[pwt7g$year==1990],
            paired=TRUE)

wilcox.test(g$growth.x, g$growth.y,
            paired=TRUE)
```

回想一下,在我们的示例中四个检验的统计结果是一致的。稳健性高的检验结果总是令人放心的。不过,当不同检验的结果不同时,作为原则,我们应该确定哪个检验最符合其假定,并相应地选择该检验的结果。

3.4.3 预测两个总体均值差异的置信区间

对两个总体均值之间的差异性进行统计推断的第二种方法是构建置信区间来预测该差异。如果我们选择 95% 的置信度,则构建的置信区间意味着我们有 95% 的把握认为基于两个样本均值之间差值所估计的差异范围捕获了两个总体均值之间的差值。

和以前一样,在不知道总体均值的情况下,我们不知道总体标准差。因此,我们用样本标准差代替 Z 置信区间公式中的总体标准差。

正如 3.1 节中的逻辑所指出的,这里的置信区间应为样本均值之差加上或减去 t 临界值乘以标准误。但是,构造的置信区间会因我们在假设检验中所作假定的不同而有所不同。

对于场景 1,如果我们假定 1960 年和 1990 年存在相同的总体方差,那么置信区间公式如下:

$$(\bar{y}_{1960} - \bar{y}_{1990}) \pm (t_{\alpha/2, n_{1960}+n_{1990}-2}) s_p \sqrt{\frac{1}{n_{1960}} + \frac{1}{n_{1990}}}$$

其中 $(t_{\alpha/2, n_{1960}+n_{1990}-2})$ 是指可接受的第一类错误 α(分别在分布的两侧尾部)对应的 t 临界值,其自由度等于 $(n_{1960}+n_{1990}-2)$,标准误是 $s_p \sqrt{\frac{1}{n_{1960}} + \frac{1}{n_{1990}}}$。

对于场景 2,如果我们假定 1960 年和 1990 年的总体方差不同,那么置信区间公式如下:

$$(\bar{y}_{1960} - \bar{y}_{1990}) \pm t_{\alpha/2, df} \sqrt{\frac{s_{1960}^2}{n_{1960}} + \frac{s_{1990}^2}{n_{1990}}}$$

其中自由度 df 在之前的场景 2 下的双样本 t 检验中已经定义过,标准误是 $\sqrt{\frac{s_{1960}^2}{n_{1960}} + \frac{s_{1990}^2}{n_{1990}}}$。

对于场景 3,如果我们假定对两个总体进行重复测量设计,其总体方差不同,则配对 t 检验置信区间公式如下:

$$\bar{y}_{dif} \pm (t_{\alpha/2, df=n}) \left(\frac{s_{dif}}{\sqrt{n}} \right)$$

其中 $\bar{y}_{dif}$ 代表 y_{dif} 变量的样本均值(一个国家在 1960 年与 1990 年之间的增长率差值),n 代表计算中包括的国家数量,s_{dif} 是 y_{dif} 变量的样本标准差。

值得记住的是,`t.test()` 函数的默认设置是报告 95% 置信区间估计值。假设检验部分的输出结果显示,根据样本数据 `pwt7g`,我们有 95% 的把握认为 1960 年与 1990 年总体之间的增长率差异是:

- 在场景 1 下(假定总体是独立的,都服从正态分布且具有相同方差)介于 1.48% 和 5.52% 之间。
- 在场景 2 下(假定总体是独立的,都服从正态分布但方差不同)介于 1.69% 和 5.31% 之间。
- 在场景 3 下(假定总体是不独立的,都服从正态分布但方差不同)介于 0.58% 和 3.76% 之间。

3.4.4 绘制 1960 年和 1990 年 growth 的均值和 95%置信区间

在本小节中,我们将展示如何绘制两个单独年份中 growth 的均值和 95%置信区间。为此,我们可以使用图 3.3 的代码并对其进行一些修改。像以前一样,我们首先加载 Rmisc 包,然后将 summarySE() 函数应用于 pwt7g 中的 growth 变量。summarySE() 函数计算平均值(标记为 growth)、标准差(标记为 sd)、标准误(标记为 se)和误差范围(标记为 ci),并在完成所有这些计算后将输出结果分配到一个单独的名为 growm2 的数据框以进行绘图。我们对 summarySE() 函数所做的唯一更改是添加 groupvars="" 选项,它告诉 R 在每一组中计算该选项所设定变量的统计量。我们只考虑 1960 年和 1990 年,因此仅将这两年的统计量保存到 growm2 中。R 代码和输出结果如下:

```
# plot group means and confidence intervals
# load Rmisc package to compute summary statistics
library(Rmisc)

# create dataset of mean and confidence interval
growm2 <- summarySE(pwt7g, measurevar="growth",
            groupvars="year", na.rm=TRUE)

# keep only data from 1960 and 1990
growm2 <- growm2[growm2$year==1960|growm2$year==1990,]

# display the output of summarySE
growm2
     year    N    growth        sd          se           ci
11   1960   74    0.04171108   0.05839089   0.006787803   0.01352807
41   1990   165   0.00671630   0.07907184   0.006155734   0.01215471
```

图 3.4 比较了两个不同年份之间 growth 的均值和 95%置信区间。R 代码与图 3.3 大致相

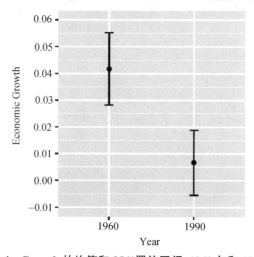

图 3.4 Growth 的均值和 95%置信区间:1960 年和 1990 年

同。一个主要变化是将 `year` 转换为因子型变量,因此可以仅绘制 1960 年和 1990 年。`ggplot` 代码也进行了修改,以适应按年份区分的新图像。具体的代码修改包括:在 `aes()` 中指定 `x = year`,添加 `scale_x_discrete(name = "Year")` 将 `x` 变量视为离散变量,并将其命名为 `"Year"`,同时依照 `y` 的范围修改了 `limits =` 选项的取值。

```r
# load ggplot2 package
library(ggplot2)

# convert year variable into a factor variable
growm2$year <- as.factor(growm2$year)

# plot mean and 95% confidence interval
  ggplot(growm2, aes(x=year, y=growth)) +
  geom_errorbar(aes(ymin=growth-ci, ymax=growth+ci), width=.1)+
  geom_point()+
  scale_x_discrete(name="Year")+
  scale_y_continuous(name="Economic Growth",
                     limits=c(-0.01, 0.06),
                     breaks = scales::pretty_breaks(n=7))
```

3.5 第三章程序代码

数据准备程序

```r
# install following packages only once, then comment out code
# install.packages(c("DataCombine", "ggplot2", "Rmisc",
#                   "stargazer"), dependencies=TRUE)

#(1) before running program, remove all objects in workspace
rm(list=ls(all=TRUE))

#(2) change working directory to project folder
setwd("C:/Project")

#(3) import comma-deliimited data file, create data object pwt7
pwt7 <- read.csv("pwt70_w_country_names.csv", header=TRUE,
                 strip.white=TRUE, stringsAsFactors = FALSE,
                 na.strings=c("NA",""))

#(4) inspect imported data using functions from last chapter
# inspect dataset pwt7 in a spreadsheet style data viewer
View(pwt7)

# list first one observation in dataset pwt7
head(pwt7, n=1)
```

```r
# list last one observation in dataset pwt7
tail(pwt7, n=1)

# dimensions of pwt7: observations and variables
dim(pwt7)

# variable names in dataset pwt7
names(pwt7)

# structure of dataset pwt7
str(pwt7)

# (5) clean data
# sort data in ascending order by country and by year
pwt7 <- pwt7[order(pwt7$country, pwt7$year),]

# remove second set of China observations with isocode CH2
pwt7 <- pwt7[pwt7$isocode!="CH2",]

# create annual economic growth rate in a panel dataset
# load DataCombine package in order to use slide function
library(DataCombine)

# sort data in ascending order by country and by year
pwt7 <- pwt7[order(pwt7$country, pwt7$year),]

# create a one-year leading variable for rgdpl
pwt7 <- slide(pwt7, Var="rgdpl", NewVar="rgdplead",
              GroupVar="country", slideBy=1)

# create a one-year lagged variable for rgdpl
pwt7 <- slide(pwt7, Var="rgdpl", NewVar="rgdplag",
              GroupVar="country", slideBy=-1)

# create annual growth rate based on rgdpl
pwt7$growth <- (pwt7$rgdpl-pwt7$rgdplag)/pwt7$rgdplag

# create a new dataset: a subset of pwt7 with three variables
pwt7g <- pwt7[, c("country", "year", "rgdpl", "growth")]

# save R dataset
save(pwt7g, file="pwt7g.RData")
```

数据分析程序

```r
# (1) before running program, remove all objects in workspace
rm(list=ls(all=TRUE))
```

```r
# (2) change working directory to project folder
setwd("C:/Project")

# (3) load R data
load("pwt7g.RData")

# compute sample mean of growth
mean(pwt7g$growth, na.rm = TRUE)

# compute sample variance of growth
var(pwt7g$growth, na.rm = TRUE)

# compute sample standard deviation of growth
sd(pwt7g$growth, na.rm = TRUE)

# one-sample mean $t$-test and confidence interval
t.test(pwt7g$growth, mu = 0.03)

# Plot mean and 95% confidence interval of growth
# load ggplot2 package
library(ggplot2)

# plot a histogram of growth
ggplot(pwt7g, aes(growth * 100)) + geom_histogram()

# load Rmisc package to compute summary statistics
library(Rmisc)

# create a dataset of mean and confidence interval
growm <- summarySE(pwt7g, measurevar = "growth", na.rm = TRUE)

# show class of new data object
class(growm)

# display the output of summarySE
growm

# load ggplot2 package
library(ggplot2)

# plot mean and 95% confidence interval
ggplot(growm, aes(x = factor(""), y = growth)) +
    geom_errorbar(aes(ymin = growth-ci, ymax = growth+ci), width = .1)+
    geom_point()+
    scale_x_discrete("")+
    scale_y_continuous(name = "Economic Growth",
                       limits = c(0.021, 0.025),
                       breaks = scales::pretty_breaks(n = 8))
```

```r
# Two-sample t-test and confidence interval
# sample average growth rate in 1960
mean(pwt7g$growth[pwt7g$year==1960], na.rm = TRUE)

# sample average growth rate in 1990
mean(pwt7g$growth[pwt7g$year==1990], na.rm = TRUE)

# difference between sample means of 1960 and 1990
mean(pwt7g$growth[pwt7g$year==1960], na.rm = TRUE) -
   mean(pwt7g$growth[pwt7g$year==1990], na.rm = TRUE)

# difference of means test under scenario 1
t.test(pwt7g$growth[pwt7g$year==1960],
       pwt7g$growth[pwt7g$year==1990],
       var.equal=TRUE)

# difference of means test under scenario 2
t.test(pwt7g$growth[pwt7g$year==1960],
       pwt7g$growth[pwt7g$year==1990],
       var.equal=FALSE)

# difference of means test under scenario 3
t.test(pwt7g$growth[pwt7g$year==1960],
       pwt7g$growth[pwt7g$year==1990],
       var.equal=FALSE, paired=TRUE)

# generate two separate datasets
g1960 <- pwt7g[pwt7g$year==1960, c("growth", "country")]
g1990 <- pwt7g[pwt7g$year==1990, c("growth", "country")]

# merge two datasets by country
g <- merge(g1960, g1990, by="country")

# difference-of-means test under scenario 3
t.test(g$growth.x, g$growth.y,
       var.equal=FALSE,
       paired=TRUE)

# compute median growth rates and their difference
median60 <- median(pwt7g$growth[pwt7g$year==1960], na.rm=TRUE)
median90 <- median(pwt7g$growth[pwt7g$year==1990], na.rm=TRUE)
dif <- median60 - median90

# display the results
median60
median90
dif
```

```
# non-parametric Wilcoxon signed-rank test under scenario 4
wilcox.test(pwt7g$growth[pwt7g$year==1960],
            pwt7g$growth[pwt7g$year==1990],
            paired=TRUE)

wilcox.test(g$growth.x, g$growth.y, paired=TRUE)

# plot group means and confidence intervals
# load Rmisc package to compute summary statistics
library(Rmisc)

# create dataset of mean and confidence interval
growm2 <- summarySE(pwt7g, measurevar="growth",
                    groupvars="year", na.rm=TRUE)

# keep only data from 1960 and 1990
growm2 <- growm2[growm2$year==1960|growm2$year==1990,]

# display the output of summarySE
growm2

# load ggplot2 package
library(ggplot2)

# convert year variable into a factor variable
growm2$year<-as.factor(growm2$year)

# plot mean and 95% confidence interval
ggplot(growm2, aes(x=year, y=growth)) +
  geom_errorbar(aes(ymin=growth-ci, ymax=growth+ci), width=.1)+
  geom_point()+
  scale_x_discrete(name="Year")+
  scale_y_continuous(name="Economic Growth",
                     limits=c(-0.01, 0.06),
                     breaks = scales::pretty_breaks(n=7))
```

3.6 总结

本章展示了人们可能会问到的关于连续随机变量的各种问题,以及如何使用统计推断对这些问题进行解答。它为理解统计推断提供了概念上的准备,展示了如何为 R 中的分析准备数据,然后说明了如何使用样本数据对连续随机变量的总体属性进行两种类型的统计推断——零假设检验和构建置信区间。单样本 t 检验和均值差异性检验在本章中都得到了介绍。本章中有两个关键点值得注意。首先,统计推断主要关注如何使用样本数据找到总体属性。因此它与因果推断不同。其次,统计推断可以帮助回答各种实际问题。本章重点介绍关于一个变量的统计推断。在应用研究中,最有趣的统计推断通常围绕变量之间的关系进行,这是下一章的重点。像前几章一样,在进入第四章之前,我们将介绍一些第三章内容中 R 的初学者经常会遇到的综合问题。

3.7 适用于学有余力读者的综合问答

3.7.1 如何一步一步地计算样本方差和样本标准差?

```
# step-by-step calculation of sample mean, variance and
# standard deviation
# find number of non-missing values of growth: n
n <- sum(!is.na(pwt7g$growth))

# find sample mean of growth: m1
m1 <- mean(pwt7g$growth, na.rm=TRUE)

# find squared deviation of growth for each observation: d2
d2 <- (pwt7g$growth-m1)^2

# find sum of squared deviations of growth: s3
s3 <- sum(d2, na.rm=TRUE)

# find sample variance of growth: var2
var2 <- s3/(n-1)

# find sample standard deviation of growth: std2
std2 <- sqrt(var2)

# display computed results
cbind(n, s3, m1, var2, std2)
             n        s3         m1           var2        std2
[1,]      8478   47.7973   0.02302498   0.005638469   0.07508974

# calculate the mean of growth by formula
sum(pwt7g$growth, na.rm=TRUE)/n

[1] 0.02302498

# calculate sample variance using formula
sum((pwt7g$growth - mean(pwt7g$growth, na.rm=TRUE))^2,
    na.rm=TRUE)/(n-1)

[1] 0.005638469
```

```r
# calculate sample standard deviation using formula
sqrt(sum((pwt7g$growth - mean(pwt7g$growth, na.rm=TRUE))^2,
        na.rm=TRUE)/(n-1))
```

```
[1] 0.07508974
```

3.7.2 如何一步一步地进行单样本 t 检验?

```r
# find the number of non-missing values for growth
n <- sum(!is.na(pwt7g$growth))

# find the sample mean of growth
m1 <- mean(pwt7g$growth, na.rm=TRUE)

# find sample variance and standard deviation of growth
d2 <- (pwt7g$growth-m1)^2
s3 <- sum(d2, na.rm=TRUE)
var2 <- s3/(n-1)
std2 <- sqrt(var2)

# find t statistic for null hypothesis (population mean=0.03)
t <- (m1-0.03)/(std2/sqrt(n))

# display computed results
cbind(n, m1, std2, t)
```

```
        n        m1       std2         t
[1,] 8478 0.02302498 0.07508974 -8.552863
```

```r
# confirm results above using t.test function
t.test(pwt7g$growth, mu=0.03)
```

```
One-Sample t-test

data: pwt7g$growth
t = -8.5529, df = 8477, p-value < 2.2e-16
alternative hypothesis: true mean is not equal to 0.03
95 percent confidence interval:
 0.02142637 0.02462360
sample estimates:
  mean of x
 0.02302498
```

3.7.3 如何一步一步地构建置信区间？

```
# step-by-step calculation for 95% confidence interval
# find quantile t distribution critical value for 95% CI
t.c <- qt(0.975, n-1)

## calculate the lower and upper bounds
m1-t.c*(std2/sqrt(n))
```

[1] 0.02142637

```
m1+t.c*(std2/sqrt(n))
```

[1] 0.0246236

```
# confirm results above using t.test function for 95%
t.test(pwt7g$growth, mu=0.03, conf.level=0.95)
```

One-Sample t-test

data: pwt7g$growth
t = -8.5529, df = 8477, p-value < 2.2e-16
alternative hypothesis: true mean is not equal to 0.03
95 percent confidence interval:
 0.02142637 0.02462360
sample estimates:
mean of x
 0.02302498

```
# step-by-step calculation for 99% confidence interval
# find quantile t distribution critical value for 99% CI
t.c <- qt(0.995, n-1)

## calculate the lower and upper bounds
m1-t.c*(std2/sqrt(n))
```

[1] 0.02092387

```
m1+t.c*(std2/sqrt(n))
```

[1] 0.02512609

```
# confirm results above using t.test function
t.test(pwt7g$growth, mu=0.03, conf.level=0.99)
```

One-Sample t-test

```
data: pwt7g$growth
t = -8.5529, df = 8477, p-value < 2.2e-16
alternative hypothesis: true mean is not equal to 0.03
99 percent confidence interval:
 0.02092387 0.02512609
sample estimates:
mean of x
 0.02302498
```

3.7.4 如何一步一步地进行均值差异性检验和置信区间计算？

```
# scenario 2: difference-of-means t-test
mean70 <- mean(pwt7g$growth[pwt7g$year==1970], na.rm=TRUE)

mean80 <- mean(pwt7g$growth[pwt7g$year==1980], na.rm=TRUE)

n70 <- sum(!is.na(pwt7g$growth[pwt7g$year==1970]))

n80 <- sum(!is.na(pwt7g$growth[pwt7g$year==1980]))

se70 <- sd(pwt7g$growth[pwt7g$year==1970], na.rm=TRUE) /
        sqrt(n70)

se80 <- sd(pwt7g$growth[pwt7g$year==1980], na.rm=TRUE) /
        sqrt(n80)

mean_dif <- (mean70-mean80)

se_dif <- sqrt(se70^2 + se80^2)

t_dif <- mean_dif/se_dif

revised_df <- ((se70^2/n70 + se80^2/n80)^2) /
(((1/(n70-1))*(se70^2/n70)^2) + ((1/(n80-1))*(se80^2/n80)^2))

# display computed results
round(cbind(mean70, mean80, se70, se80, mean_dif, se_dif,
            t_dif, revised_df),4)
        mean70  mean80   se70   se80 mean_dif se_dif  t_dif
[1,]    0.0421  -0.001  0.007 0.0067   0.0431 0.0097 4.4505
        revised_df
[1,]      234.2231

# 95% confidence interval of difference of means
# difference of means plus or minus
# (95% t-critical * standard error of difference of means)
```

```
mean_dif + qt(c(0.025, 0.975), revised_df) * se_dif

[1] 0.02401343 0.06216152

round(c(mean_dif + qt(c(0.025, 0.975), revised_df) * se_dif), 4)

[1] 0.0240 0.0622

# confirm results above using t.test function
t.test(pwt7g$growth[pwt7g$year==1970],
       pwt7g$growth[pwt7g$year==1980],
       var.equal=FALSE)

    Welch Two-Sample t-test

data: pwt7g$growth[pwt7g$year == 1970] and pwt7g$growth[pwt7g$year
   == 1980]
t = 4.4505, df = 256.18, p-value = 1.279e-05
alternative hypothesis: true difference in means is not equal to 0
95 percent confidence interval:
   0.02402192 0.06215303
sample estimates:
   mean of x         mean of y
   0.042080218      -0.001007259
```

3.7.5 如何检验两个总体是否具有相等方差?

在各种均值差异性检验中到底选择哪一种,取决于两个总体是否具有相等方差的假定。在本章中,我们没有讨论如何检验该假定是否成立。在这里我们提供了一个 F 检验,用于检验 `growth` 在 1960 年与 1990 年的方差是否相等。

零假设 $H_0: \sigma^2_{1960} = \sigma^2_{1990}$,即 $\dfrac{\sigma^2_{1960}}{\sigma^2_{1990}} = 1$

备择假设 $H_a: \sigma^2_{1960} \neq \sigma^2_{1990}$

零假设的检验统计量: $F = \dfrac{S^2_{1960}}{S^2_{1990}}$

如果 F 检验统计量的 p 值小于可接受的第一类错误概率阈值 0.05,则我们拒绝零假设。

下面的 R 代码和输出结果表明 p 值比 0.05 小得多。因此,我们拒绝零假设,即 1960 年与 1990 年的 `growth` 具有相等的方差。

```
# F test of whether two populations have equal variances
var.test(pwt7g$growth[pwt7g$year==1960],
         pwt7g$growth[pwt7g$year==1990])

    F test to compare two variances
```

```
data:  pwt7g$growth[pwt7g$year == 1960] and pwt7g$growth[pwt7g$year
    == 1990]
F = 0.54531, num df = 73, denom df = 164, p-value =
0.003916
alternative hypothesis: true ratio of variances is not equal to 1
95 percent confidence interval:
    0.3738551 0.8195392
sample estimates:
ratio of variances
        0.5453139

# step-by-step calculation of F test
var(pwt7g$growth[pwt7g$year==1960], na.rm=TRUE)

[1] 0.003409496

var(pwt7g$growth[pwt7g$year==1990], na.rm=TRUE)

[1] 0.006252355

F.ratio <- var(pwt7g$growth[pwt7g$year==1960], na.rm=TRUE) /
        var(pwt7g$growth[pwt7g$year==1990], na.rm=TRUE)

F.ratio

[1] 0.5453139
```

3.7.6 什么是统计功效？

第二类错误是指在零假设为假的情况下未能拒绝零假设的概率。统计功效(statistical power)则指的是在零假设为假时拒绝零假设的概率。图 3.1 显示了当零假设为假而备择假设为真时，第二类错误的大小由替代抽样分布中 β 的面积来衡量。在图 3.1 中，该检验的统计功效就是 $1-\beta$，等于备择假设下替代抽样分布的剩余面积。功效分析对于实验研究非常重要，尤其是在医学和流行病学方面。

3.7.7 双尾检验和单尾检验之间的区别是什么？

这个问题主要与假设检验相关。为了简单起见，本书中的所有假设检验均采用双尾检验，但是图 3.1 除外，该图展示了一个单尾检验。展示它们之间差异的最好方法是把本节前面的双尾 t 检验重新用单尾检验再分析一次。

零假设 $H_0: \mu_{true} = \mu_0 = 0.03$

双尾备择假设 $H_a: \mu_{true} \neq \mu_0 = 0.03$

单尾零假设 $H_0: \mu_{true} \leq \mu_0 = 0.03$

单尾备择假设 $H_a: \mu_{true} > \mu_0 = 0.03$

单尾零假设 $H_0: \mu_{true} \geq \mu_0 = 0.03$

单尾备择假设 $H_a : \mu_{true} < \mu_0 = 0.03$

这里给出了三对零假设和备择假设。第一对用于双尾检验。第二对和第三对用于单尾检验，分别是零假设的不同情况。

无论检验是单尾还是双尾的，检验统计量都保持不变，自由度为$(n-1)$：

$$t = \frac{\bar{y} - \mu_0}{s/\sqrt{n}}$$

可接受的第一类错误阈值也保持不变：$\alpha = 0.05$。

使用计算出的t统计量和自由度，可以像之前一样从t分布表中确认p值。但是，根据零假设的性质，p值的大小会有所不同。

双尾p值：$\mu_{true} = \mu_0 = 0.03$
左尾p值：$\mu_{true} \leq \mu_0 = 0.03$
右尾p值：$\mu_{true} \geq \mu_0 = 0.03$

判定规则仍然保持不变。

我们使用以下R代码说明双尾检验和单尾检验有何不同。

```
# conduct two-tailed and one-tailed one-sample-mean t-tests
t.test(pwt7g$growth, mu=0.03)
t.test(pwt7g$growth, mu=0.03, alternative = "greater")
t.test(pwt7g$growth, mu=0.03, alternative = "less")
```

代码的第一行是默认的双尾检验，而代码的后两行则分别通过 **alternative =** 选项设定相应的单尾零假设。这个选项是备择假设中设定的内容，与零假设中的内容相反。R的输出结果如下：

```
# conduct two-tailed and one-tailed one-sample-mean t-tests
t.test(pwt7g$growth, mu=0.03)

One-Sample t-test

data: pwt7g$growth
t = -8.5529, df = 8477, p-value < 2.2e-16
alternative hypothesis: true mean is not equal to 0.03
95 percent confidence interval:
  0.02142637 0.02462360
sample estimates:
mean of x
 0.02302498
```

```
t.test(pwt7g$growth, mu=0.03, alternative = "greater")

One-Sample t-test

data: pwt7g$growth
t = -8.5529, df = 8477, p-value = 1
alternative hypothesis: true mean is greater than 0.03
```

```
95 percent confidence interval:
  0.02168343      Inf
sample estimates:
mean of x
  0.02302498
```

```
t.test(pwt7g$growth, mu=0.03, alternative = "less")

One-Sample t-test

data: pwt7g$growth
t = -8.5529, df = 8477, p-value < 2.2e-16
alternative hypothesis: true mean is less than 0.03
95 percent confidence interval:
      -Inf 0.02436654
sample estimates:
mean of x
  0.02302498
```

R 的输出结果显示,对于所有的三个检验,在自由度为 8477 时 t 统计量均为 −8.5529。在双尾检验中,p 值小于 0.05,因此零假设 μ_{true} = 0.03 被拒绝。在第一个单尾检验 $\mu_{true} \leq 0.03$ 中,p 值报告为 1,比 0.05 大得多,因此,零假设没有被拒绝。在 $\mu_{true} \geq 0.03$ 的第二个单尾检验中,p 值小于 0.05,因此,零假设被拒绝。

最后请注意,当应用单尾检验时,分析人员实质上假定了零假设中抽样分布的另一半在理论上不相关或不可能出现。因此,在双尾检验中,$\alpha = 0.05$ 在分布的每一侧均分为 0.025。然而在单尾检验中,仅将 $\alpha = 0.05$ 应用于分布的一侧。

3.8 练习

1. 以本章中的示例为基础,从 Soskice and Iversen(2006)文章中有关工资不平等的研究问题开始,进行一次单样本 t 检验,使用零假设检验和构建置信区间来回答该问题。请确保过程清晰并解释结果的实际意义。

2. 现在从 Soskice and Iversen(2006)文章中另一个关于比例代表制和多数代表制之间工资不平等差异的研究问题开始。使用零假设检验和构建置信区间来进行均值差异性检验以回答问题。请确保过程清晰并解释结果的实际意义。

3. 使用 Penn World Table 数据找出富国和穷国之间人均 GDP 的总体差异,并讨论结果。

4. 根据本章中的示例从合适的研究问题入手,对第 7 章 Braithwaite(2006)文章中的因变量进行一次单样本 t 检验。讨论结果的实际意义。

5. 从合适的研究问题入手,对 Braithwaite(2006)文章中的因变量进行均值差异性检验。例如,有人可能会问到在冲突扩散的问题上,涉及领土要求的冲突与涉及其他问题的冲突之间的差异,或者在自然资源丰富的国家发生的冲突和在其他国家发生的冲突之间的区别。讨论结果的实际意义。

6. 使用均值差异性检验和第七章中 Benabou et al.（2015）文章里的数据，评估男性和女性受访者对于儿童独立重要性的态度是否相同。

第四章 协方差与相关性

本章目标

在本章中,我们将使用 R 对连续变量之间的关系进行统计推断。回想一下,连续变量(例如经济增长和高度)可以在一定区间内取无限个可能值。我们将学习如何计算和理解两个连续变量之间的协方差与相关性,这将为下一章的回归分析奠定基础。在本章中,我们将关注以下实际问题:贸易开放程度与经济增长是否相关?

本章的目标如下:
1. 学习将数据准备和数据分析分为不同的程序文件。
2. 学习为数据分析准备数据。
3. 学习使用散点图将两个变量之间的关系可视化。
4. 了解样本和总体两个版本的协方差和相关系数。
5. 学习利用统计推断从样本系数估计总体参数。
6. 学习对组变量不同水平的相关性进行计算和可视化。

和之前一样,在进入主要内容之前我们需要为分析准备好数据和软件。

4.1 数据和软件准备

为了准备数据,我们应该完成以下任务:
1. 设置一个项目文件夹以保存 **pwt7** 数据、程序和输出文件。
2. 创建一个记录良好的 R 程序将 **pwt7** 导入 R。
3. 检查导入的数据。
4. 使用 **pwt7** 数据的子集创建一个新的数据集。
5. 安装所需的附加软件包。
6. 创建新变量供之后使用。

回顾前面几章,我们已经创建了一个名为 **Project** 的文件夹来保存数据、程序和输出文件。下面的 R 代码在很大程度上借鉴了前面几章,演示了我们应该如何从一个干净的工作空间开始重置工作目录、将 **pwt7** 数据导入 R、简要地检查导入的数据、使用 **pwt7** 的一个子集创建一个命名为 **pwt7g** 的新数据集、安装和加载所需的附加软件包、创建感兴趣的变量 **growth**、删除 1960 年前的观测值以控制第二次世界大战后经济恢复的影响,并将生成的数据集另存为 R 数据集。

为了准备本章所需的软件,我们需要首先在 R 中安装一次以下附加软件包:**DataCombine**、

ggplot2、**dplyr**、**broom** 和 **gridExtra**。我们可以在阅读本章之前先安装它们,然后直接使用 **library**()函数加载它们。

如前一章所述,在数据分析中管理工作流程的好习惯是使用单独的程序文件进行数据准备和数据分析。因此,我们将下面有关数据准备的 R 代码保存为一个程序文件,然后将用于数据分析的 R 代码保存为另一个程序文件。

```r
# Data Preparation Program

# install following packages only once, then comment out code
# install.packages(c("DataCombine","ggplot2","dplyr","broom",
#                    "gridExtra","stargazer"), dependencies=TRUE)

# before running program, remove all objects in workspace
rm(list=ls(all=TRUE))

# change working directory to project folder
setwd("C:/Project")

# import comma-delimited data file, create data object pwt7
pwt7 <- read.csv("pwt70_w_country_names.csv", header=TRUE,
                 strip.white=TRUE, stringsAsFactors = FALSE,
                 na.strings=c("NA",""))

# create annual economic growth rate in a panel dataset
# load DataCombine package in order to use slide function
library(DataCombine)

# sort data in ascending order by country and by year
pwt7 <- pwt7[order(pwt7$country, pwt7$year),]

# create a one-year leading variable for rgdpl
pwt7 <- slide (pwt7, Var="rgdpl", NewVar="rgdplead",
               GroupVar="country", slideBy=1)

# create a one-year lagged variable for rgdpl
pwt7 <- slide (pwt7, Var="rgdpl", NewVar="rgdplag",
               GroupVar="country", slideBy=-1)

# create annual growth rate based on rgdpl
pwt7$growth <- (pwt7$rgdpl-pwt7$rgdplag) * 100 /pwt7$rgdplag

# create a new dataset of pwt7 with six variables
pwt7g <- pwt7[, c("isocode", "country", "year", "rgdpl",
                  "openk", "growth")]

# remove second set of China observations with isocode CH2
pwt7 <- pwt7[pwt7$isocode!="CH2",]
```

```
# drop pre-1960 observations
pwt7g<- pwt7g[pwt7g$year>=1960,]

# check variables in and class of pwt7g
names(pwt7g)

[1] "isocode" "country" "year" "rgdpl" "openk"
[6] "growth"

class(pwt7g)

[1] "data.frame"

# save R dataset
save(pwt7g, file="pwt7g.RData")
```

使用上面的 R 程序和原始的 **pwt7** 数据集,我们创建了一个新的 R 数据集 **pwt7g**,其中包含六个变量:**isocode**、**country**、**year**、**rgdpl**、**openk** 和 **growth**。请注意,**openk** 表示的是一国的贸易总量在其实际 GDP 中所占的百分比(按 2005 年国际元计算),而 **growth** 是一国基于 **rgdpl**(即一国以 2005 年国际元计算的实际人均 GDP)的年经济增长率。

现在,我们将使用以下 R 代码开始另一个主要用于数据分析的程序文件:

```
# Data Analysis Program

# before running program, remove all objects in workspace
rm(list=ls(all=TRUE))

# change working directory to project folder
setwd("C:/Project")

# load R data
load("pwt7g.RData")

# compute descriptive statstics for growth and openk
summary(pwt7g$growth)
    Min.   1st Qu.   Median    Mean   3rd Qu.     Max.
 -65.2500  -0.7268   2.3230   2.3040   5.2390   122.2000
    NA's
    1556

summary(pwt7g$openk)

   Min.   1st Qu.  Median    Mean   3rd Qu.    Max.     NA's
  1.035   39.560   63.840   73.590  96.620    443.200   1441
```

我们使用 **summary()** 函数生成 **growth** 和 **openk** 的摘要统计信息以便将来查询。结果显示,增长率(**growth**)的均值为 2.3%,范围从 -65% 到 122%;贸易开放程度(**openk**)的均值约为 74%,范围从 1% 至 443%。这两个变量的取值都有很大的变化范围。**growth** 的中位数为

2.32%,大致与增长率均值相同,这表明变量的分布没有过于偏斜。相比之下,`openk` 的中位数大约为 64%,比均值小得多,表明变量是右偏的。

4.2 使用散点图对贸易与增长之间的关系进行可视化

检查任意两个连续变量之间关系的第一步是使用散点图将它们的关系可视化。我们该如何解读散点图中的图像?要做到这一点,我们必须知道强相关或弱相关的图像是什么样的。为了便于展示,图 4.1 给出了两个随机变量(表示为 **x** 和 **y**)之间六种不同强度的相关关系。这些变量的均值都为 0,方差为 1,每个模拟都是基于 1 000 个观测值的随机样本。

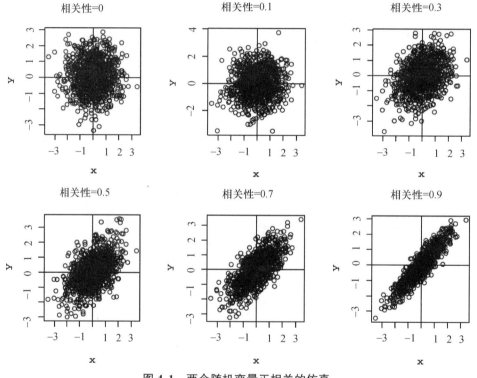

图 4.1 两个随机变量正相关的仿真

图 4.1 中的每张图被分别通过 **x** 和 **y** 平均值的两条线分为四个象限。在第一张图中,相关性为零,数据点在四个象限中大致均等地分布。在其余的图中,随着 **x** 和 **y** 之间的相关性从 0.1、0.3、0.5、0.7 逐渐上升到 0.9,越来越多的数据点集中在右上象限和左下象限。在右上象限中,任何数据点与 **x** 和 **y** 平均值之间的差值始终为正。在左下象限中,这两个差值始终为负。这样的图案表示 **x** 和 **y** 之间存在正相关性。而如果两个变量负相关,则应该找到更多位于左上象限和右下象限的数据点。

在这些背景信息的基础上,我们使用以下 R 代码创建贸易开放程度和经济增长的散点图。

```
# load ggplot2 package
library(ggplot2)

# scatter plot of openk and growth
ggplot(pwt7g, aes(x=openk, y=growth))+
  geom_point() +
  geom_vline(xintercept = 73.59) +
  geom_hline(yintercept = 2.304)
```

我们首先加载 `ggplot2` 软件包，然后应用 `ggplot()` 函数。在 `ggplot()` 函数内部，我们首先设定数据集 `pwt7g`，然后设定美学函数 `aes()`，其中 `x` 变量为 `openk`，`y` 变量为 `growth`。我们添加了三个重要的细节：

- 使用 `geom_point()` 标记数据点，
- 使用 `geom_vline(xintercept = 73.59)` 画一条线经过 `openk` 的平均值，
- 使用 `geom_hline(yintercept = 2.304)` 画一条线经过 `growth` 的平均值。

请注意，如果数据中存在缺失值，则选项 `geom_point()` 会在输出中显示警告消息，表示删除了 `geom_point()` 中包含缺失值的某些行。

图 4.2 显示了 `pwt7g` 整个样本中 `growth` 和 `openk` 的散点图。将该图与图 4.1 进行比较，我们可以得出结论：两个变量之间没有清晰和强烈的正负相关性。但是，大量观测值具有很高的贸易开放程度和很低的增长率，这与贸易开放程度的右偏分布有关。

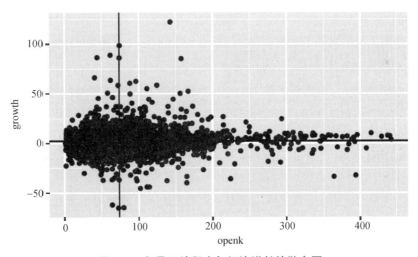

图 4.2　贸易开放程度与经济增长的散点图

4.3　贸易开放程度与经济增长相关吗？

相关系数可能是描述两个连续变量之间关系的最常用的基本统计量。为了回答上面提出的研究问题，我们将估计、检验和预测总体中两个变量之间的相关系数。具体来说，我们将估计增长与贸易开放程度之间相关性的大小和方向，检验它们在总体中是否相关，并确定总体中相关性的强度。但是，在讨论相关系数之前，我们必须首先了解其基本的构建单元——协方差，以及如何在

R 中对其进行估计。

4.3.1 概念准备：总体和样本协方差

协方差的概念对于相关性和回归分析至关重要。在第三章中，我们讨论了总体和样本两个版本中的方差概念。协方差与方差相似，但是基于两个变量，它测量两个变量是如何线性相关的。正协方差表示两个变量之间的正线性相关关系，负值表示负线性相关关系。像方差一样，协方差也具有总体和样本两个版本。

以贸易开放程度和增长为例。总体中贸易与增长之间的协方差定义为它们与相应总体均值（μ_{growth} 和 μ_{trade}）之差的乘积之和再除以总体大小 N。

$$\sigma_{trade,growth} = \frac{1}{N}\sum_{i=1}^{N}(trade_i - \mu_{trade})(growth_i - \mu_{growth})$$

像之前一样，总体的数据通常是无法获得的，因此需要计算样本协方差作为总体方差的估计。贸易与增长之间的样本协方差定义为它们与相应样本均值（$\overline{growth}$ 和 $\overline{trade}$）之差的乘积之和再除以样本大小 n 减去 1。它是基于样本数据对总体协方差的一个估计值。

$$S_{trade,growth} = \frac{1}{n-1}\sum_{i=1}^{N}(trade_i - \overline{trade})(growth_i - \overline{growth})$$

为了进一步说明样本协方差的数值运算，我们将以 `pwt7g` 数据为例。为了计算两个变量之间的样本协方差，我们首先针对每个变量求出对均值的偏差，然后针对每个观测值计算这两个偏差之间的乘积。下面的阿富汗（AFG）在 1971 年的观测值显示了这个过程，这是 `openk` 和 `growth` 都不为缺失值的第一个观测值，`openk` 为 16.54，`growth` 为 2.35。它们的平均值分别表示为 `mean_o` 和 `mean_g`，来自本章的数据准备部分。

isocode	year	openk	mean_o	deviation_o	growth	mean_g	deviation_g	product
AFG	1971	16.54	73.59	(16.54-73.59)	2.35	2.304	(2.35-2.304)	(16.54-73.59)(2.35-2.304)
AFG	1971	16.54	73.59	-57.05	2.35	2.304	0.046	-2.6243

对于这个观测值，偏差的乘积为 -2.6243。接下来，我们计算每个观测值的偏差乘积，对所有观测值的偏差乘积求和，然后将总和除以样本大小减 1。最终结果就是 `openk` 与 `growth` 之间的样本协方差。

需要说明三个问题。第一，我们可以在图 4.2 的背景下更清楚地了解此过程。在我们的示例中，阿富汗在 1971 年的观测值位于图 4.2 的左上象限，与 `growth` 的均值之间存在正偏差，与 `openk` 的均值之间存在负偏差。这是低于平均水平的贸易开放程度和高于平均水平的增长率的一个例子。因此，对于该观测值，偏差的乘积为负。

在图 4.2 中，右上象限和左下象限的所有观测值的偏差乘积为正，左上象限和右下象限的所有观测值的偏差乘积为负。

当所有乘积相加然后除以 ($n-1$) 时，要计算的样本协方差就是所有乘积的平均值。根据正值和负值乘积的相对大小，最终的计算值可以为正值、负值，甚至为零，这指示了两个变量之间样本相关性的方向。

第二个值得注意的问题是，公式所示的协方差并不是无单位的。碰巧的是，在我们的示例中，`openk` 和 `growth` 都以百分比衡量。但是，在许多其他应用中，变量的测量单位会影响协方差的大小。例如，以千或百万为单位衡量人口时协方差将产生显著的人为因素造成的不同。因此，比较两组不同变量的相关性强度时直接用协方差的值是不合适的。

第三个值得注意的问题是协方差对数据中的异常值很敏感。与 openk 和 growth 的均值偏差很大的观测值会导致其乘积偏差更大。为了便于理解，读者可以参考本章综合问答部分中安斯库姆四重奏（Anscombe's Quartet）的示例。

计算样本协方差的 R 代码和输出结果如下：

```
# sample covariance, only non-missing observations
cov(pwt7g$growth, pwt7g$openk, use = "complete.obs")
```

```
[1] 17.41489
```

cov( )函数的参数中包括两个变量和一些选项。由于两个变量都存在缺失值，因此添加了 use = "complete.obs" 选项以确保在计算中仅使用完整的观测值。也就是说，缺失值将被整例删除。如果没有这个选项，当我们运行 cov( )函数时，缺失值将产生 NA，感兴趣的读者可以自行复制这一过程。

根据输出结果，在 pwt7g 中 1960 年后的数据里，两个变量之间的样本协方差为 17.42。它是正数代表着两个变量之间为线性正相关。如前所述，样本协方差不能告诉我们这种关系的强度。为了获得强度信息，我们现在转向相关系数。

4.3.2 样本相关性估计和总体相关性参数

我们首先介绍总体中的皮尔逊相关系数（Pearson correlation coefficient），然后说明如何使用其样本版本进行推断。总体中贸易与增长之间的相关系数由 $\rho_{\text{trade, growth}}$ 表示，定义如下：

$$\rho_{\text{trade, growth}} = \frac{\sigma_{\text{trade, growth}}}{\sigma_{\text{trade}} \sigma_{\text{growth}}}$$

其中 $\sigma_{\text{trade, growth}}$ 代表协方差，而 σ_{trade} 和 σ_{growth} 代表各自的标准差。从字面上看，总体相关系数是两个变量之间的总体协方差除以其总体标准差的乘积。

因此，皮尔逊相关系数是无单位且介于-1（完全负线性相关）和+1（完全正线性相关）之间的，其值为零表示没有相关性，而其值接近+1 或-1 表示较强的正或负线性相关性。公式中的分母是为了将协方差标准化，由此任意两对变量之间的相关强度就可以直接进行比较。另外值得注意的一点是，相关系数适用于连续随机变量并捕捉其线性关系，但不适用于任何非线性关系。关于这一点，请参考本章综合问答部分中的安斯库姆四重奏示例。

由于我们不知道任何一个变量的总体均值和总体标准差，我们无法直接获得总体相关系数的值。因此，我们必须使用样本数据对其进行估计。由 r 表示的样本相关系数定义如下：

$$r = \frac{\frac{1}{n-1} \sum_{i=1}^{n} (\text{trade}_i - \overline{\text{trade}})(\text{growth}_i - \overline{\text{growth}})}{\sqrt{\frac{1}{n-1} \sum_{i=1}^{n} (\text{trade}_i - \overline{\text{trade}})^2} \sqrt{\frac{1}{n-1} \sum_{i=1}^{n} (\text{growth}_i - \overline{\text{growth}})^2}} = \frac{S_{\text{trade, growth}}}{S_{\text{trade}} S_{\text{growth}}}$$

样本相关系数是两个变量之间的样本协方差除以其样本标准差的乘积。用于计算样本相关系数的 R 代码如下：

```
# sample correlation coefficient, non-missing observations
cor(pwt7g$openk, pwt7g$growth, use = "complete.obs")
```

```
[1] 0.04632766
```

cor()函数首先在其参数中设定了两个变量。因为两个变量都存在缺失值,所以 use = "complete.obs"告诉 R 仅使用完整的观测值,缺失值将被整例删除。

如上所示,贸易开放程度与经济增长之间的样本相关系数为 0.0463。回想一下,相关系数的范围是从 −1 到 +1,因此,尽管贸易开放程度与经济增长之间的样本相关性并不是绝对为零,但是也并不强。将样本相关性的强度与图 4.1 中的仿真图案进行比较,可以直观地了解相关性有多弱。

为了进行统计推断,我们必须回答两个问题。第一,我们在以下两个不同的结论之间应该作何选择:① 样本相关系数 0.0463 不为零仅仅是因为随机噪声和抽样误差,总体相关性实际为零;② 即使考虑了随机噪声和抽样误差,样本相关性 0.0463 在统计上也不同于零,因此总体相关性不应为零。这个问题将通过假设检验解决。第二,如果贸易与增长之间的总体相关性不为零,那么其最可能的值是多少?这个问题将通过构建置信区间来解决。

4.3.3 对总体相关系数的假设检验

为了回答上面提出的问题,我们设定了以下假设:

零假设 $H_0:\rho_{\text{trade,growth}}=0$。贸易开放程度和经济增长在总体中不相关。

备择假设 $H_a:\rho_{\text{trade,growth}}\neq 0$。贸易开放程度和经济增长在总体中相关。

为了直接检验零假设,我们构建了一个检验统计量并记为 t。在检验统计量 t 中,r 是样本相关系数,ρ 是假设的总体参数(为零),n 是样本大小。它实质上是样本相关性 r 减去假设的总体相关性,再除以 r 的标准误。检验统计量假定这两个变量是正态分布且线性相关的。

$$t = \frac{r-\rho}{\sqrt{\frac{1-r^2}{n-2}}} = r\sqrt{\frac{n-2}{1-r^2}}$$

该检验的 R 代码和输出结果如下:

```
# making inferences over population correlation between
# openness and growth
cor.test(pwt7g$openk, pwt7g$growth, use = "complete.obs",
    "two.sided", "pearson")

    Pearson's product-moment correlation

data: pwt7g$openk and pwt7g$growth
t = 4.1331, df = 7942, p-value = 3.616e-05
alternative hypothesis: true correlation is not equal to 0
95 percent confidence interval:
 0.0243617 0.0682489
sample estimates:
   cor
0.04632766
```

cor.test()函数得出了统计结果。在函数内部,我们首先确定两个变量,然后使用use=选项设定我们将使用所有不包含缺失值的观测值、应用双尾检验并采用皮尔逊相关系数。皮尔逊相关系数以外的其他检验统计量将在综合问答部分中进行简要的讨论。

检验统计量为4.13,产生了极小的 p 值。由于 p 值远小于我们可接受的第一类错误率 α(通常设置为0.05),我们拒绝了零假设,即贸易开放程度与经济增长在总体中不相关。因此,正的样本相关性0.0463表明贸易开放程度和经济增长很有可能在总体中正相关。尽管如此,对零假设的检验并不能告诉我们总体相关性有可能是多少,这是构建置信区间的任务。

4.3.4 构建置信区间预测总体相关系数

像之前一样,第二种统计推断方法是在样本的点估计值附近确定一个值域,以95%的置信度预测总体相关系数。总体相关系数 ρ 的置信区间计算起来很复杂,因为样本相关系数 r 的抽样分布不是正态分布,即不是钟形分布的。因此,我们必须采取三个步骤来找到 ρ 的置信区间。我们首先将样本相关系数 r 转换为 z 值,然后根据 z 值计算置信区间,最后将 z 的置信区间转换回 r 的置信区间。这里就跳过方法上的细节了。

上面相同的 R 代码还计算了贸易开放程度和增长之间的总体相关系数 ρ 的置信区间。输出结果显示,贸易开放程度和增长之间的95%置信区间在0.024和0.068之间。这并不是很高的相关系数。尽管我们有95%的把握认为总体的相关系数不为零,但是相关性并不高。

4.4 贸易与增长之间的相关性是否会随时间变化?

到目前为止,我们主要关注估计抽样的整个时间周期内的相关系数。我们感兴趣的一个重要实际问题是这种相关性是否会随着时间的推移而保持稳定。由于我们拥有1960—2009年的全部数据,检查这种弱的正相关性是否随时间变化是有意义的。

这个问题还将给我们机会来介绍一个非常新但功能强大的软件包 dplyr,它提供了许多有用的工具来进行高效的数据操作。该软件包具有五个主要操作函数:

- filter(用于选择行);
- select(用于选择列);
- arrange(用于重新对行进行排序);
- mutate(用于在其他列的基础上添加新的列);
- summarize(用于计算组内的任意函数)。

dplyr 的另一个重要功能是它允许我们使用运算符 %>% 来链接命令,以便按次序执行操作,从而使代码更易于阅读和理解。

```
# annual sample correlations
# load package

library(dplyr)

# compute correlation coefficient for each year
```

```
# export output as a data frame to table1
table1 <- pwt7g %>%
    group_by(year) %>%
    summarize(corgo=cor(growth,openk, use="complete.obs"))%>%
    as.data.frame()
```

使用 **dplyr** 进行数据操作遵循类似的流程。第一个参数是数据框 **pwt7g**,它通过%>%运算符链接到下一个函数 **group_by()**;**group_by(year)** 函数根据年份将 **pwt7g** 分组,然后通过%>%链接到下一个函数 **summary()**;**summary()** 函数根据其参数中指定的函数(此处是通过前述的 **cor()** 函数)汇总每个组中的观测值,并将计算出的年度相关系数命名为变量 **corgo**;然后 **summary()** 函数链接到 **as.data.frame()** 函数,该函数将输出转换为数据框。之后,将最终输出结果分配给名为 **table1** 的数据对象。

下面的 R 代码和输出结果按年份显示了 **table1** 中的样本相关系数,然后使用 **cor()** 函数确认了其中一年(2008)的结果。

```
# display sample correlation by year
table1
      year        corgo
1     1960   -0.088669908
2     1961    0.013570047
3     1962    0.155394480
4     1963   -0.126845100
5     1964    0.164527138
6     1965   -0.309755328
7     1966    0.041406036
8     1967   -0.037983087
9     1968    0.219300797
10    1969   -0.001400059
11    1970    0.023754436
12    1971   -0.026237572
13    1972    0.153047244
14    1973    0.094684106
15    1974    0.158732122
16    1975   -0.079402962
17    1976    0.203832421
18    1977   -0.013028741
19    1978    0.119185248
20    1979    0.170675717
21    1980    0.039425137
22    1981   -0.005525857
23    1982   -0.054230981
24    1983    0.106302936
25    1984    0.097567637
26    1985   -0.087326184
27    1986    0.028679741
28    1987    0.144654601
```

```
29  1988   0.065212147
30  1989   0.125164070
31  1990   0.192614279
32  1991   0.095125813
33  1992   0.129421630
34  1993   0.023612018
35  1994  -0.023980665
36  1995  -0.068519368
37  1996   0.146776367
38  1997   0.043386123
39  1998   0.023136850
40  1999   0.043088089
41  2000  -0.028514080
42  2001   0.016959188
43  2002   0.022778702
44  2003  -0.017663575
45  2004   0.127992120
46  2005   0.005788010
47  2006   0.102126573
48  2007   0.089562647
49  2008  -0.010133645
50  2009  -0.198994731

# compare with example of single-year calculation
cor(pwt7g$openk[pwt7g$year==2008],
    pwt7g$growth[pwt7g$year==2008],
    use="complete.obs")
```

```
[1] -0.01013364
```

为了便于我们按时间批量比较数值，我们使用 ggplot2 包中的 qplot( ) 和 ggplot( ) 函数来生成两张图——一张是散点图，另一张是折线图——来展示样本相关系数随时间的变化。然后，我们使用 gridExtra 包中的 grid.arrange( ) 函数来合并显示两张图。

```
# load packages
library(ggplot2)
library(gridExtra)

# produce annual sample correlation plot objects
corgo1 <- qplot(year, corgo, data=table1)
corgo2 <- ggplot(table1, aes(year, corgo)) + geom_line()

# display plots together
grid.arrange(corgo1, corgo2, ncol = 2)
```

图 4.3 展示了结果。table1 和图 4.3 中图案所显示出的趋势很清楚。贸易与增长之间的相关性随着时间的推移显然是不稳定的。它的值域是从 1965 年的-0.31 到 1968 年的 0.219。

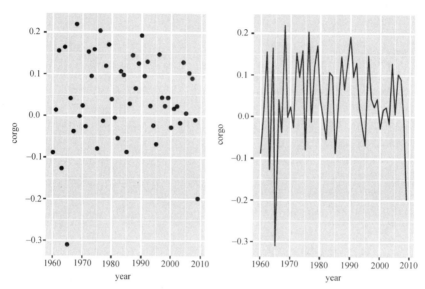

图 4.3 贸易和增长之间随时间变化的相关系数

此时,一个自然的问题是每个年度的相关系数是否在统计上等于零。为了回答这个问题,我们可以使用 `plyr` 软件包和 `broom` 软件包来组织 `cor.test()` 函数的输出,并将其保存为数据集 `table2`。R 代码的唯一变化是使用了 `broom` 软件包中的 `do()` 和 `tidy()` 函数。然后,我们在 `table2` 中列出所有变量的名称。如 `names(table2)` 的输出所示,结果中生成了很多有用的变量,尤其是对 p 值和置信区间的估计。我们展示了两个感兴趣的量的摘要统计信息:估计的相关系数和 p 值,以及样本相关系数在 5% 水平上显著的案例。

```
# load package
library(broom)

# produce tests of annual correlation coefficient
# export output as a data frame to table2
table2 <- pwt7g %>%
        group_by(year) %>%
        do(tidy(cor.test(.$growth,.$openk,
                        use="complete.obs"))) %>%
        as.data.frame()

# display variables in table2
names(table2)

[1]    "year"              "estimate"         "statistic"        "p.value"
[5]    "parameter"         "conf.low"         "conf.high"        "method"
[9]    "alternative"

# display descriptive statistics for estimate and p value
summary(table2$estimate)
```

```
         Min.    1st Qu.    Median      Mean    3rd Qu.      Max.
     -0.30980   -0.01650   0.03405   0.04019    0.12370   0.21930
summary(table2$p.value)
         Min.    1st Qu.    Median      Mean    3rd Qu.      Max.
    0.0008419  0.0909400 0.3357000 0.4159000  0.7443000 0.9883000

#display statistically significant cases
library(stargazer)
stargazer(table2[table2$p.value<=0.05,
                 c("year", "estimate", "p.value")],
          type="text", summary=FALSE, rownames=FALSE)

=================
year   estimate  p.value
-----------------
1,965   -0.310    0.001
1,968    0.219    0.020
1,974    0.159    0.046
1,976    0.204    0.010
1,979    0.171    0.032
1,990    0.193    0.013
1,996    0.147    0.044
2,009   -0.199    0.006
-----------------
```

图 4.4 显示了每个样本相关性的 p 值,水平轴为 `year`,垂直轴为 `p.value`,图中绘制了代表

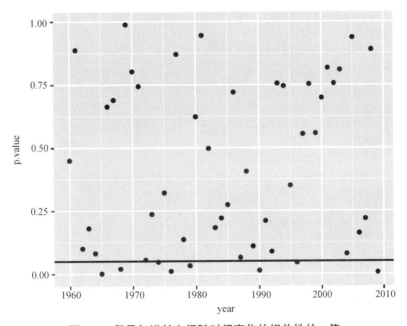

图 4.4　贸易与增长之间随时间变化的相关性的 p 值

$\alpha = 0.05$ 的横线。根据 **table1**、**stargazer**( ) 的输出和图 4.4,仅在大约八个年份中,贸易和增长之间的样本相关性在 5% 的水平上显著。在很多年份中,这种相关性是负的,但是在其他很多年份中则是正的。再强调一次,贸易与增长之间的相关性似乎并不强。

4.5 第四章程序代码

数据准备程序

```
# install following packages only once, then comment out code
# install.packages(c("DataCombine","ggplot2","dplyr","broom",
#                   "gridExtra","stargazer"), dependencies=TRUE)

# before running program, remove all objects in workspace
rm(list=ls(all=TRUE))

# change working directory to project folder
setwd("C:/Project")

# import comma-delimited data file, create data object pwt7
pwt7 <- read.csv("pwt70_w_country_names.csv", header=TRUE,
                 strip.white=TRUE, stringsAsFactors = FALSE,
                 na.strings=c("NA",""))

# load package
library(ggplot2)

# visualize p value for annual sample correlation
ggplot(table2, aes(year, p.value)) +
    geom_point() +
    geom_hline(yintercept=0.05)

# create annual economic growth rate in a panel dataset
# load DataCombine package in order to use slide function
library(DataCombine)

# sort data in ascending order by country and by year
pwt7 <- pwt7[order(pwt7$country, pwt7$year),]

# create a one-year leading variable for rgdpl
pwt7 <- slide (pwt7, Var="rgdpl", NewVar="rgdplead",
               GroupVar="country", slideBy=1)

# create a one-year lagged variable for rgdpl
pwt7 <- slide (pwt7, Var="rgdpl", NewVar="rgdplag",
               GroupVar="country", slideBy=-1)
```

```r
# create annual growth rate based on rgdpl
pwt7$growth <- (pwt7$rgdpl-pwt7$rgdplag)*100/pwt7$rgdplag

# create a new dataset of pwt7 with six variables
pwt7g <- pwt7[, c("isocode", "country", "year", "rgdpl",
                  "openk", "growth")]

# remove second set of China observations with isocode CH2
pwt7 <- pwt7[pwt7$isocode!="CH2",]

# drop pre-1960 observations
pwt7g<- pwt7g[pwt7g$year>=1960,]

# check variables in and class of pwt7g
names(pwt7g)
class(pwt7g)

# save R dataset
save(pwt7g, file="pwt7g.RData")
```

数据分析程序

```r
# before running program, remove all objects in workspace
rm(list=ls(all=TRUE))

# change working directory to project folder
setwd("C:/Project")

# load R data
load("pwt7g.RData")

# compute descriptive statstics for growth and openk
summary(pwt7g$growth)
summary(pwt7g$openk)

# load ggplot2 package
library(ggplot2)

# scatter plot of openk and growth
ggplot(pwt7g, aes(x=openk, y=growth))+
    geom_point() +
    geom_vline(xintercept = 73.59) +
    geom_hline(yintercept = 2.304)

# sample covariance, only non-missing observations
cov(pwt7g$growth, pwt7g$openk, use="complete.obs")

# sample correlation coefficient, non-missing observations
```

```r
cor(pwt7g$openk, pwt7g$growth, use = "complete.obs")

# making inferences over population correlation between
# openness and growth
cor.test (pwt7g$openk, pwt7g$growth, use = "complete.obs",
        "two.sided", "pearson")

# annual sample correlations
# load package
library(dplyr)

# compute correlation coefficient for each year
# export output as a data frame to table1
table1 <- pwt7g %>%
    group_by(year) %>%
    summarize(corgo=cor(growth,openk, use = "complete.obs"))%>%
    as.data.frame()

# display sample correlation by year
table1

# compare with example of single-year calculation
cor(pwt7g$openk[pwt7g$year==2008],
    pwt7g$growth[pwt7g$year==2008],
    use="complete.obs")

# load packages
library(ggplot2)
library(gridExtra)

# produce annual sample correlation plot objects
corgo1 <- qplot(year, corgo, data=table1)
corgo2 <- ggplot(table1, aes(year, corgo)) + geom_line()

# display plots together
grid.arrange(corgo1, corgo2, ncol = 2)

# load package
library(broom)

# produce tests of annual correlation coefficient
# export output as a data frame to table2
table2 <- pwt7g %>%
        group_by(year) %>%
        do(tidy(cor.test(.$growth, .$openk,
                        use="complete.obs"))) %>%
        as.data.frame()
```

```
# display variables in table2
names(table2)

# display descriptive statistics for estimate and p value
summary(table2$estimate)
summary(table2$p.value)

# display statistically significant cases
# load package
library(stargazer)
stargazer(table2[table2$p.value<=0.05,
                 c("year", "estimate", "p.value")],
          type="text", summary=FALSE, rownames=FALSE)

# load package
library(ggplot2)

# visualize p value for annual sample correlation
ggplot(table2, aes(year, p.value)) +
    geom_point() +
    geom_hline(yintercept=0.05)
```

4.6 总结

本章从贸易开放程度与经济增长是否相关的实际问题出发,提出了数据准备和统计分析两个方面的问题。本章首先说明了如何准备数据,然后说明了如何使用散点图对两个变量之间的关系进行可视化。本章展示了如何使用协方差和相关系数来检验贸易开放程度和经济增长在总体中是否相关,并估计它们之间的相关程度。像前一章一样,我们通过零假设检验和构建置信区间来进行统计推断。然后,本章展示了如何在抽样范围内的每一年推断和检验样本相关性。总的来说,本章的实际结论是经济开放程度与经济增长之间的二元相关性似乎很低,并且不能随着时间的变化保持稳定。相关系数存在的问题在于它既不能控制影响经济增长的其他混淆性因素,也不能确定贸易对于增长的边际效应。为了解决这两个问题,我们将在下一章中转向回归分析。在进入第五章之前,我们将照旧解决一些与第四章中的材料相关的综合性问题。

4.7 适用于学有余力读者的综合问答

4.7.1 如何一步一步地计算样本协方差?

```
# deviation of growth from mean
d1 <- pwt7g$growth - mean(pwt7g$growth, na.rm=TRUE)
```

```
# deviation of openness from mean
d2 <- pwt7g$openk - mean(pwt7g$openk, na.rm=TRUE)

# sample size minus one
s1 <- sum(!is.na(pwt7g$growth)&!is.na(pwt7g$openk))-1
s1

[1] 7943

# sample covariance
sum(d1 * d2, na.rm=TRUE)/s1

[1] 17.41489

# doing everything in one step
(sum((pwt7g$growth - mean(pwt7g$growth, na.rm=TRUE)) *
        (pwt7g$openk - mean(pwt7g$openk,na.rm=TRUE)), na.rm=TRUE)) /
        (sum(!is.na(pwt7g$growth)&!is.na(pwt7g$openk))-1)

[1] 17.41489

# confirm step-by-step calculation
cov(pwt7g$growth, pwt7g$openk, use="complete.obs")

[1] 17.41489
```

4.7.2 如何一步一步地计算皮尔逊相关系数？

```
# compute Pearson correlation coefficient step by step
c1 <- cov(pwt7g$openk, pwt7g$growth, use="complete.obs")
v1 <- var(pwt7g$openk, na.rm=TRUE)
v2 <- var(pwt7g$growth, na.rm=TRUE)
correlation <- c1/sqrt(v1 * v2)

# display computed results
cbind(c1, v1, v2, correlation)

            c1        v1        v2    correlation
[1,]    17.41489  2421.516  58.30534  0.04634714

# confirm results above
cor(pwt7g$openk, pwt7g$growth, use="complete.obs")

[1] 0.04632766
```

4.7.3 安斯库姆四重奏与相关系数的失效

如前所述,相关系数不能在数据中识别任何非线性关系,并且会受到异常值的严重影响。安斯库姆四重奏是说明这一点的最佳示例,它指的是弗朗西斯·安斯库姆(Francis Anscombe)于1973年构建的四个分别具有 11 个观测值的数据集。安斯库姆指出,在四个人工构建的数据集中,两个变量间都具有相同的相关系数,但是当以散点图显示变量时,四个数据集中两个变量间的关系显现出了极大的不同。如下所示,安斯库姆四重奏的图像展示了相关系数的缺点和数据可视化的重要性。如图 4.5 所示,图 x1 显示了正常的散点图,图 x2 显示了非线性关系,图 x3 和图 x4 显示了异常值造成的强烈影响。

```
# display Anscombe quartet
Anscombe

     x1  x2  x3  x4    y1    y2    y3    y4
1    10  10  10   8  8.04  9.14  7.46  6.58
2     8   8   8   8  6.95  8.14  6.77  5.76
3    13  13  13   8  7.58  8.74 12.74  7.71
4     9   9   9   8  8.81  8.77  7.11  8.84
5    11  11  11   8  8.33  9.26  7.81  8.47
6    14  14  14   8  9.96  8.10  8.84  7.04
7     6   6   6   8  7.24  6.13  6.08  5.25
8     4   4   4  19  4.26  3.10  5.39 12.50
9    12  12  12   8 10.84  9.13  8.15  5.56
10    7   7   7   8  4.82  7.26  6.42  7.91
11    5   5   5   8  5.68  4.74  5.73  6.89

# display identical correlation coefficient
cor(anscombe$x1, anscombe$y1)

[1] 0.8164205

cor(anscombe$x2, anscombe$y2)

[1] 0.8162365

cor(anscombe$x3, anscombe$y3)

[1] 0.8162867

cor(anscombe$x4, anscombe$y4)

[1] 0.8165214

# load two packages used to data visualization
library(ggplot2)
library(gridExtra)
```

```
# generate four scatter plots with regression lines
f1 <- ggplot(anscombe)+aes(x1,y1)+geom_point()
f2 <- ggplot(anscombe)+aes(x2,y2)+geom_point()
f3 <- ggplot(anscombe)+aes(x3,y3)+geom_point()
f4 <- ggplot(anscombe)+aes(x4,y4)+geom_point()

# display four scatter plots together
grid.arrange(f1,f2,f3,f4, ncol = 2)
```

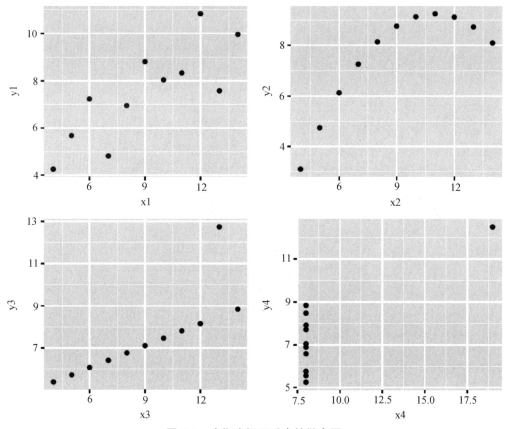

图 4.5 安斯库姆四重奏的散点图

4.7.4 其他的相关性检验统计量

除皮尔逊相关系数以外还有其他的相关性检验统计量,例如斯皮尔曼等级相关性(Spearman's rank-order correlation)和肯德尔等级相关性(Kendall's Tau Correlation)。斯皮尔曼等级相关系数是对两个变量之间相关性的非参数测量。变量必须是序数变量或连续变量,并且它们之间的关系应该是单调的,这比线性关系的限制要小一些。单调关系意味着两个变量是正相关或负相关的,但它们的相关性不必是恒定的。斯皮尔曼等级相关系数的 R 代码和输出结果如下:

```
# making inferences over population correlation between
# openness and growth
cor.test(pwt7g$openk, pwt7g$growth, use = "complete.obs",
    "two.sided", "spearman")

Spearman's rank correlation rho

data: pwt7g$openk and pwt7g$growth
S = 7.8427e+10, p-value = 4.407e-08
alternative hypothesis: true rho is not equal to 0
sample estimates:
    rho
0.06136524
```

肯德尔等级相关系数也是对两个连续或序数变量之间相关性的非参数测量。当不满足其他两个检验统计量的假定时,它可以替代皮尔逊相关系数或斯皮尔曼等级相关系数。与斯皮尔曼等级相关系数一样,它也假定两个变量之间是单调关系。但是,它在样本量较小和存在并列序列数时效果更好。R 代码和输出结果如下:

```
# making inferences over population correlation between
# openness and growth
cor.test(pwt7g$openk, pwt7g$growth, use = "complete.obs",
    "two.sided", "kendall")

Kendall's rank correlation tau

data: pwt7g$openk and pwt7g$growth
z = 5.3566, p-value = 8.478e-08
alternative hypothesis: true tau is not equal to 0
sample estimates:
     tau
0.0400754
```

这两个非参数检验的相关性估计与皮尔逊相关系数的估计相差不大。因此,贸易与增长之间的双变量相关性似乎对所使用的检验统计量并不敏感。

4.8 练习

1. 政府的党派关系和收入不平等的减少之间有何关系?根据 Soskice and Iversen(2006),确定一个可以回答这个问题的假设。使用假设检验和置信区间回答问题并根据其数据集检验假设。请确保清晰地讨论过程和检验统计量,并解释所发现的结果的实际意义。

2. 军事冲突的持续时间及其地理分布之间有何关系?根据 Braithwaite(2006),确定一个假设来回答这个问题。使用假设检验和置信区间回答问题并检验假设。请清晰地讨论过程和检验统计量,并解释所发现的结果。

3. 使用第七章 Benabou et al.(2015)中的数据和相关性检验来评估受访者的教堂出勤是否

与他们对儿童独立重要性的态度有关。

4. 使用第七章 Benabou et al.（2015）中的数据来评估受访者对儿童独立性、儿童想象力和儿童毅力的重要性的态度之间是否相关。

第五章 回归分析

本章目标

在本章中,我们将使用 R 对变量之间的关系进行回归分析,其中结果变量是连续的,其他变量可以是连续的或离散的。连续变量可以在一定区间内取无数个可能值,例如经济增长和高度;相对地,离散变量仅具有可数的值,例如在第二章中创建的收入组变量。

为了便于说明,我们将解决以下实际问题:贸易是否会促进经济增长?尽管在上一章中贸易与增长之间的相关系数提供了关于它们之间关系的有用信息,但它并没有告诉我们贸易对增长的影响大小。更重要的是,它没有考虑到一些其他变量可能会同时影响贸易和增长,从而混淆了它们之间的双变量相关性。回归模型是解决这两个问题的有用方法。

我们将首先从概念化、识别和参数估计技术的角度对回归模型进行简要介绍。我们将讨论如何根据理论观点设定一个统计模型、准备数据、在理论上和实践中估计回归模型以及解释所估计的回归系数。接下来,我们将使用估计的回归模型进行统计推断——包括假设检验和构建置信区间——来回答我们感兴趣的问题。另外,我们将讨论如何理解结果变量平方和的概念,以及如何解释整体模型的拟合性能。最后,我们将展示如何报告回归模型的结果。

本章的目标如下:
1. 学习将数据准备和数据分析分为不同的程序文件。
2. 了解回归模型的逻辑,并识别总体模型和样本模型。
3. 学习使用普通最小二乘法(ordinary least squares,OLS)估计样本回归模型,并解释估计的回归系数。
4. 学习使用统计推断以样本系数估计总体参数。
5. 了解平方和的三种类型与模型整体拟合度。
6. 学习报告回归结果。

5.1 概念准备:如何理解回归分析?

贸易会促进经济增长吗?许多经济学家认为,贸易开放从长远来看会促进经济增长,因为国际贸易会增强市场竞争、重新分配国内资源从而使之得到更有效的利用、鼓励技术传播,以及扩大市场规模。然而,关于贸易开放程度与经济增长之间关系的统计证据混杂不清,并且在方法上受到各种批评。在本节中,我们将提供一个来自贸易增长研究的简单示例,以此来说明我们如何使用 R 和横截面回归分析来评估贸易对经济增长的影响。

我们的示例借鉴了一篇极具影响力的论文：Frankel, Jeffrey A., and David Romer. 1999. "Does Trade Cause Growth?" *American Economic Review* 89(3): 379–399. 该论文的谷歌学术搜索引用数超过了 5 000。

使用这个示例，我们旨在说明回归分析中的以下问题：
1. 我们如何从理论观点中确定一个统计模型？
2. 我们如何理解回归分析的逻辑？
3. 我们如何为统计模型中的变量准备数据？
4. 我们如何估计统计模型？
5. 我们如何解释模型估计？
6. 我们如何根据模型估计值进行统计推断？
7. 我们如何解释模型整体拟合度？

Frankel and Romer(1999)从以下理论前提开始研究贸易对增长的影响：

$$\ln Y_i = \alpha + \beta T_i + \gamma W_i + \varepsilon_i$$

其中，Y_i 是人均收入，T_i 表示国际贸易，W_i 表示国内贸易，ε_i 表示其他因素对收入的影响。

左侧的因变量 Y_i 是我们试图使用右侧自变量来解释的内容。下标 i 表示国家和地区。右侧变量包括用 T_i 表示的国际贸易和用 W_i 表示的国内贸易。β 和 γ 代表国际贸易和国内贸易对增长的偏效应，即在控制模型中其他变量不变时其中一个变量对增长的影响；α 代表所有自变量为零（即一个国家没有任何的国际和国内贸易，这是一个既不合理也不常见的场景）时的因变量水平；ε_i 代表随机误差或者其他与贸易无关的影响。

弗兰克尔(Frankel)和罗默(Romer)认为，一个国家的人均收入取决于该国与其他国家的国际贸易、该国的国内贸易以及其他因素。国际贸易和国内贸易都使一个国家的人均收入有所增长。也就是说 $\beta>0$ 且 $\gamma>0$。弗兰克尔和罗默进一步认为，一个国家的国内贸易可以通过其人口和土地面积（分别记为 N_i 和 A_i）来衡量。在以上讨论的基础上，我们可以将上述方程式重写为如下所示的总体回归模型：

$$\ln Y_i = \beta_0 + \beta_1 T_i + \beta_2 N_i + \beta_3 A_i + \varepsilon_i$$

有两个区别值得注意。首先，现在国内贸易 W_i 由 N_i 和 A_i 代表。其次，总体参数由 β 的向量表示，包括 β_0、β_1、β_2 和 β_3。根据弗兰克尔和罗默的论文，我们期望 $\beta_1>0$，并且 $(\beta_2+\beta_3)>0$。

为了检验 $\beta_1>0$ 是否在总体中成立，弗兰克尔和罗默使用样本数据来估计总体回归模型。样本回归模型在弗兰克尔和罗默的论文中如下：

$$\ln Y_i = a + bT_i + c_1 \ln N_i + c_2 \ln A_i + u_i$$

为了估计该模型，弗兰克尔和罗默使用了两个估计样本：一个样本包含 150 个国家和地区，另一个样本包含 98 个国家和地区，都是在 1985 年。

总体和样本回归模型之间的关系是什么？具体而言，b、c_1 和 c_2 代表样本模型对总体回归中相应参数 β_1、β_2 和 β_3 的估计。在样本回归模型中，u_i 表示样本回归模型中的随机噪声和抽样误差，也被称为残差。这里假定残差是正态分布的，均值为零且方差恒定，并且与右侧的任何变量都不相关。请注意，样本回归中的残差 u_i 是对总体回归中随机成分 ε_i 的估计，但它们也有所不同。残差包括随机噪声和抽样误差，而后者仅是随机噪声。

获得 b、c_1 和 c_2 的方法被称为普通最小二乘法(OLS)。根据该方法，OLS 估计的 b、c_1 和 c_2 是使残差平方和最小化（因此称之为"最小二乘"）的值。换句话说，使我们得到最小 $\sum u_i^2$ 的一组估计值将是对总体参数的 OLS 估计值。

为了回答研究问题,从样本数据估计得到的 b 值将用于推断 β_1。这里将再次运用假设检验和置信区间。前者涉及对以零假设中的假设总体参数($\beta_1 = 0$)为中心的抽样分布的检验;后者代表在预先定义的置信度下,以真实总体参数为中心的抽样分布对真实总体参数的估计范围。这里的逻辑类似于我们在第三章中图 3.1 所见到的。

结果的有效性取决于 b 对于 β_1 的估计的好坏。高斯-马尔可夫定理为判断 OLS 估计量的性质提供了数学基础。根据该定理,如果能满足一组假定,则 OLS 估计量 b 是所有无偏估计中总体回归参数 β_1 的最佳线性无偏估计量(best linear unbiased estimator,BLUE)。因此,回归分析中的一项重要任务是诊断是否满足这些假定以及违背这些假定会对统计推断有什么影响,这是下一章的重点。

总之,回归分析包括识别总体模型和样本模型、估计样本回归模型中的系数、从样本系数估计值对总体参数进行推断,以及检查是否满足模型的假定。

现在,我们回到弗兰克尔和罗默的分析。他们的创新之处是提出一种新的方式来解决这样一个问题,即国际贸易对增长的影响可能是因为贸易自身也是其他影响因素的函数。结果显示,所估计的贸易的影响并不能代表贸易本身的影响。他们解决该问题的方法是找到一种与贸易相关但与收入不相关的工具变量。在结果上,工具变量估计的影响仅代表贸易的影响,不受其他混淆因素污染。具体来说,他们使用距离来预测一国国民经济中国际贸易的份额,从而通过工具变量回归获得对 β_1 的无偏估计。

在弗兰克尔和罗默的论文中,他们估计了两个样本的 OLS 和工具变量回归模型:一个样本有 150 个国家和地区,另一个样本有 98 个国家和地区。弗兰克尔和罗默论文中 Table 3 的原始结果如图 5.1 所示。

	(1)	(2)	(3)	(4)
Estimation	OLS	IV	OLS	IV
Constant	7.40	4.96	6.95	1.62
	(0.66)	(2.20)	(1.12)	(3.85)
Trade share	0.85	1.97	0.82	2.96
	(0.25)	(0.99)	(0.32)	(1.49)
Ln population	0.12	0.19	0.21	0.35
	(0.06)	(0.09)	(0.10)	(0.15)
Ln area	-0.01	0.09	-0.05	0.20
	(0.06)	(0.10)	(0.08)	(0.19)
Sample size	150	150	98	98
R^2	0.09	0.09	0.11	0.09
SE of regression	1.00	1.06	1.04	1.27
Firs-stage F on excluded instrument		13.13		8.45

注:因变量是 1985 年人均收入的对数。150 样本包括了有可用数据的所有国家和地区,98 样本只包括了 Mankiw et al.(1992)中涉及的国家和地区。括号内为标准误。

图 5.1　Frankel and Romer(1999)的原始统计结果

图 5.1 报告了四个模型的结果,我们关注的是其中第一个模型。在基于 150 个国家的 OLS 模型(1)中,贸易份额的系数估计值为 0.85。t 统计量等于系数估计值除以标准误(即 0.85/0.25),结果为 3.5,这与一个非常小的 p 值相关联。因此,系数估计值 0.85 在统计上不等于零并且为正数,这意味着国际贸易对增长具有正影响。实际上,国际贸易在国民经济中所占份额每增加 1% 与人均收入增长 0.85% 相关。贸易份额的工具变量回归估计值为 1.97,这在统计上也是显著且为正的。它的大小是模型(1)的两倍以上。

在本章中,我们将重点放在复制和理解弗兰克尔和罗默论文中 Table 3 内模型(1)的结果。在此过程中,我们将展示如何将数据集汇总、估计统计模型、解释结果以及进行统计推断。

在进入下一节之前,我们需要强调一个与系数估计的解释有关的重要问题。每个系数估计值代表自变量对因变量的边际效应。通常,它表示由该自变量的一个单位变化而导致的因变量的相应变化。但是,当对自变量或因变量取对数时,对系数估计值的解释会产生变化,而对数转换是应用研究中校正变量偏斜分布的一种常见方法。

表 5.1 列出了四种使用或不使用对数转换变量的模型。在只有 x 取对数、只有 y 取对数、x 和 y 都取对数或者都不取对数的情况下,对变量 x 的相同系数 0.5 会有不同的解读。

表 5.1 对数或非对数模型中的系数解释

类型	模型	对 x 的系数的解释	公式
不取对数–不取对数	$y=b_0+0.5x+u$	x 增加 1 单位与 y 增加 0.5 单位相关	
取对数–取对数	$\ln(y)=b_0+0.5\ln(x)+u$	x 增加 1% 与 y 增加 0.5% 相关	$[100*(1.01^{b_1}-1)]\approx b_1$
取对数–不取对数	$\ln(y)=b_0+0.5\,x+u$	x 增加 1 单位与 y 增加 65% 相关	$[100*(\exp^{b_1}-1)]$
不取对数–取对数	$y=b_0+0.5\ln(x)+u$	x 增加 1% 与 y 增加 0.005 单位相关	$[b_1*\log(1.01)]\approx(b_1/100)$

表 5.1 帮助我们理解弗兰克尔和罗默论文中对模型的解释,该模型将人均收入取对数作为因变量,将贸易占 GDP 的百分比作为自变量。因此,该系数代表随着贸易份额增加 1 单位(即百分之一)时人均收入的百分比变化。

5.2 数据准备

在附录 Table A1 的注释中,弗兰克尔和罗默列出了他们的变量定义和数据来源。我们复制以下信息以帮助我们重新构建其数据集。

- 实际贸易份额:1985 年进出口总额与国内生产总值的比值(Penn World Table, Mark 5.6, Series OPEN)。
- 面积:Rand McNally(1993)。
- 人口:1985 年从事经济活动的人口(Penn World Table, Mark 5.6,其构造为 RGDPCH *

POP / RGDPW,其中 RGDPCH 是实际人均 GDP,RGDPW 是每个工作者人均 GDP,POP 是总人口)。

● 工作者人均收入:1985 年每个工作者的人均 GDP;以 1985 年国际价格(美元)计算(Penn World Table,Mark 5.6,Series RGDPCH)。

在重新构建数据集之前需要注意几个重要的问题。第一,我们将与弗兰克尔和罗默保持一致,使用 Penn World Table 5.6 数据集,该数据集是 R 中 **pwt** 软件包的一部分。这意味着我们必须先安装 **pwt** 软件包,然后才能使用 **library**( ) 函数加载它。有关 **pwt** 软件包的详细信息,可以访问 https:// cran. r-project. org/web/packages/pwt/pwt. pdf,其中包含有关 Penn World Table 数据的各种版本及其编码手册。为了方便参考,我们在下面列出了 Penn World Table 5.6 的编码手册。

● 说明:1950—1992 年(1985 年为基准年)中,国际价格下以购买力平价(PPP)计算的 152 个国家的国民收入账户。
● 使用方法:data("pwt5.6")
● 格式:数据框,其中包含 34 个变量的 6 536 个观测值。

country:国家/ 地区的名称。
wbcode:世界银行的国家代码。
continent:洲名称。
benchmark factor:该国是否曾经参与国际基准研究?
year:年。
pop:以千为单位的人口。
rgdpch:实际人均 GDP(链加权指数,以不变美元为单位)。
rgdpl:实际人均 GDP(Laspeyres 指数,以 1985 年美元价格计算)。
c:消费占 GDP 的实际份额(百分比,以 1985 年价格计算)。
i:投资占 GDP 的实际份额(百分比,以 1985 年价格计算)。
g:政府占 GDP 的实际份额(百分比,以 1985 年价格计算)。
rgdptt:实际人均 GDP(以不变美元计),根据贸易的变化进行了调整(1985 年国际价格对于国内吸收和当期价格对于进出口)。
y:相对于美国的人均 GDP 比例(US = 100,以当前价格计算的百分比)。
cgdp:实际人均 GDP(以美元现价计)
cc:消费占人均 GDP 的实际份额(百分比,以当前价格计算)。
ci:投资占人均 GDP 的实际份额(百分比,以当前价格计算)。
cg:政府占人均 GDP 的实际份额(百分比,以当前价格计算)。
p:GDP 价格水平(购买力平价 GDP / 美元汇率)。
pc:消费价格水平(百分比,[c 的 PPP] / xrat)。
pi:投资价格水平(百分比,[i 的 PPP] / xrat)。
pg:政府价格水平(百分比,[g 的 PPP] / xrat)。
xra:汇率(美元)。
rgdpeqa:每个成年人的实际 GDP(美元,以 1985 年价格计算)。
rgdpwok:每名工作者的实际 GDP(美元,以 1985 年价格计算)。
kapw:每名工作者的非住宅资本存量(美元,以 1985 年价格计算)。
kdur:耐用品生产(占 kapw 的百分比,以 1985 年价格计算)。

knres：非住宅建筑(占 kapw 的百分比,以 1985 年价格计算)。
kother：其他建筑(占 kapw 的百分比,以 1985 年价格计算)。
kres：住宅建筑(占 kapw 的百分比,以 1985 年价格计算)。
ktranp：运输设备(占 kapw 的百分比,以 1985 年价格计算)。
open：开放程度(进口+出口/ 名义 GDP)。
rgnp：实际 GNP(占人均 GDP 的百分比)。
ipri：国内私人总投资(占国内总投资的百分比,以当前价格计算)。
stliv：生活水平指数(消费加政府消费减去军事支出,占 GDP 的百分比)。

- 详细信息：Penn World Table 提供了转换为国际价格的 1950—1992 年间某些或全部年份中 152 个国家和地区的购买力平价和国民收入账户。此版本包含 PWT 5.6 的数据,并尽可能地保留了来自 PWT 的原始数据。例如,百分比被保留而非转化为分数。
- 资料来源：Alan Heston and Robert Summers, Penn World Table version5.6。http://pwt.econ.upenn.edu/。

值得说明的第二个问题是需要使用数据集内的其他变量来计算从事经济活动的人口变量。这里同样使用了公式 RGDPCH * POP / RGDPWOK(在弗兰克尔和罗默的论文中 Table A1 的注释里写为 RGDPCH * POP / RGDPW)。

值得说明的第三个问题是,面积变量来自另一个数据源,需要收集后将其与 Penn World Table 数据合并。我们将从世界银行的统计数据中提取土地面积变量,其中包含数百个变量,可以用于将来的练习。

在数据准备过程中,我们将首先从 pwt56 数据集中获取所需的变量,然后从世界银行的统计数据中提取土地面积变量,然后将其与 Penn World Table 数据合并以生成最终的数据集用于分析。

相关的 R 代码和输出结果如下：

```
# Data Preparation Program
# install following packages only once, then comment out code
# install.packages (c("devtools", "data.table", "stargazer",
#                     "ggplot2", "gridExtra", "car", "pwt", "broom",
#                     "GGally"), dependencies=TRUE)

# Extract data from PWT5.6
# before running program, remove all objects in workspace
rm(list=ls(all=TRUE))

# change working directory to project folder
setwd("C:/Project")

# load pwt56 data
library(pwt)
data(pwt5.6)

# check variable names
names(pwt5.6)
```

```
 [1]    "country"   "wbcode"    "continent"  "benchmark"
 [5]    "year"      "pop"       "rgdpch"     "rgdpl"
 [9]    "c"         "i"         "g"          "rgdptt"
[13]    "y"         "cgdp"      "cc"         "ci"
[17]    "cg"        "p"         "pc"         "pi"
[21]    "pg"        "xrat"      "rgdpeqa"    "rgdpwok"
[25]    "kapw"      "kdur"      "knres"      "kother"
[29]    "kres"      "ktranp"    "open"       "rgnp"
[33]    "ipri"      "stliv"
# create new variable: economically active population
pwt5.6$labor <- pwt5.6$rgdpch * pwt5.6$pop/pwt5.6$rgdpwok

# compare total population and new population variables
summary(pwt5.6$pop)

   Min.  1st Qu.  Median    Mean  3rd Qu.     Max.    NA's
     39     2172    6342   28570    18710  1162000    1464

summary(pwt5.6$labor)
   Min.  1st Qu.  Median    Mean  3rd Qu.     Max.
   20.9    811.2  2586.0 11920.0   7287.0  685700.0
   NA's
   1726

# create new dataset: subset of pwt5.6, select variables, 1985
pwt.85 <- pwt5.6[pwt5.6$year==1985, c("wbcode", "country",
    "year", "rgdpwok", "rgdpch", "open", "labor", "continent")]
```

  `pwt.85` 数据集包含七个变量。现在,我们转向从世界银行的统计数据中提取土地面积变量。我们首先安装两个软件包,`devtools` 和 `wbstats`,后者从软件包开发者的页面安装以便下载最新版本。然后,我们安装第三个软件包 `data.table` 来帮助处理数据。软件包安装后,我们先加载两个软件包 `wbstats` 和 `data.table`。接下来,我们使用 `wbsearch()` 函数列出与总面积相关的变量,并且基于 `wbsearch()` 函数的输出结果中确定的指标,使用 `data.table()` 函数来提取土地面积变量。然后,我们检查名为 `area` 的新数据对象中的一个观测值,并重命名一些变量名称,这一方面是为了与 `pwt.85` 中的变量名保持一致(例如将 `date` 重命名为 `year`),另一方面是为了使用方便(例如将 `AG.LND.TOTL.K2` 重命名为 `landarea`)。

```
# Extract land area variable from World Bank statistics
# install new package for extracting most up to date data
#install.packages("devtools")
devtools::install_github("GIST-ORNL/wbstats")

# load packages
library(wbstats)
library(data.table)
```

```
# search for a list of area related variables
# choose one needed
wbsearch(pattern = "total area")

              indicatorID
    7516      LND.TOTL.K2
    7769      EN.POP.DNST
   11560      AG.LND.TOTL.K2
   11561      AG.LND.TOTL.HA
   12222      AG.SRF.TOTL.K2
   12223      AG.SRF.TOTL.HA
   15153      IN.AGR.GR.IRRIG.AREA
                                                    indicator
    7516                              Total Area (in Km2)
    7769      Population density (people per sq. km of land area)
   11560                              Land area (sq. km)
   11561                              Land area (hectares)
   12222                              Surface area (sq. km)
   12223                              Surface area (ha)
   15153      Gross Irrigated Area under all crops ('000 hectares)

# extract land area variable based on indicator, sq km
area <- data.table(
        wb(country="all", indicator = c("AG.LND.TOTL.K2"))
        )

# view the last observation extracted
tail(area, n=1)

        value    date   indicatorID         indicator         iso2c
  1:386850     1961    AG.LND.TOTL.K2    Land area (sq. km)    ZW
        country
  1:Zimbabwe

# rename variables
names(area)[names(area)=="value"] <- "landarea"
names(area)[names(area)=="date"] <- "year"

# list variable names
names(area)

  [1]    "landarea"      "year"          "indicatorID"    "indicator"
  [5]    "iso2c"         "country"
```

事实上，两个数据集 `area` 和 `pwt.85` 具有不同的匹配 **id** 变量，前者为 `iso2c`，后者为 `wb-code`（即 `iso3c`）。尽管两个数据集都具有 `country` 变量，但不同的数据集通常会以不同的方式拼写同一国家的名称，因此，国家不是一个很好的匹配 **id** 变量。

为了解决这个问题，我们从 **wbstats** 包中提取了一些国家映射数据，称为 **countries**。接下来，我们使用 **merge()** 函数合并 **area** 和 **countries** 两个数据集，并使用 **iso2c** 变量进行匹配。我们为合并的数据集分配相同的名称 **area** 以覆盖旧数据集，然后应用 **data.frame()** 函数以确保 **area** 是一个数据框。对于我们的分析而言，我们仅需要从 **area** 数据集中获取 1985 年的六个变量（**iso3c**，**landarea**，**year**，**region**，**lat**（纬度），**long**（经度）），然后选择这些变量作为子集并覆盖旧的 **area** 数据集。然后，我们在面积数据集中将 **iso3c** 变量重命名为 **wbcode**，以便与 **pwt.85** 数据集匹配与合并。

```
# download country mappings from wbstat package
countries <- data.table(wbcountries())

# list variable names in countries
names(countries)

 [1]    "iso3c"        "iso2c"        "country"      "capital"
 [5]    "long"         "lat"          "regionID"     "region"
 [9]    "adminID"      "admin"        "incomeID"     "income"
[13]    "lendingID"    "lending"

# merge area and countries according to iso2c
area <- merge(area, countries, by=c("iso2c"), sort=TRUE)
area <- data.frame(area)

# keep needed variables and observations from area dataset
area <- area[area$year==1985, c("iso3c","landarea","year",
                                "region","lat","long")]

# rename iso3c to wbcode to merge with pwt.85
names(area)[names(area)=="iso3c"] <- "wbcode"

# list variable names in dataset
names(area)

[1]    "wbcode"    "landarea"    "year"    "region"    "lat"
[6]    "long"
```

然后，我们将 **pwt.85** 和 **area** 合并，在 **wbcode** 和 **year** 变量上进行匹配。选项 **all.x = TRUE** 表示保留第一个列出的数据集的所有观测值，也即删除了来自 **area** 中的不匹配的观测值。接下来，我们通过检验合并后数据集的对象类型、变量名称和最后一个观测值来检查数据集。下一步是根据模型的需要创建对数转换变量。最后一步是将文件另存为 R 数据集以供之后的分析程序使用。

```
# merge area1 and pwt.85 to create the analysis dataset
# keep only observations that match with pwt.85 data
final.85 <- merge (pwt.85, area, by=c("wbcode", "year"),
                    all.x=TRUE, sort=TRUE)
```

```
# display object class, variable names, and last observation
class(final.85)

[1] "data.frame"

names(final.85)

[1]     "wbcode"      "year"       "country"      "rgdpwok"
[5]     "rgdpch"      "open"       "labor"        "continent"
[9]     "landarea"    "region"     "lat"          "long"

tail(final.85, n=1)

     wbcode   year       country      rgdpwok    rgdpch    open      labor
152    WSM    1985    Western Samoa    5388      1726     92.17    50.29362
     continent   landarea            region           lat
152   Oceania     2830      East Asia & Pacific    -13.8314
     long
152  -171.752

# create new variables for analysis
final.85$logy <- log(final.85$rgdpch)
final.85$loglab <- log(final.85$labor)
final.85$logland <- log(final.85$landarea)

# save R dataset
save(final.85, file="final.85.RData")
```

重新构建数据集之后，我们现在将使用以下 R 代码开始数据分析的程序文件：

```
# Data Analysis Program
# before running program, remove all objects in workspace
rm(list=ls(all=TRUE))

# change working directory to project folder
setwd("C:/Project")

# load R data
load("final.85.RData")
```

5.3 数据可视化和检查数据

数据集准备好以后，我们要做的第一件事就是检查变量的描述性统计量并绘制重要的散点图，以便我们发现异常的数据图像，这包括了可能存在的编码错误。像在第一章中一样，我们可以应用 stargazer 软件包并报告表 5.2 中的描述性统计量。

```
# load stargazer into R
library(stargazer)

# produce formatted descriptive statistics in pwt56.final
stargazer(final.85, type = "text", median = TRUE)
```

表 5.2　最终数据集的描述性统计量

```
==========================================================
Statistic   N    Mean         St. Dev.       Min     Median       Max
----------------------------------------------------------
year        152  1,985.000    0.000          1,985   1,985        1,985
rgdpwok     151  10,696.670   9,635.187      705     7,091        38,190
rgdpch      152  4,423.257    4,423.595      299     2,564        19,648
open        152  73.874       45.928         13.160  63.715       318.070
labor       150  13,314.110   56,733.470     29.314  2,547.374    612,363.100
landarea    141  716,704.000  1,653,680.000  260     196,850      9,388,250
logy        152  7.891        1.042          5.700   7.849        9.886
loglab      150  7.663        1.931          3.378   7.843        13.325
logland     141  11.679       2.421          5.561   12.190       16.055
----------------------------------------------------------
```

如表 5.2 所示，人均实际收入 `rgdpch` 的均值约为 4 423 国际元，但中位数为 2 564 国际元，这代表着相当偏斜的分布。相比之下，对数实际人均收入 `logy` 的均值为 7.891，中位数为 7.849。因此，对数转换使变量的分布更加对称。

以下 R 代码比较了 `rgdpch` 和 `logy` 的直方图。请注意这里我们是如何使用 `geom_vline`()选项来绘制一条表示每个变量均值的线。图 5.2 显示了这两个直方图。

```
# load packages
library(ggplot2)
library(gridExtra)

# histogram of rgdpch as data object
hist1 <- ggplot(final.85, aes(rgdpch)) +
         geom_histogram() +
         geom_vline(xintercept = 4423, color = "red")

# histogram of logy as data object
hist2 <- ggplot(final.85, aes(logy)) +
         geom_histogram() +
         geom_vline(xintercept = 7.891, color = "red")

# display plots together
grid.arrange(hist1, hist2, ncol = 2)
```

按照第四章中的示例，我们可以构建 `open` 和 `logy` 的散点图，并在各自的轴上绘制均值。图 5.3 帮助我们将两个变量之间的关系可视化。这里的 R 代码与第四章中的代码基本相同，只有一个例外。我们添加了 `geom_text`() 函数，在其中嵌入 `aes(label = country)` 代表我们使用 `country` 变量的值来标记每个数据点。

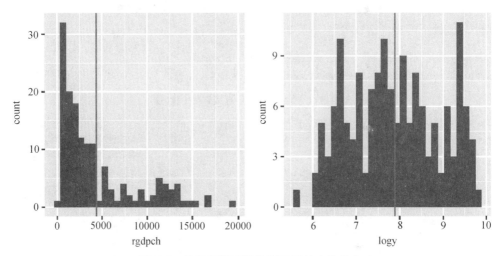

图 5.2 比较不取对数和取对数的人均收入

```
# scatter plot of open and log of real income per capita
ggplot(final.85, aes(x=open, y=logy))+
  geom_point() +
  geom_vline(xintercept = 73.874) +
  geom_hline(yintercept = 7.891) +
  geom_text(aes(label=country),hjust=0,vjust=0)
```

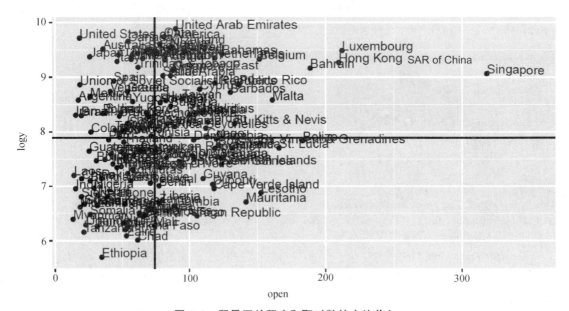

图 5.3 贸易开放程度和取对数的人均收入

图 5.3 显示了 1985 年这两个变量之间的正相关关系,大多数观测值都位于右上象限和左下象限。例如,新加坡和卢森堡在这两个维度上都较高,而埃塞俄比亚和缅甸则在这两个维度上都较低。尽管如此,右下象限中还有许多其他经济体(例如莱索托和毛里塔尼亚)的贸易开放程度

高而人均收入却很低。有趣的是,我们在左上象限中发现了人均收入很高而贸易开放程度却很低的发达经济体,例如美国和日本。

5.4 如何估计和解释 OLS 模型的系数?

我们应该使用什么方法来估计样本回归模型?如前所述,我们使用 OLS,这是为了找到一组使残差平方和最小的系数估计值。样本模型中将系数向量的 OLS 估计量表示为 B,其中包含 a、b、c_1 和 c_2,可以表示如下:

$$B = (X'X)^{-1}X'Y = \left(\sum x_i x_i'\right)^{-1}\left(\sum x_i y_i\right)$$

该公式的本质在于它使我们能够找到最小化残差平方和的集合 B(即 a、b、c_1 和 c_2)。

用于获得 OLS 系数估计值和相关输出结果的 R 代码很简单。我们从 `lm()` 函数开始,该函数代表一个线性模型。函数内部的参数包括因变量、因变量之后的波浪号和由加号连接的自变量,以及用于设定数据集的 `data =` 选项。对模型的估计完成之后,`lm()` 函数的输出结果将分配给称为 `model1` 的对象。为了展示模型输出的内容,我们将 `summary()` 函数应用于 `model1`。

```
# estimate OLS model and create output object
model1 <- lm(logy ~ open + loglab + logland, data=final.85)

# show model output
summary(model1)

Call:
lm(formula = logy ~ open + loglab + logland, data = final.85)

Residuals:
     Min       1Q   Median       3Q      Max
-2.07067  -0.82670  -0.08307  0.64393  2.10651
Coefficients:
             Estimate   Std. Error   t value   Pr(>|t|)
(Intercept)  6.588159   0.720802     9.140     8.3e-16 ***
open         0.008280   0.002583     3.206     0.00168  **
loglab       0.154185   0.066221     2.328     0.02138  *
logland     -0.044109   0.056274    -0.784     0.43451
---
Signif. codes:
0 '***' 0.001 '**' 0.01 '*' 0.05 '.' 0.1 ' ' 1

Residual standard error: 0.9875 on 135 degrees of freedom
    (13 observations deleted due to missingness)
Multiple R-squared: 0.1007, Adjusted R-squared: 0.08069
F-statistic: 5.038 on 3 and 135 DF, p-value: 0.002434
```

输出结果显示了估计的模型、残差的摘要信息、OLS 系数估计值(`Estimate`)、标准误(`Std. Error`)、t 统计量(`t value`)、p 值(Pr($>abs(t)$))、用星号表示的统计显著性、残差的标准误、自由度(即样本量减去系数估计值的数目)、R^2、调整的 R^2 方和 F 检验统计量信息。

我们关注的是 `open` 的系数,在 `Estimate` 列中显示为 `0.00828`。根据表 5.1,由于因变量取对数而 `open` 没有取对数,因此应将系数转换为 $[100*(exp^{b_1}-1)]=[100*(exp^{0.00828}-1)]\approx 0.831\%$。这意味着在其他所有条件保持不变的情况下,贸易开放程度每增加 1 个单位,即国际贸易在 GDP 中所占份额每增加 1%,将会使人均实际收入增加 0.831%。

这种影响与图 5.1 中弗兰克尔和罗默的模型中 0.85% 的估计值一致,尽管略低一些。这种较小的差异可能是由于数据上的差异造成的。我们的模型基于 139 个观测值(即自由度加上系数估计值的数目和截距),而弗兰克尔和罗默论的模型则基于 150 个观测值。我们的观测值减少了 11 个,这可能是由于土地面积变量的缺失值导致的。但总体而言,我们的估算值几乎与他们的估算值完全相同。

我们对 `intercept`(`6.588`)、`loglab`(`0.154`)和 `logland`(`-0.044`)的估计也与弗兰克尔和罗默论文中 Table 3 的 Model 1 的估计一致,其估计值分别为 7.40、0.12 和 -0.01。根据表 5.1,`loglab` 的系数意味着在其他条件不变的情况下,活跃劳动力 1% 的增加与人均实际收入 0.154% 的增加相关,`logland` 的系数意味着土地面积 1% 的增加与人均实际收入 0.044% 的减少相关。弗兰克尔和罗默认为,由于活跃劳动力和土地面积都体现了国内贸易的规模,因此应该同时解释和检验其影响,这一问题将在本章的综合问答部分中得到解决。

获得 `open` 的系数估计 b 之后,接下来我们应该在统计推断中做什么? 换句话说,如果我们接受它作为总体参数 β_1 的有效估计,那么我们可以对总体中贸易开放程度对增长的影响做出什么样的推断呢? 答案是我们还必须找出系数估计值的标准误,它反映了不确定性,这样我们就可以像前几章一样进行零假设检验和构建置信区间。

5.5 如何估计系数的标准误?

我们已经知道 β_1 是常数,我们将根据 b 对其进行推断。就像在前面的章节中讨论的那样,由于像 b 这样的样本统计量会随着样本的变化而变化,它就像一个随机变量,并且服从某种概率分布(称为抽样分布)。像 b 这样的样本统计量的标准误捕捉到了该抽样分布中的不确定性。一旦确定了 b 的标准误,我们就可以像之前一样进行统计推断。

我们首先需要估计 b 的方差,记为 $Var(b)$,其平方根就是 b 的标准误。我们将从 OLS 估计量 B 的方差和协方差矩阵中获得 $Var(b)$。由于样本模型包含 a、b、c_1 和 c_2,因此它是一个矩阵,可以定义如下:

$$Var(B)=E[(B-\beta)(B-\beta)']=(X'X)^{-1}X'E[\varepsilon\varepsilon']X(X'X)^{-1}=\sigma^2(X'X)^{-1}$$

在表达式中,σ^2 是总体回归模型中误差项 ε 的真实方差。由于 σ^2 未知,因此我们必须使用其样本版本 s^2(样本回归模型中残差 u_i 的方差)对其进行估算。因此,估计的 B 的方差-协方差矩阵是 $s^2(X'X)^{-1}$。

OLS 估计量 B 的方差-协方差矩阵的符号形式如下所示:

$$Var(B)=E[(B-\beta)(B-\beta)']=\begin{bmatrix} var(a) & cov(a,b) & cov(a,c_1) & cov(a,c_2) \\ cov(b,a) & var(b) & cov(b,c_1) & cov(b,c_2) \\ cov(c_1,a) & cov(c_1,b) & var(c_1) & cov(c_1,c_2) \\ cov(c_2,a) & cov(c_2,b) & cov(c_2,c_1) & var(c_2) \end{bmatrix}$$

沿着该方差-协方差矩阵的对角线是向量 B 中每个系数的方差,分别表示为 $var(a)$、$var(b)$、$var(c_1)$ 和 $var(c_2)$。

在 R 中,我们使用 vcov( ) 函数估计 B 的方差-协方差矩阵。

```
# show variance-covariance matrix of B in model1
vcov(model1)
                (Intercept)        open           loglab
(Intercept)     0.519556111    -1.497506e-03   -1.311325e-02
open           -0.001497506     6.670097e-06    4.603039e-05
loglab         -0.013113254     4.603039e-05    4.385185e-03
logland        -0.025911639     5.626562e-05   -2.011784e-03
                logland
(Intercept)    -2.591164e-02
open            5.626562e-05
loglab         -2.011784e-03
logland         3.166816e-03
```

第二行第二列中来自 model1 的 b 的方差为 6.670097e-06。其平方根,即 b 的标准误为 0.002583,与前述 model1 输出结果中 open 在 Std. Error 列的值相同。有兴趣的读者可以手动验证其他变量的结果。

5.6 如何推断感兴趣的总体参数?

在 OLS 估计和高斯-马尔可夫定理的背景下,我们可以认为样本估计值 b 与总体参数 β_1 的关系如下所示:

$$b \sim N(\beta_1, Var(b))$$

根据该表达式,样本回归系数 b 被假定为服从均值为 β_1 和方差为 $Var(b)$ 的正态分布。

对我们而言,理解此表达式的本质至关重要,因为我们稍后将根据以下思维实验进行统计推断。如果我们从总体中抽取第一个样本并应用上一节中列出的 OLS 估计量方程,我们将获得一个 b 值作为 β_1 的第一个估计值。如果我们用第二个样本重复该过程,我们将获得第二个 b 值作为 β_1 的第二个估计值;如果我们在重复样本中估计我们的模型,我们将获得与从总体中抽取的样本数量一样多的 b 估计值。从结果上来看,b 表现得就像一个随机变量,即它的值随着样本的变化而变化。这些来自重复样本的 b 估计值形成一个概率分布,称为样本回归系数估计量 b 的抽样分布。如前所述,b 被假定服从均值为 β_1 和方差为 $Var(b)$ 的正态分布。

基于这些背景信息,我们将使用零假设检验和构建置信区间进行从样本系数 b 到总体参数 β_1 的两种统计推断。下面我们将使用来自 model1 的结果依次讨论它们。

5.6.1 假设检验

统计推断的方法之一是检验关于总体参数值 β_1 的假设。

零假设 $H_0: \beta_1 = 0$。总体中贸易开放程度对经济增长没有影响。

备择假设 $H_a: \beta_1 \neq 0$。总体中贸易开放程度对经济增长有影响。

为了直接检验零假设,我们必须构造一个检验统计量,记为 t。

$$t = \frac{b - \beta_1}{se(b)}$$

这个 t 检验统计量在本质上与第三章介绍的假设总体均值的 t 检验统计量是相同的。它们实质上都是样本估计值与假设总体参数之间的差,且被样本估计值的标准误加权。在这两种情况下,检验统计量都服从 t 分布,因此被称为 t 统计量。

以 `model1` 的结果为例,`model1` 的 b 估计值为 0.00828,$se(b)$ 的值为 0.002583。假设的 β_1 值为 0。因此,检验统计量可以重写为:

$$t = \frac{b - \beta_1}{se(b)} = \frac{0.00828 - 0}{0.002583} = 3.205575$$

该值与之前 `model1` 的输出结果中 `t value` 列的 t 值 3.206 相符。

与之前的零假设检验一样,我们必须找到与计算出的检验统计量 3.206 相关的 p 值,然后将其与可接受的第一类错误概率 α 进行比较,从而做出决定。如果 p 值小于 α,则零假设将被拒绝,并且我们可以得出贸易开放程度会影响经济增长的结论;如果 p 值大于 α,则零假设不会被拒绝,并且我们可以得出贸易开放程度对经济增长没有影响的结论。如 `model1` 输出结果中 $Pr(>abs(t))$ 列所显示的,`open` 的 t 统计量对应的 p 值为 0.00168,远低于常规的 α 水平 0.05。因此,我们可以得出结论,贸易开放程度在统计上对增长具有显著的正影响。

5.6.2 置信区间

推断总体参数 β_1 的第二种方法是使用样本估计 b 和误差范围来估计置信区间。在回归模型的背景下,我们可以应用以下公式:

$$b \pm t_{(1-\frac{\alpha}{2}), n-k} \times se(b)$$

其中 α 是可接受的第一类错误概率,$(1-\alpha)100\%$ 是分析人员预先选定的置信水平。

对于 `model1` 中的 `open` 而言,β_1 的 95% 置信区间可以表示为:

$$b \pm t_{(1-\frac{\alpha}{2}), n-k} \times se(b) = 0.00828 \pm t_{95\%, 139} \times 0.002583$$

要在 R 中得到置信区间,我们将 `confint()` 函数应用于 `model1`。下面的输出结果显示下限值为 2.5%,上限值为 97.5%,这构成了 95% 的置信区间。

```
# confidence interval estimates from model1
confint(model1)

                  2.5 %        97.5 %
(Intercept)  5.162633541   8.01368425
open         0.003172303   0.01338769
loglab       0.023221048   0.28514950
logland     -0.155403059   0.06718410
```

我们可以这样解读对置信区间的估计。我们有 95% 的把握认为总体中贸易对增长的影响在 0.003172296 和 0.01338768 之间。实际上,我们有 95% 的把握认为贸易开放程度每增加 1% 会导致人均实际收入增加 0.32% 至 1.34% 之间的某一个值。

5.7 如何解释模型的整体拟合度？

值得注意的是，`lm()`函数提供了有关我们估计的统计模型的其他有用信息，尤其是模型的整体拟合度。在本节中，我们将解释 `model1` 输出结果中的这些统计信息及其概念逻辑。

从概念上讲，我们试图解释的因变量 Y 可以分解为两部分：我们的理论可以预测的系统性部分 $\hat{Y}$ 和我们的理论无法解释的随机性部分 ε。

我们可以将以上想法表示如下：

$$Y_i = \hat{Y}_i + \varepsilon_i$$

它的样本版本为：

$$y_i = \hat{y}_i + e_i$$

以上表达式可以进一步详细地重新定义如下：

1. y 中的总偏差，即总离差平方和（Total Sum of Squares，TSS）。

$$\sum_{i=1}^{n}(y_i - \bar{y})^2$$

它表示所有观测值中实际的 y 与 y 的均值（即 $\bar{y}$）的偏差的平方和。

2. y 中可以解释的偏差，即回归平方和（Explained Sum of Squares，ESS）。

$$\sum_{i=1}^{n}(\hat{y}_i - \bar{y})^2$$

它表示所有观测值中预计的 $\hat{y}$ 与均值 $\bar{y}$ 的偏差的平方和。

3. y 中无法解释的偏差，即残差平方和（Residual Sum of Squares，RSS）。

$$\sum_{i=1}^{n}(y_i - \hat{y})^2$$

它表示所有观测值中实际的 y 与预计的 $\hat{y}$ 的偏差的平方和，也即残差 u_i 的平方和。

4. 总离差平方和（TSS）= 回归平方和（ESS）+残差平方和（RSS）。

$$\sum_{i=1}^{n}(y_i - \bar{y})^2 = \sum_{i=1}^{n}(\hat{y}_i - \bar{y})^2 + \sum_{i=1}^{n}(y_i - \hat{y})^2$$

即 TSS = ESS + RSS。

5. OLS 的原理是找到最小化 RSS 的系数估计值的集合。模型的好坏可以通过 ESS 在 TSS 中的比例来衡量，这被称为模型的 R^2。

在 R 中，我们可以使用 `anova()` 函数来获得这些结果。

```
# show ESS and RSS from model output
anova(model1)

Analysis of Variance Table

Response: logy
        Df   Sum Sq   Mean Sq   Fvalue    Pr(>F)
open     1   9.143    9.1433    9.3755    0.002654 **
loglab   1   4.996    4.9959    5.1228    0.025209 *
```

```
logland            1     0.599    0.5992    0.6144    0.434514
Residuals        135   131.656    0.9752
---
Signif. codes:
0 '***' 0.001 '**' 0.01 '*' 0.05 '.' 0.1 ' ' 1
```

平方和输出结果显示在第二列 `Sum Sq` 中。RSS 是 131.656，而 ESS 是 `open`、`loglab` 和 `logland` 的和，等于 14.738（即 9.143、4.996 和 0.599 的总和）。因此，TSS 是 RSS 和 ESS 的总和，等于 146.394（在方差分析输出结果中未显示）。

模型拟合度的统计量 R^2 定义如下：

$$R^2 = \frac{\text{ESS}}{\text{TSS}} = \frac{\sum_{i=1}^{n}(\hat{y}_i - \bar{y})^2}{\sum_{i=1}^{n}(y_i - \bar{y})^2}$$

从结果上来说，R^2 是 ESS 占 TSS 的比例。换句话说，它衡量的是因变量的变化中有多大比例可以被模型中系统性的部分所解释。根据上面的 ESS 和 TSS 值，我们可以计算 R^2 为 0.10。这与 `model1` 输出结果中的值相同。结果表明该模型解释了因变量总变化的大约 10%。考虑到模型的简单程度，这个结果不足为奇。`model1` 输出结果还报告了调整 R^2 为 0.08，当模型中自变量的数量增加时，该值会向下调整 R^2 的值。

另一个模型拟合度的检验统计量是 F 统计量。它检验所有系数同时等于零的零假设。换句话说，没有一个自变量解释因变量。这不是一个很有趣的假设，因为我们对于估计一个根本无法解释因变量的模型并没有兴趣。备择假设是至少一个自变量解释了因变量。`model1` 输出结果中的 F 统计量值为 5.038，p 值为 0.0024。如果我们将 α 设置为 5%，则零假设（即没有自变量解释了因变量的变化）将被拒绝。

5.8 如何报告统计结果？

回归结果通常以表格和图像形式报告。为了以格式化表格的形式显示回归结果，我们可以使用 `stargazer` 软件包。

```
# report regression results
library(stargazer)
stargazer(model1, type="text", no.space=TRUE,
          omit.stat=c("ser"), model.names=FALSE,
          dep.var.labels.include=FALSE, dep.var.caption="")
```

在 `stargazer()` 函数中，我们首先设定要报告的模型输出对象 `model1`，然后设定要报告的表格类型，然后设定一系列用于自定义表格格式的选项。选项 `no.space=TRUE` 用于删除空行；`omit.stat=c("ser")` 省略了残差标准误；`dep.var.labels.include=FALSE` 和 `dep.var.caption=""` 禁止显示因变量的标题和标签；`model.names=FALSE` 禁止显示模型名称。此处未使用的其他可用选项包括 `ci=TRUE` 和 `ci.level=0.95`，它的作用是报告 95% 置信区间。

要绘制回归系数及其置信区间的图像,我们使用 `GGally` 软件包中的 `ggcoef( )` 函数,该函数还需要加载 `broom` 软件包。在 `ggcoef( )` 函数中,我们仅列出模型输出对象。请注意,之前估计的模型截距非常大,使得其他系数很难在图中看到。因此,我们从 `ggcoef( )` 函数的绘图中排除了截距。

```
# load required packages
library(broom)
library(GGally)

# plot coefficients
ggcoef(model1, exclude_intercept = TRUE)
```

表 5.3 报告了模型结果,图 5.4 以图像形式报告了模型结果。

表 5.3 贸易开放程度对实际人均收入的影响

```
========================================
open          0.008 ***
              (0.003)
loglab        0.154 **
              (0.066)
logland       -0.044
              (0.056)
Constant      6.588 ***
              (0.721)
----------------------------------------
Observations  139
R2            0.101
Adjusted R2   0.081
========================================
Note: *p<0.1; **p<0.05; ***p<0.01
```

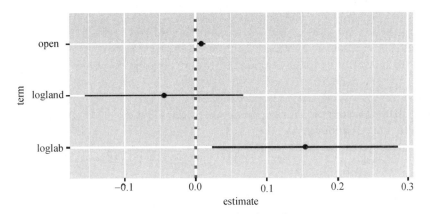

图 5.4 Model 1 的系数图像

5.9 第五章程序代码

数据准备程序

```r
# install following packages only once, then comment out code
# install.packages(c("devtools", "data.table", "stargazer",
#"          ggplot2", "gridExtra", "car", "pwt", "broom",
#"          GGally"), dependencies=TRUE)

# Extract data from PWT5.6
# before running program, remove all objects in workspace
rm(list=ls(all=TRUE))

# change working directory to project folder
setwd("C:/Project")

# load pwt56 data
library(pwt)
data(pwt5.6)

# check variable names
names(pwt5.6)

# create new variable-economically active population
pwt5.6$labor <- pwt5.6$rgdpch*pwt5.6$pop/pwt5.6$rgdpwok

# compare total population and new population variables
summary(pwt5.6$pop)
summary(pwt5.6$labor)

# create new dataset: subset of pwt5.6, select variables, 1985
pwt.85 <- pwt5.6[pwt5.6$year==1985, c("wbcode", "country",
    "year", "rgdpwok", "rgdpch", "open", "labor", "continent")]

# Extract land area variable from World Bank statistics
# install new package for extracting most up to date data
#install.packages("devtools")
devtools::install_github("GIST-ORNL/wbstats")

# load packages
library(wbstats)
library(data.table)
```

```r
# search for a list of area related variables
# choose one needed
wbsearch(pattern = "total area")

# extract land area variable based on indicator, sq km
area <- data.table(
        wb(country="all", indicator = c("AG.LND.TOTL.K2"))
        )

# view the last observation extracted
tail(area, n=1)

# rename variables
names(area)[names(area)=="value"] <- "landarea"
names(area)[names(area)=="date"] <- "year"

# list variable names
names(area)

# download country mappings from wbstat package
countries <- data.table(wbcountries())

# list variable names in countries
names(countries)

# merge area and countries according to iso2c
area <- merge(area, countries, by=c("iso2c"), sort=TRUE)
area <- data.frame(area)

# keep needed variables and observations from area dataset
area <- area[area$year==1985, c("iso3c","landarea","year",
                                "region","lat","long")]

# rename iso3c to wbcode to merge with pwt.85
names(area)[names(area)=="iso3c"] <- "wbcode"

# list variable names in dataset
names(area)

# merge area1 and pwt.85 to create the analysis dataset
# keep only observations that match with pwt.85 data
final.85 <- merge (pwt.85, area, by=c("wbcode", "year"),
                   all.x=TRUE, sort=TRUE)

# display object class, variable names, and last observation
class(final.85)
names(final.85)
```

```
tail(final.85, n=1)

# create new variables for analysis
final.85$logy <- log(final.85$rgdpch)
final.85$loglab <- log(final.85$labor)
final.85$logland <- log(final.85$landarea)

# save R dataset
save(final.85, file="final.85.RData")
```

数据分析程序

```
# before running program, remove all objects in workspace
rm(list=ls(all=TRUE))

# change working directory to project folder
setwd("C:/Project")

# load R data
load("final.85.RData")

# load stargazer into R
library(stargazer)

# produce formatted descriptive statistics in pwt56.final
stargazer(final.85, type="text", median = TRUE)

# load packages
library(ggplot2)
library(gridExtra)

# histogram of rgdpch as data object
hist1 <- ggplot(final.85, aes(rgdpch)) +
        geom_histogram() +
        geom_vline(xintercept=4423, color="red")

# histogram of logy as data object
hist2 <- ggplot(final.85, aes(logy)) +
        geom_histogram() +
        geom_vline(xintercept=7.891, color="red")

# display plots together
grid.arrange(hist1, hist2, ncol=2)

# scatter plot of open and log of real income per capita
ggplot(final.85, aes(x=open, y=logy))+
    geom_point() +
    geom_vline(xintercept = 73.874) +
```

```
    geom_hline(yintercept = 7.891) +
    geom_text(aes(label=country),hjust=0,vjust=0)

# estimate OLS model and create output object
model1 <- lm(logy ~ open + loglab + logland, data=final.85)

# show model output
summary(model1)

# show variance-covariance matrix of B in model1
vcov(model1)

# show confidence interval estimates from model1
confint(model1)

# show ESS and RSS from model output
anova(model1)

# report regression results
library(stargazer)
stargazer(model1, type="text", no.space=TRUE,
          omit.stat=c("ser"), model.names=FALSE,
          dep.var.labels.include=FALSE, dep.var.caption="")

# load required packages
library(broom)
library(GGally)

# plot coefficients
ggcoef(model1, exclude_intercept = TRUE)
```

5.10 总结

在本章中,我们学习了如何使用 R 和回归分析来回答以下问题:贸易是否会促进经济增长?我们已经了解了回归分析的逻辑、总体和样本回归模型之间的关系、如何使用 OLS 对样本回归模型进行估计、如何对估计结果进行解释、回归分析中的统计推断、平方和的类型以及模型的整体拟合度。如本章各节所述,回归分析的有效性取决于是否满足高斯-马尔可夫定理的假定:模型设定无误的情况下参数是线性的;自变量不是完全相关的;误差项长期均值为零;误差项满足方差齐性;误差项与自变量不相关;误差项的观测值不是序列相关的。因此,在下一章中我们将学习如何在 R 中诊断和校正各种违背假定的情况。

5.11 适用于学有余力读者的综合问答

5.11.1 从 lm( ) 模型的输出结果中我们可以得到什么信息？

```
# estimate OLS model and create output object
model1 <- lm(logy ~ open + loglab + logland, data = final.85)

# understand the nature of model output
names(model1)
class(model1)
mode(model1)

#request various estimation output
# anova table and results
anova(model1)

# model coefficients
coefficients(model1)

# confidence interval of coefficient estimates, 95% and 99%
confint(model1)
confint(model1, level = 0.99)

# covariance matrix for model coefficient estimates
vcov(model1)

# Other useful functions
# list predicted values of the fitted model
fitted(model1)

# list residuals of the fitted model
residuals(model1)

# use fitted model to get predicted y
predict(model1)
```

5.11.2 我们如何使用矩阵代数一步一步求解 OLS 系数估计值？

我们可以使用 lm( ) 函数来获得 OLS 系数估计值,代码如下所示：

```
# estimate OLS model and show output
model1 <- lm(logy ~ open + loglab + logland, data = final.85)
```

```
coefficients(model1)

(Intercept)            open         loglab         logland
6.588158896     0.008279996    0.154185276    -0.044109479
```

在这里,对于那些熟悉矩阵代数的读者,我们将展示如何逐步求解,最终得出相同的系数估计值。我们首先使用 `complete.cases()` 函数选择模型中变量没有缺失值的观测值。然后,我们创建一个矩阵 **x**,其中包括三个独立变量以及一列表示截距的变量,并将因变量分配给向量 **y**。

```
# preparing data
final.85 <- final.85[complete.cases(final.85),]

x <- cbind(1, as.matrix(final.85[, c("open", "loglab",
                                      "logland")]))

y <- final.85[, "logy"]
```

最后,我们求解本章之前提到的以下公式以获得 OLS 系数估计值,

$$B = (X'X)^{-1}X'Y = (\sum x_i x_i')^{-1}(\sum x_i y_i)$$

相应的 R 代码如下:

```
# matrix calculation of OLS estimates
solve(t(x) %*% x) %*% t(x) %*% y
                [,1]
           6.588158896
open       0.008279996
loglab     0.154185276
logland   -0.044109479
```

在这里,`%*%` 运算符表示矩阵乘法;`t()` 函数可以得到矩阵 **x** 的转置;`solve()` 函数计算矩阵的逆。

5.11.3 如何按照公式计算 TSS、ESS 和 RSS?

```
# compute TSS, ESS, and RSS TSS-total sum of squares in y
sum((final.85$logy - mean(final.85$logy))^2)

[1] 146.3949

# ESS-explained sum of squares in y
sum((predict(model1) - mean(final.85$logy))^2)

[1] 14.73841

# RSS-residual sum of squares in y
sum((final.85$logy - predict(model1))^2)

[1] 131.6565
```

5.11.4 如何通过偏回归理解"保持所有其他变量不变"?

自变量的系数被解释为保持模型中其他变量不变时自变量对因变量的影响。我们可以通过一个偏回归的例子来理解保持其他变量不变的意义。

以之前使用的模型为例。我们首先用 `logy` 对另外两个自变量 `loglab` 和 `logland` 进行回归,获得残差并将其命名为 `yres`,代表 `logy` 中人口和土地面积无法解释的成分。然后,我们用 `open` 对另外两个自变量 `loglab` 和 `logland` 进行回归,获得残差并将其命名为 `openres`,代表 `open` 中人口和土地面积无法解释的成分。请注意,在 `lm()` 函数中包含选项 `na.action = na.exclude`,以便排除而不是忽略缺失值。如果没有这个选项将会生成错误信息,将残差和拟合后的变量值包含到原始数据集中。

接下来,当我们用 `yres` 对 `openres` 进行回归时,我们发现 `openres` 的系数与原始模型中 `open` 的系数相同(其他结果也是如此)。

```
# obtain logy unexplained by population and land
model2 <- lm(logy ~ loglab + logland, data=final.85,
        na.action = na.exclude)
final.85$yres <- residuals(model2)

# obtain open unexplained by population and land
model3 <- lm(open ~ loglab + logland, data=final.85,
        na.action = na.exclude)
final.85$openres <- residuals(model3)

# effect of open on logy (population and land held constant)
model4<-lm(yres ~ openres, data=final.85)
summary(model4)

Call:
lm(formula = yres ~ openres, data = final.85)

Residuals:
    Min      1Q   Median      3Q     Max
-2.07067 -0.82670 -0.08307 0.64393 2.10651

Coefficients:
             Estimate  Std. Error  t value  Pr(>|t|)
(Intercept)  1.511e-16 8.315e-02    0.00    1.00000
openres      8.280e-03 2.564e-03    3.23    0.00155 **
---
Signif. codes:
0 '***' 0.001 '**' 0.01 '*' 0.05 '.' 0.1 ' ' 1

Residual standard error: 0.9803 on 137 degrees of freedom
Multiple R-squared: 0.07075, Adjusted R-squared: 0.06397
F-statistic: 10.43 on 1 and 137 DF, p-value: 0.001552
```

我们可以使用 `ggplot` 绘制 `yres` 和 `openres` 的偏回归图。R 代码如下。请注意添加选项 `stat_smooth()` 来绘制偏回归线的图形。图 5.5 显示了所绘制的图形。

```
# partial regression plot
ggplot(final.85, aes(x=openres, y=yres)) +
    geom_point() +
    geom_text(aes(label=country),hjust=0,vjust=0) +
    stat_smooth(method="lm")
```

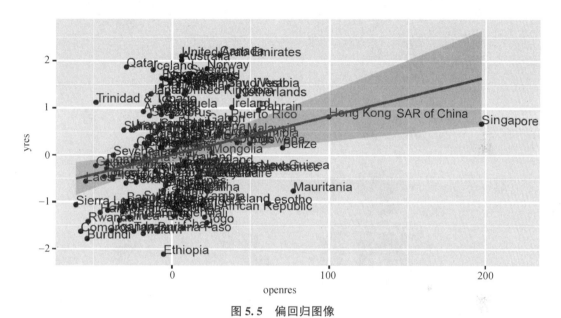

图 5.5 偏回归图像

此外,我们可以使用 `car` 软件包中的 `avPlot()` 函数以图形方式展示模型中每个自变量的偏回归图,图形会非常直观。其 R 代码如下。

```
# produce model estimation output
model1 <- lm(logy ~ open + loglab + logland, data = final.85)

# load packages
library(car)

# partial regression plot
avPlots(model1)
```

5.11.5 如何在多个变量之间创建成对散点图?

R base 包中的 `pair()` 函数可以生成比较原始的成对散点图。`GGally` 软件包中的 `ggscatmat()` 函数可以生成更多的图形,其中包括成对散点图、密度图和相关系数。它可以帮助我们探索变量之间的关系,包括相关强度和方向、可能的非线性关系、变量分布、异常值以及可能的编码错误。R 代码和图 5.6 如下所示。需要注意的是,`ggscatmat()` 函数仅适用于数值型数据。对于分类数据,可以使用 `ggpairs()` 函数。

```
# explore pairwise relationships among variables
library(GGally)
ggscatmat(final.85v2, columns = c("logy", "open", "loglab",
    "logland"))
```

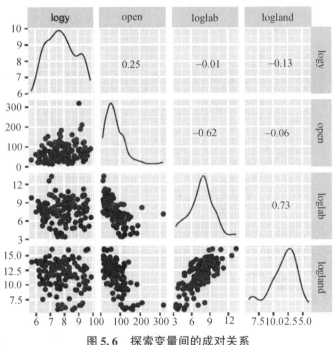

图 5.6 探索变量间的成对关系

5.12 练习

1. 分别重新估计弗兰克尔和罗默在 1995 年和 2005 年的贸易-增长模型。讨论贸易开放程度的影响如何随时间变化。

2. 重新估计弗兰克尔和罗默的贸易-增长模型,并增加一个变量,该变量是根据世界银行的统计数据得出的国外直接投资净流入占国内生产总值的比例。讨论结果及其与原始模型结果的异同。

3. 设计一些关于党派支持和选举制度对工资不平等影响的假设。使用 Soskice and Iversen (2006) 中的数据并恰当地绘制关系图。估计回归模型并基于本章中的示例解释其结果。讨论所发现的结果的实际意义。

4. 设计一些关于国家自然资源禀赋和山区复杂地形对军事冲突扩散的影响的假设。使用 Braithwaite(2006) 中的数据并恰当地绘制关系图。估计回归模型并解释结果。讨论所发现的结果的实际意义。

第六章 回归诊断和敏感性分析

本章目标

在第五章中,我们展示了如何使用回归分析和 R 回答一个实际问题:贸易是否会促进经济增长。我们演示了如何根据理论观点设定统计模型、准备数据、估计和解释统计模型,以及如何使用估计的结果进行推断和回答感兴趣的问题。如第五章末尾所述,我们研究结果的有效性取决于统计模型的假定是否得到满足,以及结果对违背假定的敏感程度。在本章中,我们将演示如何在 R 中进行诊断检验和敏感性分析。

本章的目标如下:
1. 了解 OLS 模型的假定及其影响。
2. 学习诊断 OLS 模型中违背假定的情况。
3. 学习对违背假定的情况进行敏感性分析。

6.1 为什么 OLS 的假定和诊断非常重要?

本书强调的是使用 R 进行数据分析,因此我们不会深入讨论 OLS 估计的数学细节。许多教科书已经为感兴趣的读者提供了充足的内容。但是,即使在应用工作中,我们也需要了解估计值的性质,这样才能使我们对结果的有效性充满信心。

对于总体回归中参数的 OLS 估计量,高斯-马尔可夫定理为我们评估其性质提供了理论基础。根据高斯-马尔可夫定理,如果满足以下条件,则 OLS 估计量 b 是所有总体参数 β 的无偏估计量中的最佳线性无偏估计量(BLUE):

1. 模型的参数是线性的且模型设定无误。
2. 自变量不能完全相关。
3. 误差项的长期平均值为零。
4. 误差项和自变量不相关。
5. 误差项具有方差齐性。
6. 误差项的观测值不相关。

OLS 估计量为最佳线性无偏估计量是一种理想场景。作为分析人员,我们有责任使用各种诊断方法来验证这些条件是否被满足。当条件不满足时,我们需要了解其对我们根据样本估计推断总体参数的影响,并在可能的情况下进行校正以恢复 OLS 估计的最佳线性无偏估计量属性,并验证原始结果是否对此校正敏感。

为了进行假设检验和构建置信区间,一个额外条件还需要被满足:误差项呈正态分布。如果不满足正态分布假设,我们将无法进行之前介绍过的几类统计检验。

最后,在应用研究中经常会发生某些异常值对模型估计或预测产生过度影响的情况。因此,重要的问题是为什么这些异常值会产生以及结果对这些异常值有多么敏感。

我们将说明检查回归假定的重要性以及某些违背假定的情况可能是什么样子。我们将从第四章综合问答部分中讨论的安斯库姆四重奏示例开始。在该示例中,即使各有 11 个观测值的四个数据集的散点图呈现出完全不同的双变量关系,每个数据集也具有完全相同的相关系数。事实上,如果我们估计这四个回归模型,尽管它们具有截然不同的关系,我们仍将获得四组相同的回归结果。

R 代码、回归的输出结果和对比图如下。

```
# display regression results from Anscombe quartet
a1 <- lm(y1~x1, data=anscombe)
a2 <- lm(y2~x2, data=anscombe)
a3 <- lm(y3~x3, data=anscombe)
a4 <- lm(y4~x4, data=anscombe)

# report Anscombe quartet regression results
library(stargazer)

stargazer(a1, a2, a3, a4, type="text", no.space=TRUE,
    model.names=FALSE, notes="standard errors in parentheses")

# load two packages used to data visualization
library(ggplot2)
library(gridExtra)

# generate four scatter plots with regression lines
F1 <- ggplot (anscombe)+aes(x1,y1)+geom_point()
            +geom_abline(intercept=3,slope=0.5)
F2 <- ggplot (anscombe)+aes(x2,y2)+geom_point()
            +geom_abline(intercept=3,slope=0.5)
F3 <- ggplot (anscombe)+aes(x3,y3)+geom_point()
            +geom_abline(intercept=3,slope=0.5)
F4 <- ggplot (anscombe)+aes(x4,y4)+geom_point()
            +geom_abline(intercept=3,slope=0.5)

# display four scatter plots together
grid.arrange(F1,F2,F3,F4, ncol = 2)
```

如表 6.1 所示,在所有四个模型中对斜率的估计均为 0.5,截距为 3。显然,OLS 模型仅善于捕捉 x1 和 y1 之间的关系,而不能表示 x2 和 y2 之间的曲线关系,在 x3 对 y3 的影响上受到一个异常值中等程度的影响,在 x4 和 y4 之间的关系上受到一个异常值不成比例的影响。

表 6.1　安斯库姆四重奏的回归结果

```
===============================================
                    Dependent Variable:
            -----------------------------------
                y1          y2        y3      y 4
               (1)         (2)       (3)      (4)
-----------------------------------------------
x1          0.500 ***
            (0.118)
x2                      0.500 ***
                        (0.118)
x3                                0.500 ***
                                  (0.118)
x4                                          0.500 ***
                                            (0.118)
Constant    3.000 **   3.001 **  3.002 **  3.002 **
            (1.125)    (1.125)   (1.124)   (1.124)
-----------------------------------------------
Observations   11         11        11        11
R2            0.667      0.666     0.666     0.667
Adjusted R2   0.629      0.629     0.629     0.630
Residual Std. Error (df = 9)  1.237  1.237  1.236  1.236
F Statistic (df = 1; 9)  17.990 *** 17.966 *** 17.972 *** 18.003 ***
===============================================
Note: *p<0.1; **p<0.05; ***p<0.01.
      Standard errors in parentheses.
```

图 6.1 展示了数据可视化的必要性,有助于揭示任何可能的非线性关系和异常值的影响。

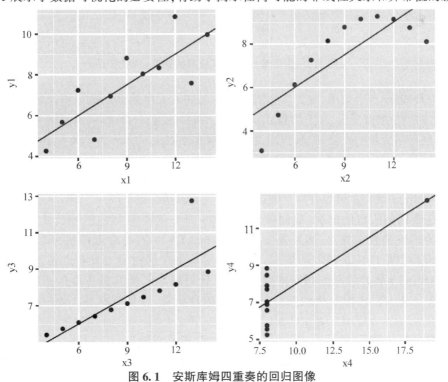

图 6.1　安斯库姆四重奏的回归图像

最常用的回归诊断图是残差-拟合值图。它是一个散点图,竖轴是残差,横轴是因变量的拟合或预测值。它可以帮助我们检测非线性、非恒定误差方差和异常值。为了便于说明,图 6.2 显示了安斯库姆四重奏模型的残差-拟合值图。

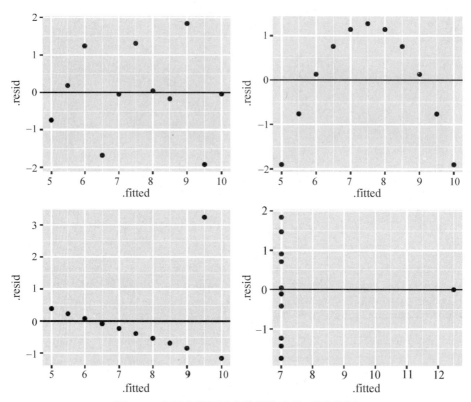

图 6.2　安斯库姆四重奏模型的残差-拟合值图

为了解释残差-拟合值图,我们首先需要将其与图 6.1 中的原始散点图联系起来。在图 6.1 的 x1 和 y1 的原始散点图中,三个数据点正好位于回归线上,y1 的相应预测值分别为 7、8 和 10。现在,回到这一对变量的残差-拟合值图,我们发现水平轴上拟合值为 7、8 和 10 的数据点实际上落在图 6.2 中 residual = 0 的线上。这是因为数据点落在图 6.1 中估计的回归线上时,其残差应该为零,因此落在图 6.2 中 residual = 0 的线上。图 6.2 中 residual = 0 的线代表图 6.1 中估计的回归线。我们也可以在两个散点图之间找到其他数据点的一一对应关系。

对于违背回归假定的情况,我们应该在残差-拟合值图中寻找三种模式:① 如果模型形式正确且为线性的假定成立,则残差应在 residual = 0 的线附近随机分布,残差具有任何规律性的模式都是违背该假定的表现;② 如果误差项在观测值上具有方差齐性,则残差应分布在 residual = 0 的线周围相对固定的带中,任何扇形向外或漏斗形向内的模式都代表着非恒定误差方差;③ 无论是从残差还是拟合值的角度看,任何观测值都不应与其他观测值偏差太远。

回到图 6.2,x1 和 y1 的残差-拟合值图在线性度和模型形式、方差齐性以及没有异常值这几方面表现良好。x2 和 y2 的图清楚地表明这是非线性或是曲线关系,残差的分布具有规律性。x3 和 y3 的图显示了一个具有极大正残差的异常值的影响,并且残差似乎沿 x 轴扇形向外,这使得残差的方差不是恒定的。x4 和 y4 的图显示了一个异常值是如何严重影响回归线的,即使其他观测值表明 x4 和 y4 之间没有任何线性或非线性关系。

由于安斯库姆四重奏的数据集非常小,因此图 6.3 根据一个满足大多数回归假定的仿真回归模型显示了六个诊断图。具体来说,它们是根据以下回归模型生成的:$y = 100 + 3x + u$,其中 u 是均值为 0 且方差等于 3 的随机误差,x 是正态随机变量,样本大小 n 设置为 100。图 6.3 包括:①x 和 y 之间的散点图;②y 的残差与拟合值之间的散点图;③y 的残差与拟合值之间的散点图,再加上一条 loess(局部加权回归)曲线用于识别模型设定的错误;④残差和观测值数量之间的散点图,用于检查观测值之间的独立性;⑤正态 Q-Q 图,用于检查残差的正态性;⑥库克距离(Cook's D)统计量和观测值数量之间的散点图。因此,图 6.3 为我们诊断第五章中估计的贸易和增长模型提供了基准。有关这些图的更多详细信息将在下面的相关小节中提供。

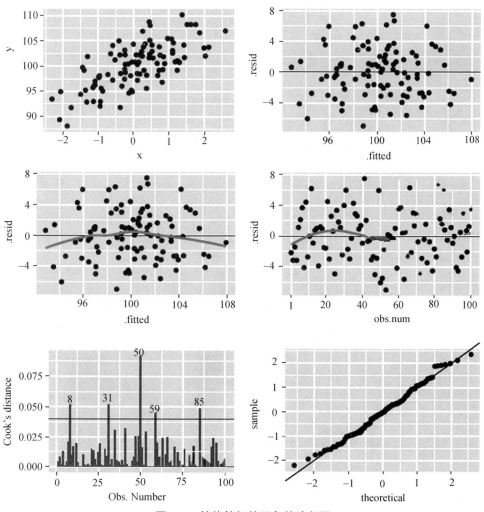

图 6.3　性能较好的回归的诊断图

6.2 数据准备

为了进行数据准备，我们必须首先清理工作空间，将工作目录设置到我们的项目文件夹中，加载 `final.85.RData` 数据集，再次生成描述性统计信息表，重新运行第五章中的 OLS 模型，并显示回归的输出结果。

```
# Data Analysis Program
#install following packages only once, then comment out code
#install.packages(c("stargazer","ggplot2","gridExtra","broom",
#"car","lmtest","sandwich","interplot","ape"),dependencies=TRUE)

# remove all objects from workspace
rm(list=ls(all=TRUE))

# change working directory to project folder
setwd("C:/Project")

# load R data
load("final.85.RData")

# load packages
library(ggplot2)
library(gridExtra)
library(stargazer)

# produce formatted descriptive statistics in pwt7.final
stargazer(final.85, type="text", median = TRUE)
==================================================================
Statistic    N     Mean          St. Dev.        Min        Median       Max
------------------------------------------------------------------
year         152   1,985.000     0.000           1,985      1,985        1,985
rgdpwok      151   10,696.670    9,635.187       705        7,091        38,190
rgdpch       152   4,423.257     4,423.595       299        2,564        19,648
open         152   73.874        45.928          13.160     63.715       318.070
labor        150   13,314.110    56,733.470      29.314     2,547.374    612,363.100
landarea     141   716,704.000   1,653,680.000   260        196,850      9,388,250
logy         152   7.891         1.042           5.700      7.849        9.886
loglab       150   7.663         1.931           3.378      7.843        13.325
logland      141   11.679        2.421           5.561      12.190       16.055
------------------------------------------------------------------

# estimate OLS model and create output object
model1 <- lm(logy ~ open + loglab + logland, data=final.85)
```

```
# show model output
summary(model1)

Call:
lm(formula = logy ~ open + loglab + logland, data = final.85)

Residuals:
     Min       1Q   Median       3Q      Max
-2.07067 -0.82670 -0.08307  0.64393  2.10651

Coefficients:
             Estimate Std. Error t value Pr(>|t|)
(Intercept)  6.588159   0.720802   9.140  8.3e-16 ***
open         0.008280   0.002583   3.206  0.00168 **
loglab       0.154185   0.066221   2.328  0.02138 *
logland     -0.044109   0.056274  -0.784  0.43451
---
Signif. codes:
0 '***' 0.001 '**' 0.01 '*' 0.05 '.' 0.1 ' ' 1

Residual standard error: 0.9875 on 135 degrees of freedom
  (13 observations deleted due to missingness)
Multiple R-squared:  0.1007, Adjusted R-squared:  0.08069
F-statistic: 5.038 on 3 and 135 DF,  p-value: 0.002434
```

在接下来的小节中,我们将为模型提供回归诊断并进行一些敏感性分析。在我们这样做之前,我们将首先介绍一个新的 R 软件包和其中的一些函数,这些函数可以很好地帮助我们进行诊断检验。新的 **broom** 软件包可以通过 **tidy**()函数将上述统计结果转换为整洁的数据框,并通过 **augment_columns**()函数将统计输出结果(例如拟合值和残差)作为变量添加到原始数据中。值得注意的是,**augment_columns**()函数首先设定模型的输出对象,然后设定原始数据,从而生成具有原始变量和新统计量的新数据对象。R 代码和输出结果演示了这个过程,并显示了新数据集的变量名称和描述性统计量。

```
# load package
library(broom)

# tidy regression output
tidy(model1)
         term     estimate   std.error   statistic
1 (Intercept)  6.588158896  0.720802408   9.1400345
2        open  0.008279996  0.002582653   3.2060040
3      loglab  0.154185276  0.066220731   2.3283536
4     logland -0.044109479  0.056274468  -0.7838276
       p.value
1 8.297834e-16
2 1.680345e-03
```

```
3    2.137907e-02
4    4.345144e-01

# add additional statistics to original data
final.85v2 <- augment_columns(model1, final.85)

# show variables in new data
names(final.85v2)

 [1]    "wbcode"      "year"         "country"      "rgdpwok"
 [5]    "rgdpch"      "open"         "labor"        "continent"
 [9]    "landarea"    "region"       "lat"          "long"
[13]    "logy"        "loglab"       "logland"      ".fitted"
[17]    ".se.fit"     ".resid"       ".hat"         ".sigma"
[21]    ".cooksd"     ".std.resid"

# produce descriptive statistics for new data
stargazer(final.85v2, type = "text", median = TRUE)
=================================================================
Statistic    N      Mean        St. Dev.      Min      Median     Max
-----------------------------------------------------------------
year         139    1,985.000   0.000         1,985    1,985      1,985
rgdpwok      139    10,411.680  9,483.972     705      6,878      38,190
rgdpch       139    4,250.374   4,346.766     299      2,411      19,648
open         139    73.557      44.818        13.800   64.240     318.070
labor        139    12,757.850  57,876.240    29.314   2,368.962  612,363.100
landarea     139    661,122.600 1,500,333.000 320      196,850    9,388,250
logy         139    7.851       1.030         5.700    7.788      9.886
loglab       139    7.582       1.915         3.378    7.770      13.325
logland      139    11.692      2.353         5.768    12.190     16.055
.fitted      139    7.851       0.327         7.310    7.817      10.027
.se.fit      139    0.156       0.061         0.084    0.144      0.572
.resid       139    -0.000      0.977         -2.071   -0.083     2.107
.hat         139    0.029       0.033         0.007    0.021      0.336
.sigma       139    0.988       0.004         0.974    0.989      0.991
.cooksd      139    0.007       0.017         0.00000  0.003      0.182
.std.resid   139    -0.002      1.003         -2.115   -0.085     2.160
-----------------------------------------------------------------
```

在上面的 R 代码中，我们将新数据框命名为 `final.85v2`。通过比较 `final.85` 和 `final.85v2` 两个描述性统计信息表，我们注意到后者仅包括模型估计中所使用的观测值。后文的各种诊断将针对新数据集进行。作为新变量添加的新诊断统计量包括 `.fitted`、`.se.fit`、`.resid`、`.hat`、`.sigma`、`.cooksd` 和 `.std.resid`，其中大多将在之后章节的诊断检验中讨论和使用。

6.3 线性度和模型设定

高斯-马尔可夫定理的一个条件是所估计的模型在参数上是线性的并且模型设定是正确的。正确的模型设定既指函数形式,同时还要求不遗漏任何相关变量。我们将从一些诊断图像开始。

图 6.4 是一个残差-拟合值散点图再加上一条 loess 曲线。R 代码是之前章节中的 `ggplot` 代码,增加了 `geom_smooth()` 函数。该函数拟合了一条 loess 曲线及其置信区间,揭示了残差和拟合值之间的任何可能存在的系统性关系。`loess(locally weighted smoothing)` 曲线是一条通过散点图中数据点的平滑曲线,用于确定两个变量之间的关系而无须满足线性的假定。因此,当 `loess` 曲线与 `residual = 0` 线重叠或非常接近时,残差与拟合值之间几乎不可能存在非线性关系或系统性相关。

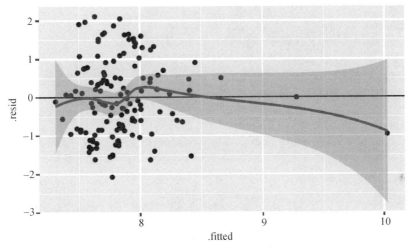

图 6.4　残差-拟合值图:线性度

回想一下,残差应该独立于拟合值和自变量,模型的参数应该是线性的并且模型设定应该是正确的。残差和拟合值之间的任何相关性都将违背这些假定。如果残差表现出任何的非线性模式(例如曲线关系),则代表模型设定有误。另外,如果因变量与模型正确设定的自变量线性相关,则该图应该显示拟合值和残差之间没有系统性关系。

图 6.4 显示残差和拟合值之间不存在任何强的非线性或相关性模式。大多数数据点随机出现在 `residual = 0` 的线周围,并且 `loess` 曲线的置信区间与 `residual = 0` 的线在很大程度上重叠。但值得注意的是,`loess` 曲线的确受到一个拟合值约为 10 的数据点的中等程度的影响。

我们通过以下残差-自变量图来进一步检验线性度和模型设定的假定。R 代码和图 6.5 如下:

```
# load packages
library(ggplot2)
library(gridExtra)

# residuals against trade
ropen <- ggplot(final.85v2, aes(x=open, y=.resid)) +
        geom_hline(yintercept=0) +
        geom_point() +
        geom_smooth(method='loess', se=TRUE)

# residuals against land
rland <- ggplot(final.85v2, aes(x=logland, y=.resid)) +
        geom_hline(yintercept=0) +
        geom_point() +
        geom_smooth(method='loess', se=TRUE)

# residuals against labor
rlab <- ggplot(final.85v2, aes(x=loglab, y=.resid)) +
        geom_hline(yintercept=0) +
        geom_point() +
        geom_smooth(method='loess', se=TRUE)

# display plots together
grid.arrange(ropen, rland, rlab, ncol=3)
```

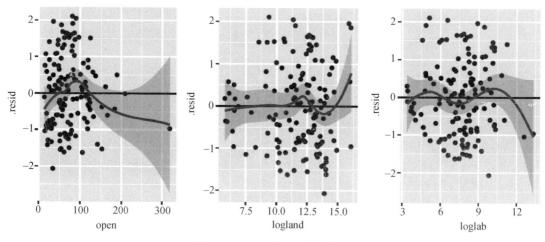

图 6.5　残差-自变量图:线性度

图 6.5 中各图的 loess 曲线置信区间与 residual=0 的线在很大程度上重叠。但是残差-open 图似乎显示出了相对明晰的曲线关系,这值得进一步探讨。

尽管图 6.4 和图 6.5 非常具有启发性,但它们不能代替正式的诊断检验。我们可以使用拉姆齐的回归方程设定误差检验(Ramsey's regression specification error test, RESET)来检验函数形式是否设定有误。在此检验中,我们重新估计原始模型加上拟合或预测的 y 的二次项或三次项(即

$\hat{y}_i^2$ 或 $\hat{y}_i^3$）构成的扩展模型。我们使用 F 统计量来检验零假设，即原始模型和扩展模型对因变量变化的解释力是相同的。如果零假设被拒绝，那么一些自变量会以非线性形式影响因变量。

二次函数形式检验的 R 代码和输出结果如下所示。注意二次项是如何设定的。另一种选择是先为平方项创建一个新变量，然后将新变量包括在模型中。

```
# regression specification error test expanded model
model1.q1 <- lm(logy ~ open + loglab + logland + I(.fitted^2),
    data = final.85v2)

# F test of model difference
anova(model1, model1.q1)

Analysis of Variance Table

Model 1: logy ~ open + loglab + logland
Model 2: logy ~ open + loglab + logland + I(.fitted^2)
    Res.Df      RSS  Df  Sum of Sq       F   Pr(>F)
1      135   131.66
2      134   130.10   1     1.5581  1.6048   0.2074
```

F 统计量为 1.6048，p 值为 0.2074。如果我们应用 5% 的显著性水平，我们将无法拒绝这两个模型相同的零假设。结果与图 6.4 中的 `loess` 曲线一致。

为了进一步探讨这一点，正如图 6.4 所暗示的那样，我们可以检验贸易开放程度与对数人均收入之间存在非线性关系的可能性。如果存在最佳贸易开放程度，那么高于或低于最佳水平的贸易开放程度都将不利于经济增长。为了检验这种可能性，我们可以在原始模型中添加一个二次项，即 $open^2$。如果这种可能性是真的，那么我们可以期望线性项 open 的系数为正，而其二次项 $open^2$ 的系数为负。两者在统计上均应不为零。R 代码和输出结果如下：

```
# estimate a curvilinear model for trade
model1.q2 <- lm( logy ~ open + loglab + logland + I(open^2),
                data=final.85v2)

# F test of model difference
anova(model1, model1.q2)

Analysis of Variance Table

Model 1: logy ~ open + loglab + logland
Model 2: logy ~ open + loglab + logland + I(open^2)
    Res.Df      RSS  Df  Sum of Sq       F   Pr(>F)
1      135   131.66
2      134   127.29   1     4.3701  4.6006  0.03376 *
---
Signif. codes:
0 '***' 0.001 '**' 0.01 '*' 0.05 '.' 0.1 ' ' 1
```

```
summary(model1.q2)

Call:
lm(formula = logy ~ open + loglab + logland + I(open^2),
    data = final.85v2)

Residuals:
     Min       1Q   Median       3Q      Max
-2.02458 -0.74207 -0.08419  0.62834  2.12034

Coefficients:
              Estimate  Std. Error  t value  Pr(>|t|)
(Intercept)  5.720e+00  8.186e-01   6.988    1.19e-10 ***
open         1.998e-02  6.019e-03   3.319    0.00116  **
loglab       2.268e-01  7.359e-02   3.081    0.00250  **
logland     -6.102e-02  5.610e-02  -1.088    0.27867
I(open^2)   -4.651e-05  2.168e-05  -2.145    0.03376  *
---
Signif. codes:
0 '***' 0.001 '**' 0.01 '*' 0.05 '.' 0.1 ' ' 1

Residual standard error: 0.9746 on 134 degrees of freedom
Multiple R-squared: 0.1305, Adjusted R-squared: 0.1046
F-statistic: 5.029 on 4 and 134 DF, p-value: 0.0008297
```

F 统计量为 4.6，p 值为 0.034。如果应用 5% 的显著性水平，我们将拒绝这两个模型相同的零假设。这个结果似乎与之前基于拟合值平方的 RESET 检验互相矛盾。

更具体地说，**open** 的系数为正并且在统计上是显著的，而 I(open^2)，即 open^2 的系数为负并且在统计上是显著的。结果表明，贸易开放程度对增长的影响首先上升，然后下降。基于模型的估计值，我们实际上可以使用以下公式确定贸易开放程度的转折点：$\left|\frac{coef_{open}}{2*coef_{open^2}}\right| = \left|\frac{1.998e-02}{2*(-4.651e-05)}\right| \approx 215$。根据这一发现，在那些贸易开放程度低于 215% 的国家中，贸易与增长呈正相关，而对于那些高于转折点的国家，这种相关性是负的。

图 6.6 提供了估算样本的贸易开放程度和对数人均收入的散点图。它显示中国香港地区和新加坡是样本中转折点上方仅有的两个数据点。因此，曲线关系很可能由这两个观测值驱动，下面将进一步研究这个问题。

最后，我们还可以在某个新变量与贸易和因变量相关时使用 F 检验来研究这个新变量是否应该属于所讨论的模型。在这种场景下，排除新变量会导致所谓的遗漏变量偏差，因为遗漏它会导致贸易的系数出现偏差。可以先目视检查残差-新变量的散点图，然后应用 **anova**() 函数和 F 检验来解决此问题。有兴趣的读者可以使用以上步骤探索这种可能性。

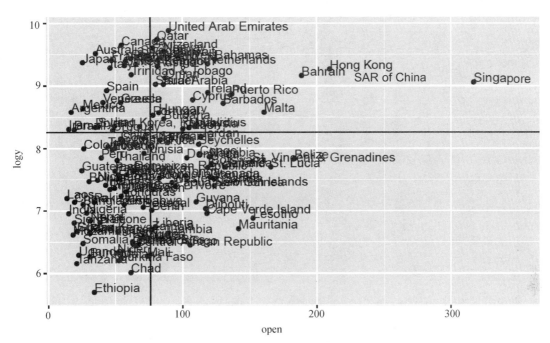

图 6.6 贸易开放程度和对数人均收入散点图

6.4 完全多重共线性和高度多重共线性

高斯-马尔可夫定理的第二个条件是自变量不能完全相关。为了说明这一点,我们将提供一个示例。假设我们创建一个新变量 open4,它等于 open 变量的四倍,从而使两个变量完全相关。为了便于说明,我们将使用 lm( ) 函数重新估计原始模型两次:首先在 open4 之前输入 open,然后以相反的顺序再输入一次。R 代码和输出结果如下:

```
# create a variable perfectly correlating with open
final.85v2$open4 <- 4 * final.85v2$open

# check correlation between two variables
cor(final.85v2$open, final.85v2$open4, use = "complete.obs")

[1] 1

# estimate model 1 adding open4 in two different orderings OLS model
lm(logy ~ open + open4 + loglab + logland, data = final.85v2)

Call:
lm(formula = logy ~ open + open4 + loglab + logland,
    data = final.85v2)
```

```
Coefficients:
(Intercept)         open        open4       loglab
    6.58816      0.00828           NA      0.15419
     logland
    -0.04411

lm(logy ~ open4 + open + loglab + logland, data = final.85v2)
Call:
lm(formula = logy ~ open4 + open + loglab + logland,
    data = final.85v2)

Coefficients:
(Intercept)        open4        open       loglab
    6.58816      0.00207          NA      0.15419
     logland
    -0.04411
```

输出结果表明,由于 **open** 和 **open4** 是完全相关的,因此它们无法被同时估计,其中第二个进入模型的变量将在估计中被删除。

完全多重共线性是很少见的。通常情况下,自变量之间可能高度相关。存在高度多重共线性的情况下,OLS 估计量仍然是无偏的。如果模型设定是正确的,则其抽样分布仍以真实参数值为中心,OLS 估计量仍然是最佳线性无偏估计量,标准误和 t 检验也仍然有效。但是,当两个自变量高度相关时,最小二乘估计值对数据和模型设定的微小变化变得敏感,当模型设定或样本发生变化时,它们往往会发生反常的变化。此外,与不存在多重共线性的情况相比,标准误会更大,并且 t 统计量更小,使得更加难以拒绝零假设。

方差膨胀因子(variance inflation factor,VIF)最常用于诊断高度多重共线性。这个术语如字面含义一样,指的是使回归系数估计量的标准误膨胀的因子。以 **open** 变量的 VIF 为例,它的表达式定义如下:

$$\text{VIF} = \frac{1}{1 - R^2_{\text{open}}}$$

其中 R^2_{open} 是新回归的 R^2 值,该新回归中 **open** 是原始模型中所有其他自变量的因变量。

为了理解 VIF 为何能够很好地作为高度共线性的表征,我们可以看一下另一种估计 b 的方差的方法。

$$\widehat{var}(b) = \frac{s^2}{(n-1)\,\widehat{var}(\text{open})} \cdot \frac{1}{1 - R^2_{\text{open}}}$$

其中 R^2_{open} 的定义与上文相同,s^2 是样本均方误差(总体回归模型中误差项的真实方差的估计值),而 $\widehat{var}(\text{open})$ 是 **open** 的样本方差。注意,$\frac{1}{1-R^2_{\text{open}}}$ 是 VIF。因此,当 VIF 增大时,$\widehat{var}(b)$ 增大,而 t 统计量减小。

如果 VIF 等于 1,则 R^2_{open} 等于 0,这意味着 **open** 完全独立于原始模型中的其他自变量。在这种情况下完全不存在多重共线性。但是如果 VIF 等于 10,则 R^2_{open} 等于 0.9,这意味着 **open** 的变化中有 90% 可以由原始模型中的其他自变量解释。在这种情况下,我们应该关注多重共线性的影响并且谨慎地解释结果。因为这代表在其他条件不变时，open 的变化中只有 10% 用来估计解释变量的影响。许多人认为 VIF 值为 10 就代表了严重的多重共线性。

car 软件包中的 **vif( )** 函数可以提供诊断检验。

```
# compute vif statistics
library(car)
vif(model1)

    open     loglab    logland
1.895843   2.274622   2.481816
```

在这个例子中，原始模型的三个自变量似乎都没有严重的多重共线性问题。

6.5 误差的方差齐性

高斯-马尔可夫定理假定误差的方差对各观测值保持不变。违背此假定时会出现非恒定误差方差，也称为异方差性误差方差（heteroskedastic error variance）。在非恒定误差方差存在的情况下，OLS 参数估计保持无偏性和一致性，但是对回归系数标准误的估计将会不正确，因此使用标准误估计的 t 检验将变得无效。

第一个诊断工具是残差-拟合值图（如图 6.4 所示）以及残差-自变量图（如图 6.5 所示）。在图 6.4 中 **loess** 曲线的置信区间带显示，随着拟合值的增加，残差似乎略微呈漏斗状。在图 6.5 中的残差-**open** 图中，这种形状更加明显了。如图 6.6 所示，几个贸易开放程度很高的国家可能导致了这种形状。

使用 R，我们可以进行两个正式的诊断检验：**Breush /Pagan** 和 **Cook /Weisberg** 分数检验。对于这两个检验，零假设是误差方差恒定，备择假设是误差方差不是恒定的。因此，如果零假设被拒绝，则误差方差不是恒定的。判断规则与之前相同：将检验统计量的 p 值与可接受的第一类错误概率 α 进行比较从而得出结论。

```
# test heteroskedasticity,
# estimate OLS model and create output object
model1 <- lm(logy ~ open + loglab + logland, data = final.85v2)

# Cook/Weisberg score test of constant error variance
library(car)
ncvTest(model1)

Non-constant Variance Score Test
Variance formula: ~ fitted.values
Chisquare = 0.5594459   Df = 1   p = 0.4544836

# Breush/Pagan test of constant error variance
library(lmtest)
bptest(model1)
```

```
studentized Breusch-Pagan test

data: model1
BP = 4.2832, df = 3, p-value = 0.2325
```

检验统计量的 p 值分别为 0.45 和 0.23。当可接受的第一类错误概率为 0.05 时,误差方差恒定的零假设不能被拒绝。

尽管我们的模型没有违背误差方差恒定的假定,但是从教学角度来看,讨论一些用于校正非恒定误差方差的常见解决方案仍然是有意义的。一种方法是对可能作为非恒定误差方差来源的偏斜变量进行对数转换。值得注意的是,`pop` 和 `landarea` 都是高度偏斜的变量,对它们进行对数转换可能会有所帮助。

第二种方法是使用加权最小二乘法(weighted least squares,WLS),假设残差的方差与自变量中的一个成正比。WLS 通过最小化加权残差平方和(在标识的自变量上加一个权重)来估计系数。WLS 的 R 代码和输出结果如下:

```
# weighted least squares
model1.wls <- lm( logy ~ open+loglab+logland,
                  weights=1/open, data=final.85v2)
summary(model1.wls)

Call:
lm(formula = logy ~ open + loglab + logland, data = final.85v2,
    weights = 1/open)

Weighted Residuals:
     Min       1Q   Median       3Q      Max
-0.33791 -0.09702 -0.00591  0.09324  0.33650

Coefficients:
             Estimate Std. Error t value Pr(>|t|)
(Intercept)  5.456484   0.776028   7.031 9.25e-11 ***
open         0.013540   0.003224   4.200 4.82e-05 ***
loglab       0.115856   0.069859   1.658   0.0996 .
logland      0.044447   0.062822   0.708   0.4805
---
Signif. codes:
0 '***' 0.001 '**' 0.01 '*' 0.05 '.' 0.1 ' ' 1

Residual standard error: 0.136 on 135 degrees of freedom
Multiple R-squared: 0.117, Adjusted R-squared: 0.09733
F-statistic: 5.96 on 3 and 135 DF, p-value: 0.0007581
```

WLS 的结果与 OLS 模型的结果大致一致。尽管影响的大小已增加到 1.35%,但 `open` 的影响仍然为正并在统计上显著。`loglab` 的影响仍然为正且显著,而 `logland` 的影响尽管在统计上仍然不显著,却变为正向的了。

第三种方法是估计可以校正非恒定误差方差影响的新标准误,这被称为怀特异方差稳健标准误(White heteroskedasticity consistent robust standard errors)。尽管它在应用研究中被经常使用,但有一些注意事项值得在这里指出。怀特稳健标准误仅具有渐进性证明,即仅对大样本有效。当样本量很小时,基于怀特稳健标准误的 t 统计量将不具有接近 t 分布的概率分布,统计推断有可能不正确。此外,OLS 估计量使用怀特稳健标准误时效率低下。

R 中的两个软件包 `lmtest` 和 `sandwich` 提供了用于计算怀特稳健标准误的函数。请注意,存在不同形式的 `sandwich` 校正。如 `sandwich` 软件包操作手册(https:// cran. r-project. org/ web/ packages/ sandwich/ sandwich. pdf)中所示,借助 `sandwich` 包中的 `vcovHC( )` 函数,我们可以获得从 `HC0` 到 `HC5` 的略有不同的怀特稳健标准误估计量。对于我们的目标而言,重点是要知道方差-协方差矩阵 `HC3` 是 `vcovHC( )` 函数的默认报告值。在实践中,许多分析人员会将 R 的结果与流行软件 Stata 产生的结果进行比较,该软件的默认怀特稳健标准误估计量等于 `sandwich` 包中 `vcovHC( )` 函数的方差-协方差矩阵 `HC1`。下面,我们报告了这两种类型的怀特稳健标准误以查看它们之间的差异。

R 代码如下所示。我们使用 `lmtest` 软件包中的 `coeftest( )` 函数,首先设定之前生成的模型输出对象 `model1`,然后通过修改 `type=` 选项来选择要报告的稳健标准误的类型。

```
# load packages
library(lmtest)
library(sandwich)

# report default HC3 robust standard errors
model1.hc3 <- coeftest(model1, vcov=vcovHC)
model1.hc3

t test of coefficients:

              Estimate    Std. Error    t value    Pr(>|t|)
(Intercept)   6.5881589   0.7338756     8.9772     2.099e-15 ***
open          0.0082800   0.0028039     2.9530     0.003713  **
loglab        0.1541853   0.0674633     2.2855     0.023844  *
logland      -0.0441095   0.0573772    -0.7688     0.443377
---
Signif. codes:
0 '***' 0.001 '**' 0.01 '*' 0.05 '.' 0.1 ' ' 1

# report HC1 robust standard errors as Stata
# variants:"HC3","HC","HC0","HC1","HC2","HC4","HC4m","HC5"
model1.hc1 <- coeftest(model1, vcov=vcovHC(model1, type="HC1"))
model1.hc1

t test of coefficients:

              Estimate    Std. Error    t value    Pr(>|t|)
(Intercept)   6.5881589   0.6779671     9.7175     < 2.2e-16 ***
open          0.0082800   0.0023576     3.5120     0.0006053 ***
loglab        0.1541853   0.0626915     2.4594     0.0151805 *
logland      -0.0441095   0.0559666    -0.7881     0.4319969
---
```

```
Signif. codes:
0 '***' 0.001 '**' 0.01 '*' 0.05 '.' 0.1 ' ' 1
```

这些结果中有两个观测值值得注意。首先，由于怀特稳健标准误校正仅针对标准误的估计，所有的系数估计值都是保持不变的。其次，关注 **open** 变量后我们可以看到两次校正提供的标准误估计值略有不同，但是无论使用哪种标准误估计量，**open** 的影响在常规水平上仍具有统计上的显著性。

相应的方差-协方差矩阵可以通过如下方式获得。感兴趣的读者可以通过对比上面的标准误估计值和下面的对角线元素的平方根来验证它们之间的对应关系。

```
# request the variance-covariance matrix HC3
vcovHC(model1, type = "HC3")
                (Intercept)           open           loglab
(Intercept)    0.538573356    -1.755419e-03    -1.357727e-02
open          -0.001755419     7.862004e-06     5.581238e-05
loglab        -0.013577274     5.581238e-05     4.551300e-03
logland       -0.026354579     6.555593e-05    -2.144378e-03
                    logland
(Intercept)   -2.635458e-02
open           6.555593e-05
loglab        -2.144378e-03
logland        3.292145e-03

# request the variance-covariance matrix HC1
vcovHC(model1, type = "HC1")
                (Intercept)           open           loglab
(Intercept)    0.459639431    -1.348921e-03    -8.331623e-03
open          -0.001348921     5.558300e-06     2.544375e-05
loglab        -0.008331623     2.544375e-05     3.930227e-03
logland       -0.025380567     6.393592e-05    -2.012949e-03
                    logland
(Intercept)   -2.538057e-02
open           6.393592e-05
loglab        -2.012949e-03
logland        3.132260e-03
```

6.6　误差项观测值的独立性

高斯-马尔可夫定理假定误差项的观测值是独立不相关的。但是，在一段时间内（或者跨区域）收集的观察结果可能会在一段时间内（或在一定区域内）相关。如果建模时没有明确考虑时间或空间相关性，则残差将与时间或空间相关，从而导致标准误的估计出现偏差。由于本书的重点是横截面研究设计，我们将不探讨时间相关性，通常会将其称为残差中的自相关。数据集 **final.85v2** 确实具有空间维度。因此，我们将探索与区域相关的残差中是否存在任何系统性的规律。

图 6.7 按 **continent** 变量绘制了残差–拟合值关系图,该变量是区域变量。R 代码与之前一样,只是增加了 **facet_wrap**()来包括区域的图形面板序列。

```
# distribution of residuals in each region
ggplot(final.85v2, aes(.fitted, .resid)) +
        geom_hline(yintercept = 0) +
   geom_point() +
   facet_wrap(~continent)
```

图 6.7 显示了一些明确的区域性规律。欧洲的所有残差均为正,这意味着该模型系统性地低估了 1985 年欧洲国家的对数人均收入。除适用于某个国家之外,这一规律也适用于南美。与之相反,非洲的大多数残差为负,这意味着该模型系统性地高估了许多非洲国家的人均收入。这些规律表明,弗兰克尔和罗默的统计模型并未捕捉到同一地区众多国家的某些共性,这表明同一地区的国家之间缺乏独立性。

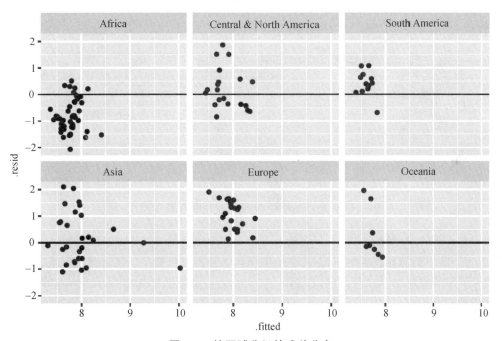

图 6.7　按区域分组的残差分布

一种正式的空间相关性检验统计量是莫兰指数 I(Moran's I),我们可以用它来检验地理上较近的国家(地区)间的对数人均收入值的差,是否比地理上较远的国家(地区)间的差更小。如果确实如此,这将成为因变量的观测值之间存在相关关系的证据。我们将在本章后面的综合问答部分中演示如何进行此检验。现在,我们把图像的规律性作为空间相关性存在的充分证据。弗兰克尔和罗默分析的关键问题是空间相关性是否会影响贸易对增长影响的估计,以及如何解决它。我们从 **logy** 和 **open** 的散点图开始查看线性关系在不同区域之间是否成立。有可能一个区域内的国家(地区)间紧密相关,从而导致区域之间存在很大差异。检查贸易与区域收入之间的关系是一个很好的起点。R 代码和图 6.8 如下所示。请注意,通过添加 **stat_smooth**()选项,我们对每个区域绘制了不带置信区间的回归线。

```
# scatter plot of trade and income by region
ggplot(final.85, aes(open, logy)) +
    geom_point() +
    facet_wrap( ~ continent) +
    stat_smooth(method = "lm", se = FALSE)
```

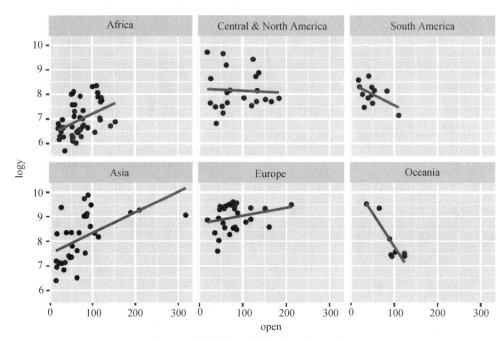

图 6.8 按区域分组的贸易和收入散点图

图 6.8 表明区域之间确实存在巨大的差异。贸易和收入在三个区域呈正相关：非洲、亚洲和欧洲，但它们在中美洲和北美洲不相关，在南美洲和大洋洲呈负相关。在这种情况下，空间相关性指出弗兰克尔和罗默的原始模型中设定有误。图 6.8 似乎表明原始模型中 `open` 的截距和系数在区域之间有所不同。如果是这样，弗兰克尔和罗默的模型应该重新设定以解决区域之间的差异问题。下面我们将演示如何重新设定弗兰克尔和罗默的原始模型来解决区域差异问题。

回忆一下，原始的弗兰克尔和罗默模型如下：

$$\ln Y_i = \beta_0 + \beta_1 T_i + \beta_2 N_i + \beta_3 A_i + \varepsilon_i$$

如果区域差异仅影响截距 β_0，那么我们可以创建六个虚拟变量来替换原始的截距，如下所示。区域虚拟变量如 Africa 的系数 β_{af} 代表模型中所有其他变量都为零时非洲国家的平均对数人均收入水平。

$$\ln Y_i = \beta_{af}\text{Africa} + \beta_{cn}\text{C. N. America} + \beta_{sa}\text{S. America} + \beta_{as}\text{Asia} + \beta_e\text{Europe} + \beta_o\text{Oceania} +$$
$$\beta_1 T_i + \beta_2 N_i + \beta_3 A_i + \varepsilon_i$$

R 代码和输出结果如下。有三个问题值得注意。第一，`continent` 是一个因子型变量，这意味着 R 在内部将整数值 1、2、3、4、5 和 6 分别保存为六个区域名称的值标签。在运行模型之前，我们首先将简化较长的区域名称值标签以便于阅读。我们先使用 `attribute()` 函数显示 continent 变量的属性,再使用 level( )函数修改值标签,然后通过再次显示属性来确认更改。第二,当我们将因子型变量 continent 放入模型时,R 将为回归中的每个水平(即区域)创建一个虚拟变量。第三,我们通过在~符号后添加 0+来排除截距。

```
# show attributes
attributes(final.85v2$continent)

$levels
[1] "Africa"         "Central & North America"
[3] "South America"  "Asia"
[5] "Europe"         "Oceania"

$class
[1] "factor"

# change value labels of factor variable continent
levels(final.85v2$continent) <- c(".Africa", ".C.N.America",
    ".S.America", ".Asia", ".Europe", ".Oceania")

# confirm the change
attributes(final.85v2$continent)

$levels
[1] ".Africa"      ".C.N.America"    ".S.America"
[4] ".Asia"        ".Europe"         ".Oceania"

$class
[1] "factor"

# model with all regional dummies and no intercept
lm(logy ~ 0 + continent + open + loglab + logland,
    data = final.85v2)

Call:
lm(formula = logy ~ 0 + continent + open + loglab + logland,
    data = final.85v2)

Coefficients:
    continent.Africa      continent.C.N.America
             5.85086                    6.97531
 continent.S.America             continent.Asia
             6.98705                    7.06399
    continent.Europe           continent.Oceania
             7.94885                    6.86145
                open                     loglab
             0.00641                   -0.01615
             logland
             0.06393
```

另外，我们也可以在包括截距的同时估计以上模型。如前所述，由于完全多重共线性的问题，将有一个区域被自动排除。在这种情况下，由截距所测量的被排除区域可以作为其他区域虚拟变量的基准类别，使得其他区域的系数为所包含区域和被排除区域之间的差。如下面的输出结果所示，R 自动使用 Africa 作为基准类别。

```
# display model with all regional dummies but one
lm(logy ~ continent+open+loglab+logland, data=final.85v2)

Call:
lm(formula = logy ~ continent + open + loglab + logland,
    data = final.85v2)

Coefficients:
       (Intercept)    continent.C.N.America
           5.85086                  1.12445
continent.S.America         continent.Asia
           1.13619                  1.21313
 continent.Europe       continent.Oceania
           2.09799                  1.01059
              open                   loglab
           0.00641                 -0.01615
           logland
           0.06393
```

通过比较这两个模型的输出结果，我们会发现它们在数学上是等价的。在无截距模型中，每个区域都有一个系数：Africa 的系数为 5.85086，South America 的系数为 6.98705，以此类推。而在包含截距的模型中，除 Africa 外的每个区域都有一个系数：截距为 5.85086，South America 的系数为 1.13619，这完全等于无截距模型中 6.98705（South America）和 5.85086（Africa）之间的差。

完整的模型输出结果如下。此外，我们进行了 F 检验来与原始模型进行比较。零假设是这两个模型没有区别，即没有区域差异。

```
# display full model ouput
model1.reg <- lm(logy ~ continent + open + loglab + logland,
    data = final.85v2)

# display model output
summary(model1.reg)

Call:
lm(formula = logy ~ continent + open + loglab + logland,
    data = final.85v2)

Residuals:
    Min      1Q   Median      3Q      Max
-1.5393  -0.5051 -0.1059  0.4129  1.6415
```

```
Coefficients:
                        Estimate    Std. Error   t value    Pr(>|t|)
(Intercept)             5.850858    0.554950     10.543     < 2e-16
continent.C.N.America   1.124454    0.198251      5.672     8.73e-08
continent.S.America     1.136190    0.230289      4.934     2.42e-06
continent.Asia          1.213131    0.176252      6.883     2.24e-10
continent.Europe        2.097989    0.191067     10.980     < 2e-16
continent.Oceania       1.010595    0.276448      3.656     0.000371
open                    0.006410    0.001885      3.400     0.000894
loglab                 -0.016153    0.054946     -0.294     0.769245
logland                 0.063926    0.043466      1.471     0.143782

(Intercept)             ***
continent.C.N.America   ***
continent.S.America     ***
continent.Asia          ***
continent.Europe        ***
continent.Oceania       ***
open                    ***
loglab
logland
---
Signif. codes:
0 '***' 0.001 '**' 0.01 '*' 0.05 '.' 0.1 ' ' 1

Residual standard error: 0.7004 on 130 degrees of freedom
Multiple R-squared: 0.5644, Adjusted R-squared: 0.5376
F-statistic: 21.05 on 8 and 130 DF, p-value: < 2.2e-16

# compare against original model
anova(model1, model1.reg)

Analysis of Variance Table

Model 1: logy ~ open + loglab + logland
Model 2: logy ~ continent + open + loglab + logland
  Res.Df    RSS     Df   Sum of Sq      F         Pr(>F)
1    135  131.66
2    130   63.77    5      67.887    27.679    < 2.2e-16 ***
---
Signif. codes:
0 '***' 0.001 '**' 0.01 '*' 0.05 '.' 0.1 ' ' 1
```

输出结果显示了一些有用的发现。第一,即使在控制了区域差异之后,open 的影响仍然为正且具有统计显著性,但是影响比之前要小。现在,贸易开放程度每增加 1%,人均收入会增加 0.64%。第二,相比于非洲,其他五个区域都在统计上显著拥有更高的收入水平。第三,在控制了区域差异之后,loglab 和 logland 都在统计上变得不显著了。第四,考虑了区域间的收入差异后,模型整体拟合度 R^2 得到了显著改善。该模型解释了约56%的对数人均收入差异。第五,对包含区域的模型与原始模型所进行检验得到的 F 统计量为27.679,从而拒绝了这两个模型没有区别的零假设。

如果不同区域之间的贸易影响有所不同,则弗兰克尔和罗默的原始模型中的系数 β_1 应该重新设定如下:

$$\ln Y_i = \beta_{af}\text{Africa} + \beta_{cn}\text{CNAmerica} + \beta_{sa}\text{SAmerica} + \beta_{as}\text{Asia} + \beta_{e}\text{Europe} + \beta_{o}\text{Oceania} + \beta_{1af}\text{Africa}*T_i + \beta_{1cn}\text{CNAmerica}*T_i + \beta_{1sa}\text{SAmerica}*T_i + \beta_{1as}\text{Asia}*T_i + \beta_{1e}\text{Europe}*T_i + \beta_{1o}\text{Oceania}*T_i + \beta_2 N_i + \beta_3 A_i + \varepsilon_i$$

R 代码和输出结果如下。请注意交互项模型是如何在 R 中便捷地设定的(或者也可以创建一个交互项并将其纳入模型中)。此外,我们进行了两个模型对比检验:一个在原始模型与交互模型之间进行,另一个在区域模型与交互模型之间进行。

```
# interaction model
model1.int <- lm(logy ~ open * continent + loglab + logland,
  data = final.85v2)

# compare models
anova(model1, model1.int)

Analysis of Variance Table

Model 1: logy ~ open + loglab + logland
Model 2: logy ~ open * continent + loglab + logland

  Res.Df     RSS   Df   Sum of Sq        F    Pr(>F)
1    135  131.656
2    125   53.819   10     77.837   18.078  < 2.2e-16 ***
---
Signif. codes:
0 '***' 0.001 '**' 0.01 '*' 0.05 '.' 0.1 ' ' 1


anova(model1.reg, model1.int)

Analysis of Variance Table

Model 1: logy ~ continent + open + loglab + logland
Model 2: logy ~ open * continent + loglab + logland
  Res.Df     RSS   Df   Sum of Sq        F    Pr(>F)
1    130   63.770
2    125   53.819    5      9.9503   4.6221  0.0006643 ***
---
Signif. codes:
0 '***' 0.001 '**' 0.01 '*' 0.05 '.' 0.1 ' ' 1
```

```
# display output
summary(model1.int)

Call:
lm(formula = logy ~ open * continent + loglab + logland,
    data = final.85v2)

Residuals:
    Min        1Q     Median      3Q        Max
-1.64503   -0.44733  -0.09181   0.38105   1.75245

Coefficients:
                              Estimate    Std. Error   t value
(Intercept)                   6.3266688   0.5556540    11.386
open                          0.0073966   0.0030342     2.438
continent.C.N.America         1.5586340   0.3742021     4.165
continent.S.America           2.0492782   0.4524259     4.530
continent.Asia                1.2039049   0.2803122     4.295
continent.Europe              2.7438566   0.4459053     6.153
continent.Oceania             4.0066062   0.8371850     4.786
loglab                       -0.0704607   0.0551576    -1.277
logland                       0.0527409   0.0421710     1.251
open:continent.C.N.America   -0.0061018   0.0041246    -1.479
open:continent.S.America     -0.0181383   0.0079835    -2.272
open:continent.Asia           0.0006836   0.0034438     0.198
open:continent.Europe        -0.0081190   0.0055471    -1.464
open:continent.Oceania       -0.0346147   0.0090520    -3.824
                              Pr(>|t|)
(Intercept)                   < 2e-16  ***
open                          0.016186 *
continent.C.N.America         5.75e-05 ***
continent.S.America           1.36e-05 ***
continent.Asia                3.48e-05 ***
continent.Europe              9.47e-09 ***
continent.Oceania             4.72e-06 ***
loglab                        0.203813
logland                       0.213401
open:continent.C.N.America    0.141552
open:continent.S.America      0.024796 *
open:continent.Asia           0.842987
open:continent.Europe         0.145798
open:continent.Oceania        0.000206 ***
---
Signif. codes:
0 '***' 0.001 '**' 0.01 '*' 0.05 '.' 0.1 ' ' 1
```

```
Residual standard error: 0.6562 on 125 degrees of freedom
Multiple R-squared: 0.6324, Adjusted R-squared: 0.5941
F-statistic: 16.54 on 13 and 125 DF, p-value: < 2.2e-16
```

我们首先从比较模型的结果开始。原始模型与交互模型之间的 F 检验统计量为 18.078,而区域模型与交互模型之间的 F 检验统计量为 4.622。两个检验均在统计上显著,这表明交互模型比原始模型或仅具有区域虚拟变量的模型具有更强的解释力。

交互模型的结果需要一些说明。请注意,由于非洲是被排除的基准类别,所以截距 6.327 是模型中所有其他变量都为零时非洲的对数人均收入,`open` 的系数 **0.0074** 是样本中非洲国家的贸易的影响。模型中其他区域的贸易的影响等于 **0.0074** 加上各自的系数。因此,贸易的影响在中美洲和北美洲为(0.0074-0.0061)= 0.0013,在南美洲为(0.0074-0.018)= -0.0106,在亚洲为(0.0074+0.00068)= 0.00808,在欧洲为(0.0074-0.0081)= 0.0007,在大洋洲为(0.0074-0.0346)= -0.0272。

贸易的影响似乎在不同区域之间有所不同。问题的关键在于总体中这种影响的不同是因为偶然还是由于实际上就不为零。从模型结果中得到的答案并不明显,因为只报告了非洲贸易影响的显著性检验结果。因此,为了回答这个问题,我们使用了一个新的 R 软件包 `interplot` 来检验贸易的影响及其在每个区域的 95% 置信区间。

R 代码和图 6.9 如下所示。在 `interplot()` 函数中,我们设定模型输出结果为 `model1.int`,然后用 `var1` =设定要绘制其效果的变量,并使用 `var2` =设定条件变量或调节变量。为了标记统计显著性,我们使用 `geom_hline()` 选项插入代表 `coefficient = 0` 的虚线。

```
# load package
library(interplot)

# plot effect of trade conditional on region
interplot(model1.int, var1 = "open", var2 = "continent") +
    geom_hline(yintercept = 0, linetype = "dashed")
```

图 6.9 中的每个面板都有两个点估计值和各自的置信区间。在每个面板中,左侧的估计值是某个区域虚拟变量等于 0 时的估计值,从而代表的是非洲内贸易的影响,而右侧的估计值是当各个区域虚拟变量等于 1 时的估计值,从而代表的是该特定区域内贸易的影响。

图 6.9 表明,贸易影响的 95% 置信区间为正且从未跨越零影响虚线的仅有非洲和亚洲国家(地区),有三个区域跨域了零影响线:中美洲和北美洲、欧洲以及南美洲,它在大洋洲变为负值但并未越过零影响线。这些结果表明,贸易在非洲和亚洲有显著的正影响,在大洋洲有显著的负影响,而在中美洲和北美洲、欧洲以及南美洲没有显著影响。

到目前为止,我们将观测值之间的相关关系视为模型设定上的错误。这在我们知道数据相关关系的来源并可以将其在模型中表示出来时是一种理想情况。但在实际应用工作中,我们并不是总能做到这一点。在这些情况下,一种常见的解决方案是计算聚集在特定单位水平(例如学校内的班级或地区内的学校)的稳健标准误。聚类标准误估计量允许观测值之间在特定单位水平——聚类(在我们的例子中,一个区域可以视为一个聚类)范围——内具有相关关系。但是它的有效性依赖于大样本,尤其是在多个聚类存在的情况下。在我们的案例中,我们只有六个区域,因此,应用聚类标准误是不合适的。但是出于教学目的,我们将演示如何在 R 中估计聚类标准误。我们首先使用 `multiwayvcov` 软件包中的 `cluster.vcov()` 函数来获取聚类方差-协方差矩阵,然

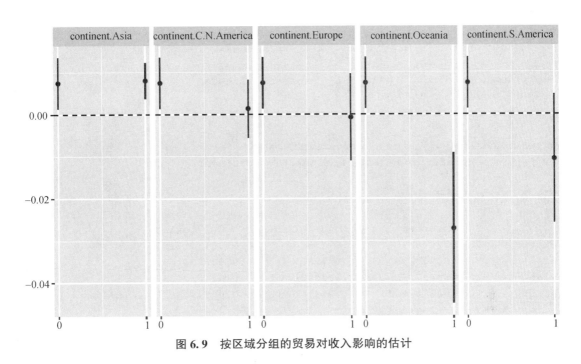

图 6.9 按区域分组的贸易对收入影响的估计

后应用 `lmtest` 软件包中的 `coeftest()` 函数来计算基于聚类矩阵的检验统计量和 p 值。R 代码和输出结果如下。结果显示聚类标准误和常规 OLS 标准误之间的差异很小。

```
# load packages
library(lmtest)
library(multiwayvcov)

# estimate OLS model and create output object
model1 <- lm(logy ~ open + loglab + logland, data = final.85v2)

# show OLS results for comparison
summary(model1)

Call:
lm(formula = logy ~ open + loglab + logland, data = final.85v2)

Residuals:
     Min       1Q   Median       3Q      Max
-2.07067  -0.82670  -0.08307   0.64393  2.10651

Coefficients:
             Estimate  Std. Error  t value  Pr(>|t|)
(Intercept)  6.588159    0.720802    9.140   8.3e-16 ***
open         0.008280    0.002583    3.206   0.00168 **
loglab       0.154185    0.066221    2.328   0.02138 *
logland     -0.044109    0.056274   -0.784   0.43451
---
```

```
Signif. codes:
0 '***' 0.001 '**' 0.01 '*' 0.05 '.' 0.1 ' ' 1

Residual standard error: 0.9875 on 135 degrees of freedom
Multiple R-squared: 0.1007, Adjusted R-squared: 0.08069
F-statistic: 5.038 on 3 and 135 DF, p-value: 0.002434

# request clustered variance and covariance matrix
vcov_region <- cluster.vcov(model1, final.85v2continent)

# display clustered matrix
vcov_region
                (Intercept)         open            loglab
(Intercept)     0.378688904    -1.077383e-03    -0.0643315181
open           -0.001077383     4.577988e-06     0.0002341682
loglab         -0.064331518     2.341682e-04     0.0146384290
logland         0.022730464    -1.205310e-04    -0.0059365002
                logland
(Intercept)     0.022730464
open           -0.000120531
loglab         -0.005936500
logland         0.003635146

# request test statistics and p values
model1.cl <- coeftest(model1, vcov_region)
model1.cl

t test of coefficients:

             Estimate   Std. Error   t value   Pr(>|t|)
(Intercept)  6.5881589  0.6153770    10.7059   < 2.2e-16 ***
open         0.0082800  0.0021396     3.8698   0.0001688 ***
loglab       0.1541853  0.1209894     1.2744   0.2047215
logland     -0.0441095  0.0602922    -0.7316   0.4656835
---
Signif. codes:
0 '***' 0.001 '**' 0.01 '*' 0.05 '.' 0.1 ' ' 1
```

6.7 高影响观测值

一类重要的回归诊断与高影响观测值(influential observation)有关。回归系数代表其他变量保持不变时,自变量对因变量的平均影响。但是某些观测值可能对系数估计、预测值和回归模型的整体拟合度产生过高的影响。这样的观测值存在与否会给我们判断总体参数估计的好坏带来很多不确定性。如安斯库姆四重奏示例中所展示的,此类观测值的存在可能带来很大问题,从而导致统计推断得出误导性结论。

高影响观测值往往与残差的绝对值较大和杠杆率较高有关。残差异常值是指具有非常大的残差绝对值的观测值,即因变量的观察值与预测值相距甚远。具有高杠杆作用的观测值是指那些在自变量上取极端值的观测值,即自变量的取值与其平均值相差很远。高影响观测值会同时影响对系数的估计和回归模型的预测值。因此,识别此类观测值并评估模型结果对其存在的敏感性是十分重要的。

有许多统计量可以用来检测高影响观测值。我们专注其中的三个,尤其是库克距离统计量(Cook's D statistics)。第一个统计量是观测值的学生化残差(studentized residual),它基于不存在该观测值的情况下重新估计的回归模型的标准误。当学生化残差遵循 t 分布时,±2 范围外的观测值就是残差异常值。

第二个统计量是每个观测值的帽子值(hat value),帽子值测量观测值的杠杆率。它是基于对观测值与不同自变量均值点之间距离的加权测量来构造的。它的范围在 $1/n$ 和 1 之间。

第三个统计量是库克距离(Cook's Distance)。值得我们特别注意的是,它是基于每个观测值的学生化残差和帽子值构造的。

$$\text{Cook's } D_i = \frac{\sum_{j=1}^{n}(\hat{y}_j - \hat{y}_{j(i)})^2}{p \times \text{MSE}}$$

其中 Cook's D_i 是观测值 i 的库克距离值,$\hat{y}_j$ 是回归对观测值 j 的预测值,$\hat{y}_{j(i)}$ 是忽略 i 的新回归对观测值 j 的预测值,p 是模型中参数的数量,而 MSE 是模型均方误差。

对于每个观测值,当我们将 `broom` 软件包中的 `expant_columns`( ) 函数应用于模型的输出 `model1` 和原始数据 `final.85` 时,这三个统计量已作为三个新变量生成:`.std.resid`、`.hat` 和 `.cooksd`,并已经被保存到新的数据集 `final.85v2` 中。

`car` 软件包的影响图同时显示了全部三个统计量:水平轴上的帽子值、y 轴上的学生化残差、以及由每个观测值的相对大小的圆代表的库克距离。

```
# load package
library(car)

# influence plot for influential observations
influencePlot(model1)
```

图 6.10 显示了一些观测值,例如观测值 102 的学生化残差在±2 范围之外,观测值 104 的帽子

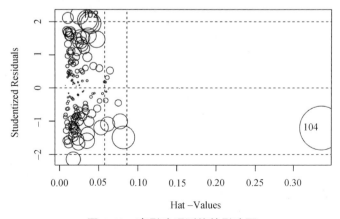

图 6.10 高影响观测值的影响图

值非常大,以及一些观测值具有看起来相对较大的库克距离值。尽管图 6.10 是解释性的,并提供了许多信息,但它并未确切指出哪些观测值超过了我们关注的阈值,因此我们需要库克距离统计量。

库克距离的一个常用临界值为 $4/(n-k-1)$,其中 n 表示观测值的数量,k 表示自变量的数量。当观测值的库克距离值大于这个阈值时,就认为它们的影响力过高。对于 `model1` 而言,n 为 139,k 为 3,阈值约为 0.03。

在下面的 R 代码中,我们演示了如何构建竖轴为库克距离、横轴为超过阈值的观测值数量的图像。我们首先使用 `row.names()` 函数为每个观测值指定一个 `id`,再使用 `as.numeric()` 函数将字符型向量输出结果转换为数值型。然后,我们使用 `ggplot()` 来设定用于绘图的数据集 `final.85v2`、变量 `id` 和 `.cooksd`,使用 `geom_bar()` 设定条形图的形式,使用 `xlab()` 和 `ylab()` 设定轴的标签,使用 `geom_hline()` 设定临界值线,使用 `geom_text()` 设定只有 `.cooksd>0.03` 的观测值才会被标记 `id`。

```
# create observation id
final.85v2$id <- as.numeric(row.names(final.85v2))

# load library
library(ggplot2)

# identify obs with Cook's D above cutoff
ggplot(final.85v2, aes(id, .cooksd))+
  geom_bar(stat="identity", position="identity")+
    xlab("Obs. Number")+ylab("Cook's distance")+
    geom_hline(yintercept=0.03)+
    geom_text(aes(label=ifelse((.cooksd>0.03),id,"")),
              vjust=-0.2, hjust=0.5)
```

图 6.11 确定了六个观测值(28、52、102、104、119 和 132)具有不正常的影响。我们在下面显示了这些观测值及其相关变量。

```
# list observations whose cook's D above threshold
final.85v2[final.85v2$.cooksd > 0.03, c("id", "country", "logy",
        "open", ".std.resid", ".hat", ".cooksd")]

     id    country       logy      open   .std.resid       .hat
28   28  Mauritania   6.714171    141.56   -1.482906    0.08164658
52   52     Canada    9.654321     54.48    1.928715    0.04003432
102 102     Qatar     9.740145     80.94    2.160486    0.02519534
104 104  Singapore    9.061376    318.07   -1.199398    0.33596207
119 119    Iceland    9.409929     81.83    1.966874    0.03725787
132 132  Australia    9.516574     35.28    2.023071    0.03543545
        .cooksd
28    0.04887600
52    0.03878400
102   0.03016099
```

104	0.18195511
119	0.03742840
132	0.03758969

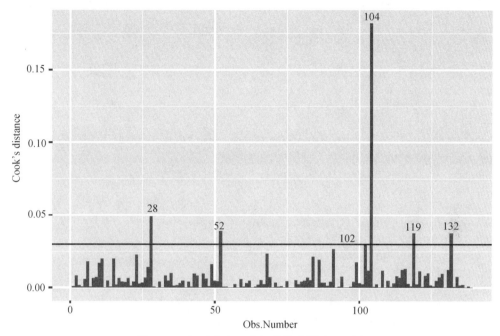

图 6.11 超过库克距离阈值的高影响观测值

显然,新加坡具有最大的库克距离、贸易开放程度和帽子值,但没有最大的残差绝对值。其他的观测值在不同程度上具有一些较大的值。现在的问题是,如果我们删除那些高影响观测值,我们对贸易影响的统计推断是否会改变。

我们估计了两个稳健性模型:一个仅删除了新加坡,另一个则删除了所有六个观测值。注意我们是如何使用索引方法排除观测值的。

```
# re-estimate model 1 without Singapore
model1.no1 <- lm(logy ~ open + loglab + logland,
                 data=final.85v2[final.85v2$.cooksd<0.18,])
summary(model1.no1)

Call:
lm(formula = logy ~ open + loglab + logland,
   data = final.85v2[final.85v2$.cooksd < 0.18, ])

Residuals:
    Min      1Q  Median      3Q     Max
-2.06329 -0.79338 -0.07195  0.65377  2.14759

Coefficients:
            Estimate Std. Error t value Pr(>|t|)
(Intercept) 6.262904   0.768866   8.146 2.33e-13 ***
```

```
open            0.010242    0.003052     3.356    0.00103 **
loglab          0.183232    0.070395     2.603    0.01028 *
logland        -0.046574    0.056220    -0.828    0.40890
---
Signif. codes:
0 '***' 0.001 '**' 0.01 '*' 0.05 '.' 0.1 ' ' 1

Residual standard error: 0.9859 on 134 degrees of freedom
Multiple R-squared: 0.1012, Adjusted R-squared: 0.08107
F-statistic: 5.029 on 3 and 134 DF,  p-value: 0.002467

# re-estimate model 1 without Singapore and five others
model1.no2 <- lm( logy ~ open + loglab + logland,
                  data=final.85v2[final.85v2$.cooksd<0.03,])
summary(model1.no2)

Call:
lm(formula = logy ~ open + loglab + logland,
    data = final.85v2[final.85v2$.cooksd < 0.03, ])

Residuals:
    Min         1Q       Median       3Q        Max
-2.01252    -0.74545    -0.02962    0.59824    2.09918

Coefficients:
              Estimate    Std. Error    t value    Pr(>|t|)
(Intercept)   6.027796    0.758572      7.946      8.32e-13 ***
open          0.011691    0.002971      3.935      0.000135 ***
loglab        0.231452    0.068136      3.397      0.000907 ***
logland      -0.070915    0.056397     -1.257      0.210870
---
Signif. codes:
0 '***' 0.001 '**' 0.01 '*' 0.05 '.' 0.1 ' ' 1

Residual standard error: 0.9286 on 129 degrees of freedom
Multiple R-squared: 0.1524, Adjusted R-squared: 0.1326
F-statistic: 7.729 on 3 and 129 DF,  p-value: 8.677e-05
```

在这两个模型中，贸易的影响在统计上仍然为正且显著。主要区别在于，删除了高影响观测值之后，两个模型中贸易的影响大小都增加了，在第二个模型中尤其如此。因此，这些高影响观测值的主要效果是削弱了原始模型中估计的贸易影响。

6.8 正态性检验

高斯-马尔可夫定理不要求误差项是正态分布的。但是，基于 z 或 t 统计量的统计推断确实要求误差项是正态分布的。另外,当误差项不是正态分布时,它的分布可能会是偏斜或重尾的,从而影响估计的效率。

car 软件包中的分位数比较图是检查回归的残差是否近似正态分布的有效方法。**qqPlot**()函数绘制的图像将来自 **model1** 的学生化残差的实际分位数与基准 t 分布或正态分布的理论预期分位数进行比较,并带有置信度上下包迹线(confidence envelope)。残差越接近四分位数线,学生化残差越接近理论分布。请注意,如果我们想将学生化残差的分位数与理论正态分布进行比较,我们可以简单地用 **norm** 代替 R 代码中的 **t**。选项 **simulate = TRUE** 表示置信度包迹线基于参数引导(parametric bootstrap)。图 6.12 显示,大多数残差都位于置信区间内并且接近四分位数线,但是有些残差似乎偏离了四分位数线。

```
# Normality diagnostic plot
library(car)
qqPlot(model1, distribution = "t", simulate = TRUE)
```

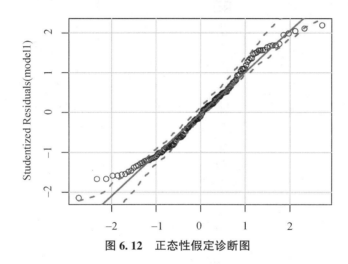

图 6.12　正态性假定诊断图

已经有许多种正态性检验被设计出来,但是许多正态性检验对于在大样本中捕捉正态性的较小偏差过于敏感,却难以在小样本中捕捉正态性的较大偏差。在这里,我们应用一种常见的正态性检验:夏皮罗-威尔克正态性检验(Shapiro-Wilk normality test)。该检验的零假设是残差具有正态分布。检验统计量的 p 值小于 0.05,表明正态性的零假设被拒绝。

```
# normality test
shapiro.test(final.85v2$.resid)

Shapiro-Wilk normality test

data: final.85v2$.resid
W = 0.97508, p-value = 0.01202
```

对于应用研究中违背正态性假定的情况,分析人员通常会给出两种回应。第一种回应是,许多分析人员认为即使残差不是正态分布的,根据中心极限定理,如果样本量足够大,OLS 估计量仍可以是渐近正态的。也就是说,当样本量足够大的时候就可以忽略违背假定的问题。

第二种回应是,对可能导致违背假定的变量进行一些转换。在这种情况下,我们从之前的章节已经知道,严重偏斜的 **open** 变量(想想新加坡的值有多大!)可能是违背假定的原因。因此,我们可能需要对 **open** 应用对数转换来解决其偏态分布的问题,然后重新估计模型并进行正态性检验,再检查 **log(open)** 的影响是否改变了我们先前发现的结果。

```
# test log-transformed open variable
model1.no3 <- lm(logy ~ log(open) + loglab + logland,
                 data=final.85v2)

# normality test
shapiro.test(residuals(model1.no3))

Shapiro-Wilk normality test
data: residuals(model1.no3)
W = 0.98172, p-value = 0.05974

# show model output
summary(model1.no3)

Call:
lm(formula = logy ~ log(open) + loglab + logland, data = final.85v2)

Residuals:
    Min      1Q   Median      3Q     Max
-2.0467  -0.7291  -0.0815  0.6641  2.0720

Coefficients:
             Estimate  Std. Error  t value  Pr(>|t|)
(Intercept)   3.77407    1.22228    3.088   0.00245 **
log(open)     0.76200    0.18722    4.070   7.96e-05 ***
loglab        0.21225    0.06856    3.096   0.00239 **
logland      -0.05758    0.05265   -1.094   0.27609
---
Signif. codes:
0 '***' 0.001 '**' 0.01 '*' 0.05 '.' 0.1 ' ' 1

Residual standard error: 0.9668 on 135 degrees of freedom
Multiple R-squared: 0.138, Adjusted R-squared: 0.1188
F-statistic: 7.203 on 3 and 135 DF, p-value: 0.0001605
```

夏皮罗-威尔克正态性检验显示 p 值为 0.06,大于 0.05 水平。对贸易变量进行对数转换确实有助于解决该问题,使得检验可以接受 0.05 的第一类错误概率阈值。

模型结果表明,现在以 **log(open)** 衡量的贸易的影响仍然为正且在统计上显著。对影响大小的解释需要一些说明。根据表 5.1,在代表 GDP 中贸易比例的 **open** 取对数之后,**log(open)** 的系数 0.76 意味着当贸易占 GDP 的比例增加 1% 时,实际人均收入增加了 0.76%。

6.9 报告结果

到目前为止，我们已经从与估计、诊断和校正检验有关的 10 个模型中积累了很多统计结果。如果我们只将原始的计算机输出结果放在论文中，那么它们会显得既难以理解又不够专业。读者总是期望在专业著作中看到格式整洁的统计表。为了更好地说明这一点，我们分别在两个单独的表中报告了 10 个模型的统计结果。

我们使用 `stargazer()` 函数来汇总结果。R 代码的设定大多与之前章节类似，增添了包括用于设定模型类型的 `column.labels =()` 在内的一些新选项。

```
# robustness checks I
stargazer(model1,model1.q2,model1.wls,model1.hc1,model1.hc3,
          model1.no1, model1.no2, type="text", no.space=TRUE,
          covariate.labels = NULL, label="",
          omit.stat=c("f","ser"), model.names=FALSE,
          dep.var.labels.include=FALSE, dep.var.caption="",
          column.labels=c("OLS","Quadratic","WLS","Robust.hc1",
                          "Robust.hc3", "Singapore","outliers")
          )

# robustness checks II
stargazer(model1.cl, model1.reg, model1.int, model1.no3,
          type="text", no.space=TRUE, covariate.labels = NULL,
          label="", omit.stat=c("f","ser"), model.names=FALSE,
          dep.var.labels.include=FALSE, dep.var.caption="",
          column.labels = c("cluster.se", "regions",
                            "interaction", "logopen")
          )
```

表 6.2 包括了七个模型的结果：原始 OLS、曲线模型、加权最小二乘、具有怀特稳健标准误 HC1 的 OLS、具有怀特稳健标准误 HC3 的 OLS、排除新加坡的 OLS 和排除六个高影响观测值的 OLS。表 6.3 包括了四个模型：具有区域聚类稳健标准误的 OLS、具有区域虚拟变量的 OLS、具有贸易与区域交互项的 OLS 以及具有对数转换贸易变量的 OLS。

由于我们之前已经讨论过各个模型，我们在这里将不再重复讨论它们的细节，而将重点放在对结果的整体总结上。总的来说，贸易对收入的影响是很稳固的，在各种诊断和稳健性检验下仍然为正且在统计上显著。但是，贸易的正向且显著的影响似乎仅限于特定区域，尤其是亚洲和非洲，而当涉及世界其他区域时这种影响并不强。因此，贸易的正向影响无法推广到所有区域。

表 6.2 贸易对收入的影响:稳健性检验第一部分

	OLS (1)	Quadratic (2)	WLS (3)	Robust.hc1 (4)	Robust.hc3 (5)	Singapore (6)	outliers (7)
open	0.008 ***	0.020 ***	0.014 ***	0.008 ***	0.008 ***	0.010 ***	0.012 ***
	(0.003)	(0.006)	(0.003)	(0.002)	(0.003)	(0.003)	(0.003)
loglab	0.154 **	0.227 ***	0.116 *	0.154 **	0.154 **	0.183 **	0.231 ***
	(0.066)	(0.074)	(0.070)	(0.063)	(0.067)	(0.070)	(0.068)
logland	−0.044	−0.061	0.044	−0.044	−0.044	−0.047	−0.071
	(0.056)	(0.056)	(0.063)	(0.056)	(0.057)	(0.056)	(0.056)
I(open2)	−0.00005 **						
	(0.00002)						
Constant	6.588 ***	5.720 ***	5.456 ***	6.588 ***	6.588 ***	6.263 ***	6.028 ***
	(0.721)	(0.819)	(0.776)	(0.678)	(0.734)	(0.769)	(0.759)
Observations	139	139	139		138	133	
R^2	0.101	0.131	0.117		0.101	0.152	
Adjusted R^2	0.081	0.105	0.097		0.081	0.133	

Note: * $p<0.1$; ** $p<0.05$; *** $p<0.01$

表 6.3 贸易对收入的影响:稳健性检验第二部分

	cluster.se (1)	logopen (2)	regions (3)	interaction (4)
continent.C.N.America			1.124 ***	1.559 ***
			(0.198)	(0.374)
continent.S.America			1.136 ***	2.049 ***
			(0.230)	(0.452)
continent.Asia			1.213 ***	1.204 ***
			(0.176)	(0.280)
continent.Europe			2.098 ***	2.744 ***
			(0.191)	(0.446)
continent.Oceania			1.011 ***	4.007 ***
			(0.276)	(0.837)
open	0.008 ***		0.006 ***	0.007 **
	(0.002)		(0.002)	(0.003)
log(open)		0.762 ***		
		(0.187)		
loglab	0.154	0.212 ***	−0.016	−0.070
	(0.121)	(0.069)	(0.055)	(0.055)
logland	−0.044	−0.058	0.064	0.053
	(0.060)	(0.053)	(0.043)	(0.042)
open:continent.C.N.America				−0.006
				(0.004)
open:continent.S.America				−0.018 **
				(0.008)
open:continent.Asia				0.001
				(0.003)
open:continent.Europe				−0.008
				(0.006)
open:continent.Oceania				−0.035 ***
				(0.009)
Constant	6.588 ***	3.774 ***	5.851 ***	6.327 ***
	(0.615)	(1.222)	(0.555)	(0.556)
Observations		139	139	139
R^2		0.138	0.564	0.632
Adjusted R^2		0.119	0.538	0.594

Note: *p<0.1; **p<0.05; ***p<0.01

6.10 第六章程序代码

```
#install following packages only once, then comment out code
#install.packages(c("stargazer","ggplot2","gridExtra","broom",
#"car","lmtest","sandwich","interplot","ape"),dependencies=TRUE)

# display regression results from Anscombe quartet
a1 <- lm(y1~x1, data=anscombe)
a2 <- lm(y2~x2, data=anscombe)
a3 <- lm(y3~x3, data=anscombe)
a4 <- lm(y4~x4, data=anscombe)

# report Anscombe quartet regression results
library(stargazer)
stargazer(a1, a2, a3, a4, type="text", no.space=TRUE,
    model.names=FALSE, notes="standard errors in parentheses")

# load two packages used to data visualization
library(ggplot2)
library(gridExtra)

# generate four scatterplots with regression lines
F1 <- ggplot (anscombe)+aes(x1,y1)+geom_point()
         +geom_abline(intercept=3,slope=0.5)
F2 <- ggplot (anscombe)+aes(x2,y2)+geom_point()
         +geom_abline(intercept=3,slope=0.5)
F3 <- ggplot (anscombe)+aes(x3,y3)+geom_point()
         +geom_abline(intercept=3,slope=0.5)
F4 <- ggplot (anscombe)+aes(x4,y4)+geom_point()
         +geom_abline(intercept=3,slope=0.5)

# display four scatter plots together
grid.arrange(F1,F2,F3,F4, ncol = 2)

# remove all objects from workspace
rm(list=ls(all=TRUE))

# change working directory to project folder
setwd("C:/Project")

# load R data
load("final.85.RData")

# load packages
```

```r
library(ggplot2)
library(gridExtra)
library(stargazer)

# produce formatted descriptive statistics in pwt7.final
stargazer(final.85, type="text", median = TRUE)

# estimate OLS model and create output object
model1 <- lm( logy ~ open + loglab + logland, data=final.85)

# show model output
summary(model1)

# load package
library(broom)

# tidy regression output
tidy(model1)

# add additional statistics to original data
final.85v2 <- augment_columns(model1, final.85)

# show variables in new data
names(final.85v2)

# produce descriptive statistics for new data
stargazer(final.85v2, type="text", median = TRUE)

# load packages
library(ggplot2)
library(gridExtra)

# residuals against fitted values: check linearity
ggplot(final.85v2, aes(x=.fitted, y=.resid)) +
        geom_hline(yintercept=0) +
        geom_point() +
        geom_smooth(method='loess', se=TRUE)

# residuals against trade
ropen <- ggplot(final.85v2, aes(x=open, y=.resid)) +
        geom_hline(yintercept=0) +
        geom_point() +
        geom_smooth(method='loess', se=TRUE)

# residuals against land
rland <- ggplot(final.85v2, aes(x=logland, y=.resid)) +
        geom_hline(yintercept=0) +
        geom_point() +
```

```r
        geom_smooth(method='loess', se=TRUE)

# residuals against labor
rlab <- ggplot(final.85v2, aes(x=loglab, y=.resid)) +
        geom_hline(yintercept=0) +
        geom_point() +
        geom_smooth(method='loess', se=TRUE)

# display plots together
grid.arrange(ropen, rland, rlab, ncol=3)

# regression specification error test
# expanded model
model1.q1 <- lm(logy ~ open + loglab + logland + I(.fitted^2),
                data=final.85v2)

# F test of model difference
anova(model1, model1.q1)

# estimate a curvilinear model for trade
model1.q2 <- lm(logy ~ open + loglab + logland + I(open^2),
                data=final.85v2)

# F test of model difference
anova(model1, model1.q2)
summary(model1.q2)

# scatter plot of open and log of real income per capita
ggplot(final.85v2, aes(x=open, y=logy))+
    geom_point() +
    geom_vline(xintercept = 76.129) +
    geom_hline(yintercept = 8.256) +
    geom_text(aes(label=country),hjust=0,vjust=0)

# create a variable perfectly correlating with open
final.85v2$open4 <- 4 * final.85v2$open

# check correlation between two variables
cor(final.85v2$open, final.85v2$open4, use="complete.obs")

# estimate model 1 adding open4 in two different orderings
lm(logy ~ open + open4 + loglab + logland, data=final.85v2)
lm(logy ~ open4 + open + loglab + logland, data=final.85v2)

# compute vif statistics
library(car)
vif(model1)
```

```r
# test heteroskedasticity
# estimate OLS model and create output object
model1 <- lm(logy ~ open + loglab + logland, data=final.85v2)

# Cook/Weisberg score test of constant error variance
library(car)
ncvTest(model1)

# Breush/Pagan test of constant error variance
library(lmtest)
bptest(model1)

# weighted least squares
model1.wls <- lm(logy ~ open+loglab+logland,
                 weights=1/open, data=final.85v2)
summary(model1.wls)

# load packages
library(lmtest)
library(sandwich)

# report default HC3 robust standard errors
model1.hc3 <- coeftest(model1, vcov=vcovHC)
model1.hc3

# report HC1 robust standard errors as Stata
# variants:"HC3","HC","HC0","HC1","HC2","HC4","HC4m","HC5"
model1.hc1 <- coeftest(model1, vcov=vcovHC(model1, type="HC1"))
model1.hc1

# request the variance-covariance matrix HC3
vcovHC(model1, type="HC3")

# request the variance-covariance matrix HC1
vcovHC(model1, type="HC1")

# distribution of residuals in each region
ggplot(final.85v2, aes(.fitted, .resid)) +
            geom_hline(yintercept=0) +
        geom_point() +
        facet_wrap(~continent)

# scatter plot of trade and income by region
  ggplot(final.85, aes(open, logy)) +
  geom_point() +
        facet_wrap( ~ continent) +
        stat_smooth(method = "lm", se = FALSE)
```

```r
# scatter plot open and logy by region
ggplot(final.85, aes(open, logy)) +
        geom_point() +
        facet_wrap( ~ continent) +
        stat_smooth(method = "lm", se = FALSE)

# show attributes
attributes(final.85v2$continent)

# change value labels of factor variable continent
levels(final.85v2$continent) <- c(".Africa", ".C.N.America",
        ".S.America", ".Asia", ".Europe", ".Oceania")

# confirm the change
attributes(final.85v2$continent)

# model with all regional dummies and no intercept
lm(logy ~ 0 + continent + open + loglab + logland,
   data=final.85v2)

# display model with all regional dummies but one
lm(logy ~ continent + open + loglab + logland, data=final.85v2)

# display full model ouput
model1.reg <- lm (logy ~ continent + open + loglab + logland,
                data=final.85v2)

# display model output
summary(model1.reg)

# compare against original model
anova(model1, model1.reg)

# interaction model
model1.int <- lm (logy ~ open * continent + loglab + logland,
                data=final.85v2)

# compare models
anova(model1, model1.int)
anova(model1.reg, model1.int)

# display output
summary(model1.int)

# load package
library(interplot)
```

```r
# plot effect of trade conditional on region
interplot(model1.int, var1 = "open", var2 = "continent") +
    geom_hline(yintercept = 0, linetype = "dashed")

# load packages
library(lmtest)
library(multiwayvcov)

# estimate OLS model and create output object
model1 <- lm(logy ~ open + loglab + logland, data = final.85v2)

# show OLS results for comparison
summary(model1)

# request clustered variance and covariance matrix
vcov_region <- cluster.vcov(model1, final.85v2$continent)

# display clustered matrix
vcov_region

# request test statistics and p values
model1.cl <- coeftest(model1, vcov_region)
model1.cl

# load package
library(car)

# influence plot for influential observations
influencePlot(model1)

# create observation id
final.85v2$id <- as.numeric(row.names(final.85v2))

# load library
library(ggplot2)

# identify obs with Cook's D above cutoff
    ggplot(final.85v2, aes(id, .cooksd)) +
    geom_bar(stat = "identity", position = "identity") +
    xlab("Obs. Number")+ylab("Cook's distance")+
    geom_hline(yintercept = 0.03) +
    geom_text(aes(label=ifelse((.cooksd>0.03),id,"")),
              vjust=-0.2, hjust=0.5)

# list observations whose cook's D above threshold
final.85v2[final.85v2$.cooksd>0.03, c("id","country","logy",
                     "open",".std.resid",".hat",".cooksd")]
```

```r
# re-estimate model 1 without Singapore
model1.no1 <- lm(logy ~ open + loglab + logland,
                 data=final.85v2[final.85v2$.cooksd<0.18,])

summary(model1.no1)

# re-estimate model 1 without Singapore and five others
model1.no2 <- lm(logy ~ open + loglab + logland,
                 data=final.85v2[final.85v2$.cooksd<0.03,])
summary(model1.no2)

# normality diagnostic plot
library(car)
qqPlot(model1, distribution="t", simulate=TRUE)

# normality test
shapiro.test(final.85v2$.resid)

# test log-transformed open variable
model1.no3 <- lm(logy ~ log(open) + loglab + logland,
                 data=final.85v2)

# normality test
shapiro.test(residuals(model1.no3))

# show model output
summary(model1.no3)

# robustness checks I
stargazer(model1,model1.q2,model1.wls,model1.hc1,model1.hc3,
          model1.no1, model1.no2, type="text", no.space=TRUE,
          covariate.labels = NULL, label="",
          omit.stat=c("f","ser"), model.names=FALSE,
          dep.var.labels.include=FALSE, dep.var.caption="",
          column.labels=c("OLS","Quadratic","WLS","Robust.hc1",
                          "Robust.hc3", "Singapore","outliers")
          )

# robustness checks II
stargazer(model1.cl, model1.reg, model1.int, model1.no3,
          type="text", no.space=TRUE, covariate.labels = NULL,
          label="", omit.stat=c("f","ser"), model.names=FALSE,
          dep.var.labels.include=FALSE, dep.var.caption="",
          column.labels = c("cluster.se", "regions",
                            "interaction", "logopen")
          )
```

6.11 总结

在本章中，我们学习了 OLS 假定为何重要、如何在 OLS 回归中诊断是否违背假定，以及如何对一些违背假定的情况进行敏感性分析和校正。其中涉及的问题包括线性度和模型设定、完全和高度多重共线性、误差方差齐性、误差项观测值的独立性、高影响观测值和正态性检验。在横截面研究设计中，如果要对连续结果变量进行系统性数据分析，本章的内容是必须掌握的。完成了这项准备之后，我们现在准备复制更多已发表的采用 OLS 回归的研究。与之前一样，在进入下一章之前，我们将解决与本章内容相关的一些综合问题。

6.12 适用于学有余力读者的综合问答

6.12.1 如何同时显示多个诊断图？

我们经常会有兴趣将多个诊断图放在一起显示。有两种简单的方法可以做到这一点。首先，`lm()` 函数的模型输出结果允许我们绘制六个诊断图：①残差-拟合值图；②正态分位数-分位数图（Q-Q plot）；③尺度-位置图（残差平方根相对于拟合值）；④库克距离-观测值数量图；⑤残差-杠杆图；⑥库克距离-杠杆除以 1 减去杠杆图。下面的 R 代码生成了六个图形在一起显示的图。但是选项 `which =` 允许我们选择要报告其中哪一张图。

```
par(mfrow = c(3, 2))
plot(model1, which = 1:6)
```

其次，我们可以使用 `GGally` 和 `ggplot2` 软件包来获取图像，该图像通过 `ggscatmat()` 函数将成对的相关性、变量的分布和散点图综合在一起，还包括模型中所有自变量的四个不同诊断统计量（残差值、`sigma` 值、帽子值和库克距离）的诊断图。

```
library(GGally)
library(ggplot2)

# pairwise correlation, distribution, and scatter plots
ggscatmat(final.85v2, columns = c("logy", "open", "loglab",
    "logland"))
# independent variables vs. diagnostic statistics:
# residual, sigma, hat, cooksd
ggnostic(model1)
```

6.12.2 如何使用莫兰指数 I 检验空间相关性？

对于使用莫兰指数 I 进行的检验，零假设是不存在空间相关性。下面的结果表明应该拒绝零假设。

```
# create a data object with latitude and longitude
# coordinates
morany <- final.85v2[, c("country", "wbcode", "logy", "lat",
    "long")]
head(morany, n = 1)

   country    wbcode      logy       lat       long
1  Algeria    DZA       8.00236   36.7397    3.05097

# create distance matrix
morany.dist <- as.matrix(dist(cbind(morany$long, morany$lat)))

# find an inverse distance matrix with each off-diagonal
# entry equal to 1/(distance between two points)
morany.dist.inv <- 1/morany.dist

# replace diagonal entries with zero
diag(morany.dist.inv) <- 0

# load package
library(ape)

# compute moran's I, null hypothesis: no spatial correlation
# formula z=(I-e(I))/sqr(var(I))
Moran.I(morany$logy, morany.dist.inv)

$observed
[1] 0.2188475

$expected
[1] -0.007246377

$sd
[1] 0.01559622

$p.value
[1] 0
```

6.12.3 面板数据模型

弗兰克尔和罗默使用横截面研究设计回答他们的研究问题。而有人可能会使用包括许多国家许多年内的面板数据来估计模型。使用 `pwt7g` 数据的两个常见面板模型的 R 代码如下。

```
# load package
library(plm)

# ols with country fixed effects
```

```
fixed1 <- plm(log(rgdpl) ~ openk + log(POP), data=pwt7g,
              index="country", model="within")

# ols with country and year fixed effects
fixed2 <- plm(log(rgdpl) ~ openk + log(POP),
    data=pwt7g, index=c("country", "year"), model="within",
    effect="twoways")

# random effects model
random <- plm(log(rgdpl) ~ openk + log(POP), data=pwt7g,
              index=c("country", "year"), model="random")
```

固定效应模型(fixed effects model)将国家(地区)间的异质性视为随时间变化的常数,可以被不同国家的截距所捕捉。随机效应模型(random effects model)假定国家(地区)间的异质性服从某种分布,并且可以估计为误差项中的随机成分,是随国家(地区)变化的。

模型的选择取决于国家(地区)的特定影响是否与自变量相关这一重要假定。以下 R 代码提供了对此假定的检验。零假设是它们不相关。如果零假设不能被拒绝,则随机效应模型会更有效也更可取。如果零假设被拒绝,则只有固定效应模型是合适的。

```
phtest(fixed1, random)
```

6.13 练习

1. 按照第五章练习部分的说明,分别重新估计 1995 年和 2005 年弗兰克尔和罗默的贸易增长模型。进行适当的诊断检验以验证结果是否对违背假定的情况和相关的校正(如果适用)敏感。在合适的地方使用图表。

2. 增加一个变量后重新估计弗兰克尔和罗默的贸易增长模型,该变量是世界银行的统计数据中外国直接投资净流入占国内生产总值的比例。检验此变量是否属于正确的模型设定。在合适的地方使用图表。

3. 根据第五章练习部分的说明,使用 Soskice and Iversen(2006)中的数据估计党派和选举制度对工资不平等影响的回归模型。进行适当的诊断检验以验证结果是否对违背假定的情况和相关的校正(如果适用)敏感。在合适的地方使用图表。

4. 根据第五章练习部分的说明,使用 Braithwaite(2006)中的数据估计一个国家自然资源禀赋和山区复杂地形对军事冲突扩散的影响的回归模型。进行适当的诊断检验以验证结果是否对违背假定的情况和相关的校正(如果适用)敏感。在合适的地方使用图表。

第七章　复制已发表研究的结果

本章目标

在本章中,我们将展示如何复制以下两篇已发表文章中的统计分析。它们分别来自国际关系和经济学领域。

1. Braithwaite, Alex. 2006. "The Geographic Spread of Militarized Disputes," *Journal of Peace Research* 43(5): 507-522.

2. Bénabou, Roland, Davide Ticchi, and Andrea Vindigni. 2015. "Religion and Innovation," *American Economic Review* 105(5): 346-351.

这种复制练习的目的是积累社会科学实证研究的第一手经验。正如我们通过复制以前的物理和化学实验来更好地理解物理世界所积累的知识一样,我们也可以通过复制社会科学中前人的数据分析来更好地理解关于人类行为的统计结果。正如本书引言中所提到的,科学的进步需要以前的研究发现是可重复并已被复制过的。只有通过这些复制的经验,我们才有希望更好地理解先前研究中建模选择的合理性与潜在陷阱。复制是产生新知识的最重要步骤之一。复制练习对社会科学研究的重要性无论怎么强调也不为过。

这两项研究具有两种不同的风格。布雷斯韦特(Braithwaite)的研究涉及这样一个研究问题:是什么影响了军事冲突在地理上的扩散?其中包含一个因变量、几个自变量和几个回归模型。相比之下,贝纳布(Bénabou)等人的研究涉及这样一个研究问题:宗教热忱会影响个人对创新的态度吗?其中包含许多因变量和自变量以及众多的回归模型。两种类型的实证分析在应用研究中都很常见。因此,它们可以帮助我们了解两种实证研究方式。

通过布雷斯韦特的研究,我们逐步展示了如何设置假设检验、将假设与所使用的统计模型联系起来、找到相关的复制数据集和程序文件、将数据集读入 R、复制统计模型、执行诊断检验和稳健性检验,以及报告与讨论复制结果和诊断估计。由于我们集中关注评估一个模型,所以这个过程非常清晰。通过贝纳布等人的研究,我们展示了如何估计涉及许多因变量和自变量的大量模型,以及如何过滤丰富的模型结果,从而像文中一样仅将检验作者理论预期的关键估计值汇总在一起。

在开始之前,读者需要安装以下软件包:`foreign`、`stargazer`、`car`、`lmtest` 和 `sandwich`。

7.1 是什么影响了军事冲突在地理上的扩散？复制和诊断 Braithwaite(2006)

在本节中,我们将详细地复制并诊断布雷斯韦特研究中的一些关键结果。这个过程整合了到目前为止在前几章中学到的许多内容,并演示了如何进行研究分析、理解其内部逻辑,以及复制和诊断其主要发现。

在本节中,我们将致力于实现以下目标:
1. 确定布雷斯韦特的研究问题、动机和可检验假设。
2. 确定研究假设下的基础总体回归模型及其变量的实际测量。
3. 设定样本模型并讨论作者的统计推断逻辑。
4. 获取作者的数据集并将其导入 R,然后检查导入的数据以确保其与论文中报告的数据一致。
5. 使用作者的统计过程复制模型估计。
6. 进行诊断检验和稳健性检验,以检查作者的结果是否对各种违背假定的情况敏感,例如第六章中讨论的异方差性误差方差。
7. 报告并讨论复制结果和诊断估计。

7.1.1 研究问题和假设

在 2006 年《和平研究期刊》(*Journal of Peace Research*)上发表的题为"军事争端的地理扩散"(The Geographic Spread of Militarized Disputes)的论文中,布雷斯韦特试图解释国家间军事冲突(Militarized Interstate Disputes, MID)的地理扩散。研究问题是:为什么某些国际冲突在地理上更容易扩散?布雷斯韦特认为,冲突地点的地理属性、冲突方的特征以及冲突议题为研究问题提供了答案。根据他的观点,布雷斯韦特设定了以下可检验的假设:

- H1:领土争端比非领土争端更容易扩散。
- H2:拥有高价值自然资源的国家的冲突比其他国家的冲突更容易扩散。
- H3:可通行区域内的冲突比不可通行区域内的冲突更容易扩散。
- H4:地理大国之间的冲突相比地理小国之间和大国与小国之间的冲突更容易扩散。
- H5:拥有重要共同边界的国家之间的冲突比没有重要共同边界的国家之间的冲突更容易扩散。

7.1.2 基本总体回归模型

布雷斯韦特并未明确设定受前文理论预期启发的基本总体回归模型,但我们可以很容易地设定如下:

$$Spread = \beta_0 + \beta_1 Territory + \beta_2 Resources + \beta_3 Mountain + \beta_4 Forest + \beta_5 Ocean + \beta_6 SizeofStates + \beta_7 VitalBorder + \beta_8 Control.variable + \varepsilon$$

根据布雷斯韦特的文章,因变量 *Spread* 是一个以平方千米为单位的圆面积,并对其进行了对数转换。关键的自变量和控制变量位于等号右侧,所有的 β 分别指示右侧各个变量的边际效应。文章中的关键自变量、它们的测量以及预期影响如表 7.1 所示。

表 7.1 变量测量和预期影响

变量	测量	假设
Territory	如果军事冲突中至少有一方认为主要冲突议题是领土争端,则编码为 1,否则为 0。	H1:$\beta_1>0$
Resources	如果冲突发生在领土内有大量石油、宝石或违禁毒品的国家,则编码为 1,否则为 0。	H2:$\beta_2>0$
Mountain	主场国家领土内山区地形的比例。	H3:$\beta_3<0$
Forest	主场国家领土内森林覆盖地形的比例。	H3:$\beta_4<0$
Ocean	如果主要冲突发生在海洋,则编码为 1,否则为 0。	H3:$\beta_5<0$
Size of states	冲突双方领土面积之和,以 1000 平方千米为单位,取对数。	H4:$\beta_6>0$
Vital border	共有边界重要程度,范围是从 0 到 2,值越高代表边界越重要。	H5:$\beta_7>0$

7.1.3 样本模型、测量和统计推断

为了检验假设的影响是否在总体中成立,布雷斯韦特使用样本数据估计了以下样本回归模型:

$$\text{Spread} = b_0 + b_1 \text{Territory} + b_2 \text{Resources} + b_3 \text{Mountain} + b_4 \text{Forest} + b_5 \text{Ocean} + b_6 \text{SizeofStates} + b_7 \text{VitalBorder} + b_8 \text{Control. variable} + u_i$$

回顾一下之前章节的内容,回归分析中统计推断的逻辑是使用样本统计量 b 和 $se(b)$ 以及样本数据得出关于总体参数 β 的结论。再一次地,我们将使用零假设检验和构建置信区间。

假设检验的重点在于检验零假设:$\beta=0$。这意味着自变量对军事冲突的扩散没有影响。请注意,假设检验从未直接与布雷斯韦特提出的研究假设有关。记为 t 的检验统计量与之前相同:$t=\frac{b-\beta}{se(b)}$。决策规则仍保持不变。如果与计算的 t 统计量相关联的 p 值小于可接受的第一类错误概率 α(例如 0.05),则拒绝零假设。

构建置信区间用于估计 b 的范围。像之前一样,我们有 95% 的把握认为真实的总体参数 β 被包含在以下范围内:$b \pm t_{0.95, n-k} \times se(b)$。

7.1.4 数据准备

根据布雷斯韦特的文章,他的样本数据包括 1993 年到 2001 年之间的 296 个 MID。为了复制布雷斯韦特文章中第 515 页 Table II 内的统计结果(已复制到本书表 7.2 中),我们必须首先进行必要的数据准备,例如获取他的复制数据和程序文件,将数据导入 R,并检查和了解所导入的数据。

表 7.2　冲突扩散的 OLS 回归（Braithwaite（2006）中的原始统计结果表）

Variable	Model 1	
	Coeff.	Z-score
Territory	1.624*	3.83
Resources	0.984*	2.22
Mountain	0.026*	3.55
Forest	-0.012	-1.78
Ocean	-0.601	-1.07
Vital border	-0.809*	-2.03
Size of states	0.136	1.21
Peace years	-0.040*	-3.93
Constant	4.496*	2.69
N	296	
R-squared	0.15	

注：稳健标准误。*$p<0.05$。

获取复制文件

用于复制的 zip 文件位于 https：//www.prio.org/JPR/Datasets/ 中 2006 年第 43 卷第 5 期内，其中包含一个 Stata 格式的数据文件和一个被称为"do 文件"的 Stata 程序文件。可以从以下链接直接下载文件：http://file.prio.no/Journals/JPR/2006/43/5/Replication%20Braithwaite.zip，或者 Alex Braithwaite - The Geographic Spread of Militarized Disputes。

设置项目文件夹，将 zip 文件下载到项目文件夹中，然后使用位于 http://www.7-zip.org/ 的 7zip 免费软件将其解压缩。压缩文件中有两个单独的文件，分别为 file48280_braith_final_data.dta 和 file48280_braith_final_analysis.do，应将其解压缩并存放在项目文件夹中。

将数据导入 R

在将数据集导入 R 之前，我们应该首先从工作空间中删除所有对象，并将工作目录设置为保存布雷斯韦特数据文件的位置。然后，我们加载 `foreign` 软件包，并使用 `read.dta()` 函数导入数据集，并将导入的数据文件分配给名为 `mid` 的新数据对象。

```
#(1) remove all objects in workspace
rm(list = ls(all = TRUE))

#(2) change working directory to project folder
setwd("C:\\Project\\braithwaite")

#(3) load the foreign package
library(foreign)

#(4) import stata file into R
mid <- read.dta("file48280_braith_final_data.dta")
```

检查和了解导入数据

像之前一样,为了检查数据,我们使用 **stargazer** 软件包为导入的数据生成描述性统计量。然后,我们将下面的输出结果与布雷斯韦特文章中第 512 页的 Table I(已复制到本书表 7.3 中)进行比对。

```
#(5) produce formatted table of descriptive statistics
# load stargazer into R
library(stargazer)

stargazer(mid, type="text", title = "Summary Statistics")

Summary Statistics
===========================================================
Statistic         N    Mean           St. Dev.       Min         Max
-----------------------------------------------------------
dispnum          296   4,162.939      137.022        3,551       4,343
dyadid           296   429,818.200    241,178.300    2,020       910,940
ccode1           296   429.291        241.020        2           910
ccode2           296   527.686        220.901        20          986
year             296   1,996.764      2.685          1,992       2,001
logcap_ratio     296   1.734          1.390          0.048       7.912
allies           296   0.334          0.473          0           1
joint_democ      296   0.169          0.375          0           1
incidents        296   6.378          24.627         1           372
territory        296   0.399          0.490          0           1
sdd              296   70.533         131.808        5.000       804.575
radius           296   113.736        268.100        3.830       1,952.803
final_hostile    296   1.649          0.581          1           3
jointsize        296   5,523,885.000  8,043,434.000  31,013.700  56,776,786.000
log_radius_area  296   6.930          3.621          3.830       16.299
log_sdd_area     296   6.730          3.281          4.364       14.525
pop_dense        296   5.735          11.909         0.000       96.041
water            296   0.179          0.384          0           1
logdurat         296   3.006          2.195          0.000       8.068
cwpceyrs         296   7.024          15.928         0           159
host_mt          296   29.438         27.057         0.000       95.705
host_for         296   29.247         29.263         0.000       90.858
host_resource    296   0.368          0.483          0           1
bord_vital       296   0.676          0.534          0.000       2.000
-----------------------------------------------------------
```

相比之下,可以看到我们的输出结果中观测值的数量是 296,与布雷斯韦特的原始表格相同。公开可用数据集的一个问题是变量通常没有标签或缺少配套的编码手册。在这里我们也遇到了这种情况。复制数据中的变量没有标签,并且变量名相对于表 7.3 中的变量而言也并不都是直观而便于理解的。即使现在变量具有标签,也并不一定清楚它们是否需要任何其他转换(例如对数转换等)来复制作者的分析。因此,我们应该常常查看作者的程序文件或编码手册。

表 7.3 Braithwaite(2006)中的原始描述性统计信息表

Variable	N	Mean	Standard deviation	Min.	Max.
Spread(logged)	296	6.93	3.62	3.83	16.30
Territory	296	0.40	0.49	0.00	1.00
Resources	296	0.37	0.48	0.00	1.00
Mountain	296	29.44	27.06	0.00	95.71
Forest	296	29.25	29.26	0.00	90.86
Ocean	296	0.18	0.38	0.00	1.00
Vital border	296	0.68	0.53	0.00	2.00
Size of states(logged)	296	14.39	1.67	10.34	17.86
Peace years	296	7.02	15.93	0.00	159.00
Number of incidents	296	6.38	24.63	1.00	372.00
Duration(logged)	296	3.01	2.20	0.00	8.07
Hostility level	296	1.65	0.58	1.00	3.00

Stata 程序文件 file48280_braith_final_analysis.do 可以很容易地在任何文本编辑器(包括 R 编辑器)中打开。要做到这一点,我们打开 R,单击左上角的 File 按钮,单击 Open script,转到保存了 Stata 程序文件的文件夹 C:\Project,单击向下箭头以选择文件类型并单击 All files(*.*),然后单击 file48280_braith_final_analysis.do,最后单击右下角的 Open 按钮。Stata 程序文件将在 R 编辑器中显示如下:

```
version 7.0
log using "C:\My Documents\Alex\JPR\braith_jpr_RR.log",replace
#delimit;
set more off;
***********************************************;

* Braith (Nov 1st, 2005) For JPR: the geog spread of mids *;
***********************************************;

cd "C:\My Documents\Alex\JPR\";
set mem 100m;
set matsize 100;
use final_data.dta;

summ;
corr logcap_ratio allies joint_democ territory logsize host_mt
    host_for water cwpceyrs bord_vital host_resource incidents
    logdurat final_hostile;
```

```
******************;
*Specific day one models*;
reg log_radius_area territory logsize host_mt host_for water
cwpceyrs bord_vital host_resource if final_hostile>0, robust;
vif;
hettest;
tobit log_radius_area territory logsize host_mt host_for water
cwpceyrs bord_vital host_resource if final_hostile>0, ll(0);

*models with dyadic controls*;
reg log_radius_area logcap_ratio allies joint_democ territory
logsize host_mt host_for water cwpceyrs bord_vital host_resource
if final_hostile>0, robust;
vif;
hettest;
tobit log_radius_area logcap_ratio allies joint_democ territory
logsize host_mt host_for water cwpceyrs bord_vital host_resource
if final_hostile>0, ll(0);

*models without dyadic and with post-hoc*;
reg log_radius_area incidents logdurat final_hostile territory
logsize host_mt host_for water cwpceyrs bord_vital host_resource
if final_hostile>0, robust;
vif;
hettest;
tobit log_radius_area incidents logdurat final_hostile territory
logsize host_mt host_for water cwpceyrs bord_vital host_resource
if final_hostile>0, ll(0);

save "C:\My Documents\Alex\JPR\final_data.dta", replace;
exit, clear;
```

为了理解 Stata 程序，我们需要对所用命令进行简要说明：

- log 是用于创建 Stata 输出结果的日志文件的函数。
- #delimit; 告诉 Stata 使用分号分隔不同的命令行。
- * 是注释行符号，类似于 R 中的#。
- cd 是用于更改工作目录的函数，类似于 R 中的 setwd。
- use 是用于导入 Stata 数据文件的函数，类似于 R 中的 load。
- summ 是用于获取数据集摘要统计信息的函数。
- corr 是用于获取所列出变量的相关性矩阵的函数。
- reg 是用于获取 OLS 回归的函数，类似于 R 中的 lm。
- vif 是用于获取方差膨胀因子(VIF)统计信息的函数。
- hettest 是用于获取异方差性误差方差检验的函数。
- tobit 是用于获取 Tobit 回归模型的函数。

7.1.5 复制布雷斯韦特文中的 Table II

注释行下方的 Stata 命令行 *Specific day one models*；很可能是 Braithwaite(2006)中 Table II 所报告的模型。在此行 Stata 代码中，reg 或 regress 是用于获取 OLS 回归模型的函数。它后面首先跟着因变量 log_radius_area，然后是由空格分隔的自变量列表。if final_hostile>0 条件意味着只有满足条件的观测值会被纳入估计中，也就是说 final_hostile 变量大于零。该行代码在逗号后面还包括一个模型选项，这里的 robust 选项代表怀特稳健标准误。

```
reg log_radius_area territory logsize host_mt host_for water
cwpceyrs bord_vital host_resource if final_hostile>0, robust;
```

与此 Stata 代码等价的 R 代码如下：

```
lm(log_radius_area ~ territory + logsize + host_mt + host_for
    + water + cwpceyrs + bord_vital + host_resource,
    data=mid[mid$final_hostile>0,])
```

在这行 R 代码中，lm( ) 是用于获取 OLS 线性回归模型的函数，其他所有内容都放在该函数的参数中。该函数的参数包括因变量 log_radius_area，后面跟着波浪号以将因变量与自变量分开，然后跟着由加号连接的自变量，最后是数据集选项 data = mid，以及样本选择 [mid$final_hostile> 0,]，这是基于第二章中介绍的索引方法。请注意，在这行 R 代码中，我们还没像 Stata 那样获取怀特稳健标准误，我们将在后面对此问题进行详细讨论。

运行此行 R 代码，我们将获得以下输出结果：

```
#(6) replicate Table2
lm(log_radius_area ~ territory + logsize + host_mt + host_for
   + water + cwpceyrs + bord_vital + host_resource,
   data=mid[mid$final_hostile>0,])

Error in eval(expr, envir, enclos): object 'logsize' not found
```

错误信息表示无法找到 logsize 变量。因此，我们必须返回到上面描述性统计量的输出结果，可以发现输出结果中确实不存在在该变量名称。为了找出 logsize 表示了哪个变量，我们回到假设清单表 7.1 和表 7.3 中。logsize 最可能指的是 H4、Size of states 和取对数的 Size of states。在描述性统计量输出结果中，最有可能的变量是取对数的 jointsize。现在我们将重新估计上面的模型，但是将 logsize 替换为使用 log( ) 函数取对数的 jointsize。

```
# replicate Table2
lm(log_radius_area ~ territory + log(jointsize) + host_mt
   + host_for + water + cwpceyrs + bord_vital + host_resource,
   data=mid[mid$final_hostile>0,])

Call:
lm(formula = log_radius_area ~ territory + log(jointsize) + host_mt
   + host_for + water + cwpceyrs + bord_vital + host_resource,
   data = mid[mid$final_hostile > 0, ])
```

```
Coefficients:
(Intercept)      territory     log(jointsize)
    4.49700        1.62443            0.13565
    host_mt       host_for             water
    0.02587       -0.01204           -0.60051
   cwpceyrs     bord_vital      host_resource
   -0.04050      -0.80915            0.98415

# replicate Table 2 and create an output object
table2 <- lm(log_radius_area ~ territory + log(jointsize)
       + host_mt + host_for + water + cwpceyrs + bord_vital
       + host_resource, data=mid[mid$final_hostile>0,])
```

这里估计的系数与 Braithwaite(2006)中 Table II 的 **Coeff.** 列相符,但是顺序不同。Table II 的注释表明采用了稳健标准误,我们在下面对此进行估计。

```
# load packages
library(car)
library(lmtest)
library(sandwich)

# White robust standard errors
table2.r<-coeftest(table2,vcov=vcovHC(table2,type="HC1"))
table2.r

t test of coefficients:

                 Estimate   Std. Error   t value   Pr(>|t|)
(Intercept)     4.4969956    1.6694475    2.6937   0.0074823 **
territory       1.6244297    0.4240554    3.8307   0.0001570 ***
log(jointsize)  0.1356500    0.1122895    1.2080   0.2280269
host_mt         0.0258709    0.0072926    3.5475   0.0004540 ***
host_for       -0.0120354    0.0067672   -1.7785   0.0763825 .
water          -0.6005071    0.5610364   -1.0704   0.2853596
cwpceyrs       -0.0404980    0.0103090   -3.9284   0.0001072 ***
bord_vital     -0.8091476    0.3978571   -2.0338   0.0428950 *
host_resource   0.9841489    0.4425418    2.2239   0.0269364 *
---
Signif. codes:
0 '***' 0.001 '**' 0.01 '*' 0.05 '.' 0.1 ' ' 1
```

将结果与 Braithwaite(2006)中的 Table II 进行比较,我们发现系数是相同的,并且我们输出结果中的 t 统计量与 Table II 中 Z-score 列的相应数据相同。值得注意的是,**coeftest()** 函数中的 **type="HC1"** 选项会产生与 Table II 中相同的标准误,但是 **"HC1"** 可以被替换为 **"HC"** **"HC0"** **"HC2"** **"HC3"** **"HC4"** **"HC4m"** 或 **"HC5"**,生成怀特稳健标准误的其他变体。到目前为止,我们已经成功地复制了 Braithwaite(2006)中 Table II 的结果。

7.1.6 诊断检验和稳健性检验

如上一章所述,估计和推断的结果是否可靠取决于是否满足高斯-马尔可夫定理的假定。因此,检查 Braithwaite(2006) 中 Table II 的结果是不是在违背假定的情况下生成的,以及它们是否对稳健性检验敏感就很重要了。

按照上一章中的示例,我们首先使用 `broom` 软件包中的 `augment_columns()` 函数将各种诊断统计量作为新变量添加到原始数据 `mid` 中,然后创建一个新的诊断数据集 `mid.v2`。

```
#(7) add additional diagnostics statistics to original data
library(broom)
mid.v2 <- augment_columns(table2, mid)
```

模型设定

我们首先使用残差-拟合值图来目视检查两个假定:① 残差应独立于拟合值;② 模型是线性的。图 7.1 显示了诊断图像。

```
#(8) diagnostic test for model specification
# load package
library(ggplot2)

# residuals against fitted values
ggplot(mid.v2, aes(x=.fitted, y=.resid)) +
    geom_hline(yintercept=0) +
    geom_point() +
    geom_smooth(method='loess', se=TRUE)
```

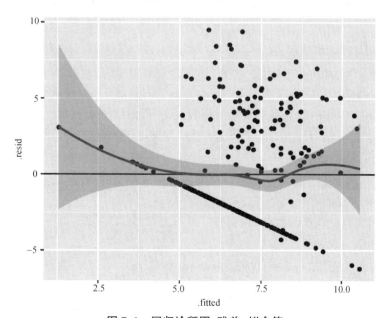

图 7.1 回归诊断图:残差-拟合值

图 7.1 显示 loess 曲线大致遵循 `residual = 0` 的线,这一点让人很放心。但是似乎有一些

异常观测值(左侧非常小的拟合值)拉动了 loess 曲线。此外,图像显示似乎有一些数据被截断了。

为了进一步确定,我们进行了拉姆齐的回归方程设定误差检验(RESET)以检验残差中可能存在的非线性关系。回想一下,在此检验中我们将重新估计原始模型,但还包括了预测的 y 的二次项或三次项(即 $\hat{y}_i$)。我们使用 F 统计量来检验两个模型解释了同等因变量变化的零假设。如果零假设被拒绝,则表明某些自变量以非线性方式影响因变量。

```
# OLS estimates for model 2
table2.q <- lm(log_radius_area ~ territory + log(jointsize)
         + host_mt + host_for + water + cwpceyrs + bord_vital
         + host_resource + I(.fitted^2), data=mid.v2)

# F test of model difference
anova(table2, table2.q)

Analysis of Variance Table

Model 1: log_radius_area ~ territory + log(jointsize) + host_mt +
    host_for + water + cwpceyrs + bord_vital + host_resource
Model 2: log_radius_area ~ territory + log(jointsize) + host_mt +
    host_for + water + cwpceyrs + bord_vital + host_resource
    + I(.fitted^2)

    Res.Df    RSS  Df  Sum of Sq      F    Pr(>F)
1      287 3307.2
2      286 3269.6   1       37.6 3.2891   0.07079 .
---
Signif. codes:
0 '***' 0.001 '**' 0.01 '*' 0.05 '.' 0.1 ' ' 1
```

F 检验统计量为 3.2891, p 值为 0.07079。如果我们采用 5% 的显著性水平,我们将不能拒绝这两个模型相同的零假设。这意味着二次项模型在解释因变量方面并没有做得更好。但是,如果我们采用 10% 的显著性水平,那么我们将拒绝零假设,并得出结论认为布雷思韦特的原始模型可能缺少了一些非线性影响。总体而言,支持二次项模型的证据并不那么充足。

完全和高度多重共线性

为了使高斯–马尔可夫定理成立,自变量之间不能完全相关。由于估计过程中没有删除任何变量,因此变量之间显然不存在完全多重共线性。

为了诊断高度多重共线性的存在,我们将计算方差膨胀因子(VIF)。在此模型中,并没有一个变量具有值得引起注意的高 VIF 值。

```
# (9) diagnose multicollinearity (vif statistics)
library(car)
vif(table2)
```

territory	log(jointsize)	host_mt	host_for
1.045411	1.120814	1.132820	1.129070
water	cwpceyrs	bord_vital	host_resource
1.176216	1.087304	1.210224	1.112860

误差方差齐性

高斯-马尔可夫定理假定误差的方差在观测值之间应保持恒定。违反此假定时会出现非恒定误差方差，从而导致错误的标准误估计。布雷斯韦特使用怀特稳健标准误来校正对此假定的违背。尽管如此，还是值得仔细检查一下恒定误差方差的假定是否真的被违背了，因为如前所述，怀特稳健标准误确实会付出一些效率上的代价。

像以前一样，我们从图 7.1 中的诊断图像开始。尽管残差中似乎没有任何较强的扇形向外或漏斗状向内的图案，但残差确实显示出一些截断现象。并且值得注意的是，大多数残差都位于 `residual = 0` 的线的上方。因此，一些正式的诊断检验是有用且必要的。

我们将再次进行两个诊断检验：`Breush/Pagan` 和 `Cook/Weisberg` 分数检验。对于这两个检验，零假设是误差方差恒定，备择假设是误差方差不恒定。

```
#(10) test heteroskedasticity
# Cook/Weisberg score test of constant error variance
library(car)
ncvTest(table2)

Non-constant Variance Score Test
Variance formula: ~ fitted.values
Chisquare = 15.46114   Df = 1    p = 8.421901e-05

# Breush/Pagan test of constant error variance
library(lmtest)
bptest(table2)

studentized Breusch-Pagan test

data: table2
BP = 22.316, df = 8, p-value = 0.004363
```

两个检验中的 p 值都非常小，表明误差方差齐性的假定确实被违背了。因此，布雷斯韦特使用怀特稳健标准误对其进行校正是合理的。

高影响观测值

一个主要的诊断检验涉及布雷斯韦特 Table II 中的结果是否对高影响观测值敏感。与前一章一样，我们使用库克距离统计量来诊断系数估计值是否因为高影响观察值的存在而显著变化。

我们首先展示库克距离的图像来查看是否存在任何明显的潜在异常值。像以前一样，我们将库克距离阈值设置为 $4/(n-k-1)$。在公式中，n 表示观测值的数量，在我们的例子中等于 296；k 是自变量的数目，在我们的例子中等于 8。计算得到的阈值为 0.014，这有助于我们更准确地识别高影响观察值。图 7.2 显示了阈值之上的 11 个高影响观测值。

```
#(11) diagnose influential observations
# create observation id
mid.v2$id <- as.numeric(row.names(mid.v2))

# identify obs with Cook's D above cutoff
ggplot(mid.v2, aes(id, .cooksd)) +
    geom_bar(stat = "identity", position = "identity") +
    xlab("Obs. Number")+ylab("Cook's distance")+
    geom_hline(yintercept = 0.014) +
    geom_text(aes(label = ifelse((.cooksd>0.014),id,"")),
              vjust = -0.2, hjust = 0.5)
```

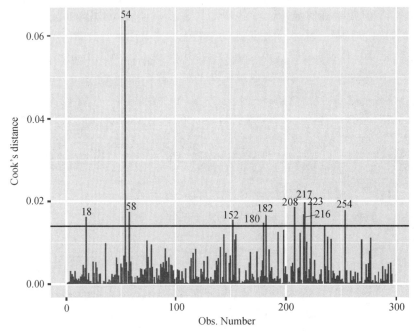

图 7.2　高影响观测值诊断：库克距离

我们显示了冲突编号、国家代码、因变量 `log_radius_area`，以及下面这 11 个观测值的四种诊断统计量。

```
# list observations whose Cook's D above threshold
mid.v2[mid.v2$.cooksd>0.014, c("dispnum","ccode1","ccode2",
       "year","log_radius_area",".std.resid",".hat",".cooksd")]
```

	dispnum	ccode1	ccode2	year	log_radius_area	.std.resid
18	4281	710	713	2001	13.424998	2.197770
54	4261	2	101	2000	4.363605	1.099621
58	4283	2	700	2001	16.179976	2.090194
152	4173	365	640	1996	4.363605	-1.791872
180	4271	2	645	1996	13.142159	1.760959

```
182      4339       490       517      1998      14.061648    2.155569
208      4137       339       345      1998      15.374997    2.825682
216      4186         2       345      2000      14.823683    2.459403
217      4030       710       816      1994      14.055879    2.149420
223      4087       731       732      1994      16.298773    2.793464
254      4016         2        41      1993      15.047297    2.541450
               .hat.         cooksd
18       0.02918300    0.01613298
54       0.32143978    0.06364361
58       0.03454403    0.01736885
152      0.04137509    0.01539791
180      0.04093315    0.01470558
182      0.03077606    0.01639344
208      0.02026260    0.01834803
216      0.02435228    0.01677503
217      0.03619814    0.01927963
223      0.02073654    0.01836033
254      0.02418082    0.01778370
```

为了检查 Braithwaite(2006) 中 Table II 的结果是否对排除这些观测值敏感,我们在去掉这些观测值的情况下重新估计了模型,结果看起来与之前一样稳健。

```
# re-estimate model without influential obs
table2.no <- lm(log_radius_area ~ territory + log(jointsize)
        + host_mt + host_for + water + cwpceyrs + bord_vital
        + host_resource, data=mid.v2[mid.v2$.cooksd<0.014,])

# estimation results without outliers
summary(table2.no)

Call:
lm(formula = log_radius_area ~ territory + log(jointsize) + host_mt
    + host_for + water + cwpceyrs + bord_vital + host_resource,
    data = mid.v2[mid.v2$.cooksd < 0.014, ])

Residuals:
    Min       1Q   Median       3Q      Max
-6.0724  -2.3098  -0.8227   2.0987   8.6450

Coefficients:
                Estimate  Std. Error  t value  Pr(>|t|)
(Intercept)     4.249943    1.812386    2.345  0.019739 *
territory       1.865617    0.383800    4.861  1.96e-06 ***
log(jointsize)  0.123944    0.116441    1.064  0.288061
host_mt         0.027678    0.007279    3.803  0.000176 ***
host_for       -0.014094    0.006693   -2.106  0.036140 *
water          -0.751005    0.525275   -1.430  0.153923
cwpceyrs       -0.043022    0.014429   -2.982  0.003123 **
```

```
bord_vital        -0.633175    0.382633    -1.655   0.099105 .
host_resource      1.011818    0.403938     2.505   0.012826 *
---
Signif. codes:
0 '***' 0.001 '**' 0.01 '*' 0.05 '.' 0.1 ' ' 1

Residual standard error: 3.114 on 276 degrees of freedom
Multiple R-squared: 0.1851,Adjusted R-squared: 0.1615
F-statistic: 7.835 on 8 and 276 DF, p-value: 1.731e-09
```

正态性检验

我们首先为原始模型和没有高影响观测值的模型的残差构建了分位数比较图。如图 7.3 所示,就目视检验而言,残差似乎不太符合基准 t 分布。

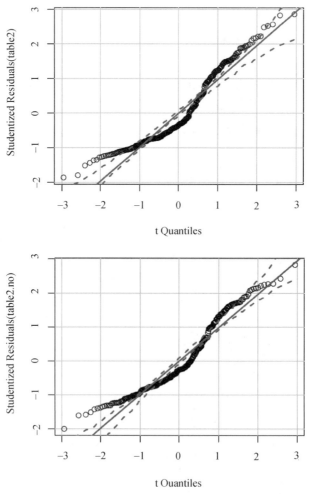

图 7.3 正态性假定诊断图

```
#(12) Normality diagnostics
library(car)
qqPlot(table2,distribution="t",simulate=TRUE,grid=TRUE)
qqPlot(table2.no,distribution="t",simulate=TRUE,
       grid=TRUE)
```

然后,我们对这两个模型进行夏皮罗-威尔克正态性检验。残差具有正态分布的零假设在两个模型中都被拒绝了。因此,布雷斯韦特的研究结果会受到违背假定的影响。我们对该结果仍然抱有信心是因为 OLS 估计量可以是渐近正态的。

```
# normality test
shapiro.test(residuals(table2))

    Shapiro-Wilk normality test

data: residuals(table2)
W = 0.9191, p-value = 1.461e-11

shapiro.test(residuals(table2.no))

    Shapiro-Wilk normality test

data: residuals(table2.no)
W = 0.93066, p-value = 2.843e-10
```

7.1.7 报告与讨论估计结果

像之前一样,我们使用 stargazer() 函数将重新估计的模型放在一张表格中报告。表 7.4 报告了三个模型:OLS、具有怀特稳健标准误的 OLS 和没有异常值的 OLS。表 7.4 的结果表明,尽管其违背了正态性假定,Braithwaite(2006)的结果仍是相当稳健的。只要我们接受 OLS 估计量是渐近正态的,就可以将统计检验视为渐近有效的。

```
#(13) report results in table
library(stargazer)
stargazer(table2, table2.r, table2.no, type="text",
    no.space=TRUE, omit.stat=c("f","ser"),model.names=FALSE,
    dep.var.labels.include=FALSE, dep.var.caption="")
```

表 7.4 军事冲突扩散的原因:复制与稳健性检验

	(1) OLS	(2) OLS-robust SE	(3) OLS-excluding outliers
territory	1.624 ***	1.624 ***	1.866 ***
	(0.412)	(0.424)	(0.384)
log(jointsize)	0.136	0.136	0.124
	(0.125)	(0.112)	(0.116)

host_mt	0.026 ***	0.026 ***	0.028 ***
	(0.008)	(0.007)	(0.007)
host_for	-0.012 *	-0.012 *	-0.014 **
	(0.007)	(0.007)	(0.007)
water	-0.601	-0.601	-0.751
	(0.558)	(0.561)	(0.525)
cwpceyrs	-0.040 ***	-0.040 ***	-0.043 ***
	(0.013)	(0.010)	(0.014)
bord_vital	-0.809 **	-0.809 **	-0.633 *
	(0.408)	(0.398)	(0.383)
host_resource	0.984 **	0.984 **	1.012 **
	(0.432)	(0.443)	(0.404)
Constant	4.497 **	4.497 ***	4.250 **
	(1.949)	(1.669)	(1.812)
Observations	296		285
R2	0.145		0.185
Adjusted R2	0.121		0.161

Note: *p<0.1; **p<0.05; ***p<0.01

表 7.4 表明，稳健标准误和排除异常观测值的两种替代估计是稳健的。根据表 7.4，变量 `territory` 在统计上具有显著正影响。涉及领土议题的冲突相比其他议题的冲突更容易在地理上扩散。由于因变量是经对数转换的，并且 `territory` 是虚拟变量，因此应按照第五章中的方式重新计算其影响大小 $100*(\exp^{\beta}-1) = 100*(\exp^{1.624}-1) \approx 407\%$。这意味着领土争端的扩散是非领土争端的四倍。这个结果支持了假设 H1。

变量 `host_resource` 在统计上具有显著正影响。涉及拥有石油、宝石或违禁毒品的国家的冲突更容易扩散。其影响为 $100*(\exp^{\beta}-1) = 100*(\exp^{0.984}-1) \approx 167\%$，这意味着在拥有石油、宝石或违禁毒品的国家中，冲突扩散程度为其他国家的 167%。这个结果支持假设 H2。

与地形相关的变量具有非常不同的影响，有时与布雷斯韦特的假设相矛盾。变量 `host_mt` 在统计上具有显著正影响，这意味着山区较多的国家的冲突比山区较少的国家的冲突更容易扩散。这与假设 H3 相矛盾。相反，变量 `host_for` 在统计上具有显著负影响，这意味着森林地区较多的国家的冲突比森林地区较少的国家的冲突更不容易扩散。该结果支持假设 H3。最后，表明冲突位置在海上的变量 `water` 具有符合预期的负号，但其影响在统计上与零没有显著区别。

变量 `log(jointsize)` 在统计上没有显著影响。涉及大国的冲突不会比小国间的冲突更容易扩散。这一结果没有为假设 H4 提供实证支持。

变量 border_vital 在统计上具有显著负影响。与不共享重要边界的国家之间的冲突相比，共享重要边界的国家间的冲突更不容易扩散。其影响为 $100*(\exp^{\beta}-1) = 100*(\exp^{-0.809}-1) \approx -55\%$，这意味着边界重要程度每增加一个单位，冲突扩散减少约 55%。这一结果与假设 H5 相矛盾。

7.1.8 小结

在本节中，我们演示了如何复制和诊断已发表研究中回归模型的结果。在此过程中，我们还说明了如何将理论期望表达为研究假设，再转化为总体回归模型，然后使用样本回归模型中的估计来推断总体回归模型中的参数。我们还展示了如何对原始结果进行各种稳健性检验，以及如何报告和讨论估计结果。这个过程提供了使用社会科学观测数据进行实证研究的独特经验。

7.2 宗教热忱会影响个人对创新的态度吗？复制 Bénabou et al.（2015）

在 2015 年《美国经济评论》(*American Economic Review*)上发表的题为"宗教与创新"(Religion and Innovation)的文章中，贝纳布(BÉnabou)、蒂基(Ticchi)和温迪尼(Vindigni)研究了宗教热忱对创新的影响。以前的研究在跨国回归分析中显示宗教热忱与创新呈负相关，其中创新以人均专利数取对数来测量。关于这种负相关的一种观点是，新发现虽然会导致生产率的提高，但通常会挑战现有的宗教信仰和相关教条，以至于宗教部门可能会反对创新或必须使其教条适应新的知识。在这篇论文中，贝纳布和他的合作者试图检验较高的宗教热忱是否在个人层面对创新的态度产生负面影响。

贝纳布和他的合作者使用了五次世界价值观调查(World Value Survey, 1980, 1990, 1995, 2000, 2005, 网址为 http:// www.worldvaluessurvey.org)的数据来评估 5 种宗教热忱程度对 11 项创新开放程度指标的影响，其中宗教热忱程度包括信念和教堂出勤两个方面。基于总共 52 项回归估计，他们得出结论认为较高的宗教热忱与较不积极的创新观点相关。

Bénabou et al.（2015）中的实证分析遵循一种在实证工作中很常见，但却不同于 Braithwaite（2006）的模式。回想一下，Braithwaite（2006）专注于解释一个因变量，只报告了几个回归模型，而我们复制了其中的一个。相比之下，Bénabou et al.（2015）估计并报告了涉及许多因变量和自变量的大量回归。这里的原因在于，宗教热忱和对创新的态度都是多维的，通常难以被直接观测，因此这是两个难以被操作化的概念。对其中任何一个概念仅使用一个指标来测量都可能会产生误导。所以，Bénabou et al.（2015）应用了大量的指标来检验其假设。

在本节中，我们将复制 Bénabou et al.（2015）中的 Table 2。基于 15 个回归模型，它报告了 5 个关键自变量（宗教人员、宗教重要性、对神的信仰、神的重要性和教堂出勤）分别对应三个因变量（儿童独立性的重要性、儿童想象力的重要性和儿童毅力的重要性）的一共 15 个系数估计值。原始表格如表 7.5 所示。正如该表的注释所示，该模型中包含了大量控制变量，但是出于篇幅的原因没有进行报告。在估计中使用了具有稳健标准误的 OLS。

表 7.5 儿童拥有的重要品质（来源于 Bénabou et al.（2015））

Dependent Variable	Importance of child independence (A029) (1)	Importance of child magination (A034) (2)	Importance of child determination (A039) (3)
Religious person	-0.045^{***} (0.005) 93 028 0.141	-0.032^{***} (0.004) 93 028 0.067	-0.041^{***} (0.005) 89 348 0.060

续表

Dependent Variable	Importance of child independence(A029) (1)	Importance of child magination(A034) (2)	Importance of child determination(A039) (3)
Importance of religion	−0.040*** (0.002) 95 902 0.145	−0.024*** (0.002) 95 902 0.068	−0.047*** (0.002) 92 200 0.064
Belief in God	−0.054*** (0.010) 58 294 0.146	−0.038*** (0.009) 58 294 0.067	−0.066*** (0.011) 55 545 0.065
Importance of God	−0.016*** (0.001) 94 827 0.145	−0.008*** (0.001) 94 827 0.068	−0.013*** (0.001) 92 078 0.062
Church attendance	−0.009*** (0.001) 93 242 0.141	−0.006*** (0.001) 93 242 0.069	−0.008*** (0.001) 89 536 0.061

注：对宗教热忱的替代 OLS 估计。稳健标准误在括号内，其后是斜体字显示的观测值数量和调整 R^2。所有回归都控制了（但没有报告）性别、年龄、受教育程度、社会阶层、收入、城镇规模、宗教派别、国家和年份。

*** 表示在 0.01 水平下显著。
** 表示在 0.05 水平下显著。
* 表示在 0.1 水平下显著。

这项复制练习的目的是使学生接触他们在实践中经常会遇到的另一种数据分析模式。而这种数据分析模式在应用时常常会使学生感到困惑。我们将解开这个"制作香肠"的过程，演示贝纳布等人文章中 Table 2 的结果是如何生成的。理想情况下，在进行这项复制练习之后，学生将不会再被这种类型的实证研究所吓倒。他们将会有信心使用提供给他们的数据和程序代码自行完成深入的诊断检验和分析。

7.2.1 定位、导入和了解数据

Bénabou et al. (2015) 的复制数据集和程序代码可从 https:// www. aeaweb. org/ articles. php? doi = 10. 1257/ aer. p20151032 下载。当我们下载文件后，应将其保存到我们项目文件夹下新创建的文件夹 benabou 中，然后解压缩文件，将解压缩后的程序和数据文件也放在 benabou 文件夹中。与布雷斯韦特的例子相类似，这里的程序和数据文件均为 stata 格式。因此，我们需要像之前一样将数据读取到 R 中。值得注意的是，我们应该在 `read.dta()` 函数内添加 `convert.factors = FALSE` 选项，以确保所有数据变量作为数值型变量而不是因子型变量被读入 R 中。

```
# replicate Table 2 in "Religion and Innovation"

#(1) remove all objects in workspace
rm(list=ls(all=TRUE))

#(2) change working directory to project folder
setwd("C:\\Project\\benabou")

#(3) import stata file into R
# load the foreign package
library(foreign)

benabou <- read.dta("aerpp2015btv-dataset.dta",
                    convert.factors=FALSE)
```

现在,我们可以尝试通过计算摘要统计量以及导入和显示变量标签的方式来了解数据了。在 R 中如何执行此操作可以作为一个复习,请读者参考第二章的"综合问答"部分。

```
#(4) produce formatted table of descriptive statistics
# load stargazer into R
library(stargazer)

stargazer(benabou, type="text", title = "Summary Statistics")

Summary Statistics
==========================================================
Statistic       N          Mean       St. Dev.    Min      Max
----------------------------------------------------------
S002          257,597      3.706      1.133       1        5
S003          257,597    462.970    266.787       8      911
S017          257,597      0.986      0.394       0.001   32.246
A006          236,174      1.912      1.044       1        4
A029          255,656      0.458      0.498       0        1
A034          252,238      0.201      0.401       0        1
A039          247,782      0.357      0.479       0        1
A189           70,815      2.696      1.346       1        6
A195           70,748      3.871      1.582       1        6
E046          114,537      5.314      2.904       1       10
E047           17,486      6.063      2.952       1       10
E219           62,930      7.507      2.453       1       10
E220           61,624      5.964      2.959       1       10
E234           65,798      6.756      2.507       1       10
F025          203,036     53.511     14.822       1       90
F028          238,981      4.382      2.581       1        8
F034          231,696      1.327      0.557       1        4
F050          152,038      0.889      0.314       0        1
F063          240,112      7.745      3.019       1       10
F198           66,989      6.243      2.929       1       10
X001          252,941      1.515      0.500       1        2
```

```
X003       247,978    40.313      15.914    14      99
X025       230,283    4.408       2.335     1       8
X045       202,706    3.346       0.989     1       5
X047       226,003    4.512       2.392     1       10
X049       159,343    5.050       2.524     1       9
year       257,597    1,998.330   6.200     1,980   2,005
F034rp     231,696    0.717       0.450     0       1
A006m      236,174    -1.912      1.044     -4      -1
F028m      238,981    -4.382      2.581     -8      -1
X001m      252,941    0.515       0.500     0       1
X045m      202,706    -3.346      0.989     -5      -1
X049m      158,787    5.036       2.517     1       8
E220m      61,624     -5.964      2.959     -10     -1
E219m      62,930     -7.507      2.453     -10     -1
A189m      70,815     -2.696      1.346     -6      -1
A195m      70,748     -3.871      1.582     -6      -1
------------------------------------------------------------
#(5) obtain variable labels from original Stata data file
var.labels <- attr(benabou,"var.labels")
bendata.key <- data.frame(var.name=names(benabou),var.labels)
```

我们使用 stargazer() 函数在 bentata.key 中显示变量标签,并在表 7.6 中显示结果。这些变量标签在之后会很重要,因为我们在试图建立模型和构建最终结果列表时需要解释每一个变量名的含义。

```
# show variable labels using stargazer function
stargazer(bendata.key,type="text",summary=F,rownames=F)
```

表 7.6　Bénabou et al. (2015) 中数据集的变量标签

变量名	含义
S002	第几次调查
S003	国家/地区
S017	权重
A006	在生活中的重要程度:宗教
A029	儿童独立性的重要性(A029)
A034	儿童想象力的重要性(A034)
A039	儿童毅力的重要性(A039)
A189	施瓦茨(Schwartz):产生新想法和富有创造力对一个人很重要
A195	施瓦茨(Schwartz):冒险对一个人很重要
E046	新想法比旧想法好:同意(E046)
E047	对改变的态度:乐见其成(E047)
E219	科学技术使我们的生活变化得太快

(续表)

变量名	含义
E220	我们过于依赖科学而不是信仰
E234	科学技术使世界变得更好:同意(E234)
F025	宗教派别
F028	多久参与一次宗教活动
F034	信仰虔诚
F050	对神的信念
F063	神的重要性
F198	人可以掌握自己的命运:同意(F198)
X001	性别
X003	年龄
X025	受教育程度
X045	社会阶层(主观的)
X047	收入
X049	城镇大小
year	
F034rp	信仰虔诚
A006m	宗教的重要性
F028m	教堂出勤
X001m	女性
X045m	社会阶层
X049m	
E220m	我们过于依赖科学而不是信仰:不同意(E220m)
E219m	科学技术使我们的生活变化得太快(E219m)
A189m	新想法和富有创造力的重要性:同意(A189m)
A195m	冒险的重要性:同意(A195m)

7.2.2 复制 Table 2 并报告结果

基于 Stata 程序文件,我们将演示 Bénabou et al. (2015)中 Table 2 第一行第一列的结果是如何获得的。结果显示了信仰虔诚(`F034rp`)与儿童独立性的重要性(`A029`)之间的关系,其系数为 −0.045,括号内显示了稳健标准误 0.005。R 代码与输出结果如下:

```r
#(6) replicate models in table 2
# load car, lmtest, and sandwich packages
library(car)
library(lmtest)
library(sandwich)

# Table 2 Column 1 five models for A029
c1m1 <- lm(A029 ~ F034rp + X001m + X003 + X025 + X045m + X047
      + factor(X049m) + factor(F025) + factor(S003)
      + factor(year), weights=S017, data=benabou)

# White robust standard errors
c1m1.r <- coeftest(c1m1, vcov=vcovHC(c1m1, type="HC1"))

# display estimation results
c1m1.r
t test of coefficients:
              Estimate     Std. Error    t value     Pr(>|t|)
(Intercept)   0.27647883   0.12745442    2.1692      0.0300672 *
    F034rp   -0.04463100   0.00460353   -9.6950     < 2.2e-16 ***
     X001m    0.00787350   0.00322453    2.4418      0.0146181 *
......[output for 145 variables omitted]
```

请注意,实际模型输出结果包含了许多信息。但是为了节省空间,作者在发表的文章中仅报告了 `F034rp` 变量的结果。四舍五入后,我们可以看到 `F034rp` 变量的结果与 Bénabou et al. (2015) 中 Table 2 的结果完全一致。

有了成功的经验之后,我们现在可以估计 Bénabou et al. (2015) 中 Table 2 内的其他 14 个模型。为了节省空间,我们仅在下面显示 R 代码。

```r
# Table 2 Column 1 five models for A029
c1m2 <- lm(A029 ~ A006m + X001m + X003 + X025 + X045m + X047
           + factor(X049m) + factor(F025) + factor(S003)
           + factor(year), weights=S017, data=benabou)
# White robust standard errors
c1m2.r <- coeftest(c1m2, vcov=vcovHC(c1m2, type="HC1"))

c1m3 <- lm(A029 ~ F050 + X001m + X003 + X025 + X045m + X047
           + factor(X049m) + factor(F025) + factor(S003)
           + factor(year), weights=S017, data=benabou)
# White robust standard errors
c1m3.r <- coeftest(c1m3, vcov=vcovHC(c1m3, type="HC1"))

c1m4 <- lm(A029 ~ F063 + X001m + X003 + X025 + X045m + X047
           + factor(X049m) + factor(F025) + factor(S003)
           + factor(year), weights=S017, data=benabou)
           # White robust standard errors
           c1m4.r <- coeftest(c1m4, vcov=vcovHC(c1m4, type="HC1"))
```

```
c1m5 <- lm( A029 ~ F028m + X001m + X003 + X025 + X045m + X047
            + factor(X049m) + factor(F025) + factor(S003)
            + factor(year), weights=S017, data=benabou)
# White robust standard errors
c1m5.r <- coeftest(c1m5, vcov=vcovHC(c1m5, type="HC1"))

# Table 2 Column 2 five models for A034
c2m1 <- lm( A034 ~ F034rp + X001m + X003 + X025 + X045m + X047
            + factor(X049m) + factor(F025) + factor(S003)
            + factor(year), weights=S017, data=benabou)
# White robust standard errors
c2m1.r <- coeftest(c2m1, vcov=vcovHC(c2m1, type="HC1"))

c2m2 <- lm( A034 ~ A006m + X001m + X003 + X025 + X045m + X047
            + factor(X049m) + factor(F025) + factor(S003)
            + factor(year), weights=S017, data=benabou)
# White robust standard errors
c2m2.r <- coeftest(c2m2, vcov=vcovHC(c2m2, type="HC1"))

c2m3 <- lm( A034 ~ F050 + X001m + X003 + X025 + X045m + X047
            + factor(X049m) + factor(F025) + factor(S003)
            + factor(year), weights=S017, data=benabou)
# White robust standard errors
c2m3.r <- coeftest(c2m3, vcov=vcovHC(c2m3, type="HC1"))

c2m4 <- lm( A034 ~ F063 + X001m + X003 + X025 + X045m + X047
            + factor(X049m) + factor(F025) + factor(S003)
            + factor(year), weights=S017, data=benabou)
# White robust standard errors
c2m4.r <- coeftest(c2m4, vcov=vcovHC(c2m4, type="HC1"))

c2m5 <- lm( A034 ~ F028m + X001m + X003 + X025 + X045m + X047
            + factor(X049m) + factor(F025) + factor(S003)
            + factor(year), weights=S017, data=benabou)
# White robust standard errors
c2m5.r <- coeftest(c2m5, vcov=vcovHC(c2m5, type="HC1"))

# Table 2 Column 3 five models for A039
c3m1 <- lm( A039 ~ F034rp + X001m + X003 + X025 + X045m + X047
            + factor(X049m) + factor(F025) + factor(S003)
            + factor(year), weights=S017, data=benabou)
# White robust standard errors
c3m1.r <- coeftest(c3m1, vcov=vcovHC(c3m1, type="HC1"))

c3m2 <- lm( A039 ~ A006m + X001m + X003 + X025 + X045m + X047
            + factor(X049m) + factor(F025) + factor(S003)
            + factor(year), weights=S017, data=benabou)
# White robust standard errors
```

```
c3m2.r <- coeftest(c3m2, vcov=vcovHC(c3m2, type="HC1"))

c3m3 <- lm(A039 ~ F050 + X001m + X003 + X025 + X045m + X047
           + factor(X049m) + factor(F025) + factor(S003)
           + factor(year), weights=S017, data=benabou)
# White robust standard errors
c3m3.r <- coeftest(c3m3, vcov=vcovHC(c3m3, type="HC1"))

c3m4 <- lm(A039 ~ F063 + X001m + X003 + X025 + X045m + X047
           + factor(X049m) + factor(F025) + factor(S003)
           + factor(year), weights=S017, data=benabou)
# White robust standard errors
c3m4.r <- coeftest(c3m4, vcov=vcovHC(c3m4, type="HC1"))

c3m5 <- lm(A039 ~ F028m + X001m + X003 + X025 + X045m + X047
           + factor(X049m) + factor(F025) + factor(S003)
           + factor(year), weights=S017, data=benabou)
# White robust standard errors
c3m5.r <- coeftest(c3m5, vcov=vcovHC(c3m5, type="HC1"))
```

在估计了所有模型之后，我们使用 **stargazer**() 函数来汇总贝纳布等人研究中 Table 2 的系数和标准误。我们在表 7.7 中报告了结果。

```
#(7) Report Replicated Results of Table 2 in Bénabou et al.
library(stargazer)
stargazer(c1m1.r, c1m2.r, c1m3.r, c1m4.r, c1m5.r, type="text",
no.space=TRUE, keep=c("F034rp","A006m","F050","F063","F028m"),
dep.var.labels="Importance of child independence (A029)",
covariate.labels = c("Religious person (F034rp)",
"Importance of religion (A006m)", "Belief in God (F050)",
"Importance of God (F063)", "Church attendance (F028m)"),
out="benabou1")

stargazer(c2m1.r, c2m2.r, c2m3.r, c2m4.r, c2m5.r, type="text",
no.space=TRUE, keep=c("F034rp","A006m","F050","F063","F028m"),
dep.var.labels="Importance of child imagination (A034)",
covariate.labels = c("Religious person (F034rp)",
"Importance of religion (A006m)", "Belief in God (F050)",
"Importance of God (F063)", "Church attendance (F028m)"),
out="benabou2")

stargazer(c3m1.r, c3m2.r, c3m3.r, c3m4.r, c3m5.r, type="text",
no.space=TRUE, keep=c("F034rp","A006m","F050","F063","F028m"),
dep.var.labels="Importance of child determination (A039)",
covariate.labels = c("Religious person (F034rp)",
"Importance of religion (A006m)", "Belief in God (F050)",
"Importance of God (F063)", "Church attendance (F028m)"),
out="benabou3")
```

表 7.7　复制 Bénabou et al. (2015) 中的 Table 2

	Dependent variable				
	Importance of child independence(A029)				
	(1)	(2)	(3)	(4)	(5)
Religious person(F034rp)	-0.045*** (0.005)				
Importance of religion(A006m)		-0.040*** (0.002)			
Belief in God(F050)			-0.054*** (0.010)		
Importance of God(F063)				-0.016*** (0.001)	
Church attendance(F028m)					-0.009*** (0.001)
	Dependent variable				
	Importance of child imagination(A034)				
	(1)	(2)	(3)	(4)	(5)
Religious person(F034rp)	-0.032*** (0.004)				
Importance of religion(A006m)		-0.024*** (0.002)			
Belief in God(F050)			-0.038*** (0.009)		
Importance of God(F063)				-0.008*** (0.001)	
Church attendance(F028m)					-0.006*** (0.001)
Religious person(F034rp)	-0.041*** (0.005)				
Importance of religion(A006m)		-0.047*** (0.002)			
Belief in God(F050)			-0.066*** (0.011)		
Importance of God(F063)				-0.013*** (0.001)	
Church attendance(F028m)					-0.008*** (0.001)

注：*$p<0.1$；**$p<0.05$；***$p<0.01$。

查看表 7.7 中的结果，我们将发现它们与 Bénabou et al. (2015) 中 Table 2 的结果相同。因此，我们已经成功地复制了这部分研究。学有余力的读者可以尝试复制 Table 1 中的结果，或者将上一节的诊断检验应用于贝纳布等人的研究。该过程会相对容易和直观一些。

表 7.7 中的结果表明，在所有 15 个模型中，宗教热忱的所有五项测量均与三个因变量（儿童独立性的重要性、儿童想象力的重要性和儿童毅力的重要性）显著负相关。宗教信仰更虔诚、更相信神以及教堂出勤率更高的人与较低的儿童独立性、想象力和毅力的重要性相关。

7.2.3 小结

在本节中，我们演示了如何复制应用工作中另一种常见类型的实证分析。在这个例子中，文章涉及很多因变量、很多自变量和很多回归模型，但最终发表的结果却是简明扼要的，仅显示了感兴趣的关键估计值。这个复制过程提供了另一种与上一节不同的经验，不过这是一种有价值和具有实际意义的体验。我们鼓励读者像上一节一样自发进行深入的诊断检验和分析。

7.3 第七章程序代码

复制 Braithwaite（2006）的程序代码

```r
#(1) remove all objects in workspace
rm(list=ls(all=TRUE))

#(2) change working directory to project folder
setwd("C:\\Project\\braithwaite")

#(3) load the foreign package
library(foreign)

#(4) import stata file into R
mid <- read.dta("file48280_braith_final_data.dta")

#(5) produce formatted table of descriptive statistics
# load stargazer into R
library(stargazer)

stargazer(mid, type="text", title = "Summary Statistics")

#(6) replicate Table2
lm(log_radius_area ~ territory + logsize + host_mt + host_for
    + water + cwpceyrs + bord_vital + host_resource,
    data=mid[mid$final_hostile>0,])

# replicate Table2
lm(log_radius_area ~ territory + log(jointsize) + host_mt
    + host_for + water + cwpceyrs + bord_vital + host_resource,
    data=mid[mid$final_hostile>0,])

# replicate Table2 and create an output object
```

```r
table2 <- lm(log_radius_area ~ territory + log(jointsize)
         + host_mt + host_for + water + cwpceyrs + bord_vital
         + host_resource, data=mid[mid$final_hostile>0,])

# load packages
library(car)
library(lmtest)
library(sandwich)

# White robust standard errors
table2.r<-coeftest(table2,vcov=vcovHC(table2,type="HC1"))
table2.r

#(7) add additional diagnostics statistics to original data
library(broom)
mid.v2 <- augment_columns(table2, mid)

#(8) diagnostic test for model specification
# load package
library(ggplot2)

# residuals against fitted values
ggplot(mid.v2, aes(x=.fitted, y=.resid)) +
        geom_hline(yintercept=0) +
        geom_point() +
        geom_smooth(method='loess', se=TRUE)

# OLS estimates for model 2
table2.q <- lm(log_radius_area ~territory + log(jointsize)
         + host_mt + host_for + water + cwpceyrs + bord_vital
         + host_resource + I(.fitted^2), data=mid.v2)

# F test of model difference
anova(table2, table2.q)

#(9) diagnose multicollinearity (vif statistics)
library(car)
vif(table2)

#(10) test heteroskedasticity
# Cook/Weisberg score test of constant error variance
library(car)
ncvTest(table2)

# Breush/Pagan test of constant error variance
library(lmtest)
bptest(table2)
```

```
#(11) diagnose influential observations
# create observation id
mid.v2$id <- as.numeric(row.names(mid.v2))

# identify obs with Cook's D above cutoff
ggplot(mid.v2, aes(id, .cooksd)) +
    geom_bar(stat="identity", position="identity") +
    xlab("Obs. Number")+ylab("Cook's distance")+
    geom_hline(yintercept=0.014) +
    geom_text(aes (label=ifelse((.cooksd>0.014),id,"")),
                vjust=-0.2, hjust=0.5)

# list observations whose Cook's D above threshold
mid.v2[mid.v2$.cooksd>0.014, c("dispnum","ccode1","ccode2",
        "year","log_radius_area",".std.resid",".hat",".cooksd")]

# re-estimate model without influential obs
table2.no <- lm(log_radius_area ~ territory + log(jointsize)
        + host_mt + host_for + water + cwpceyrs + bord_vital
        + host_resource, data=mid.v2[mid.v2$.cooksd<0.014,])

# estimation results without outliers
summary(table2.no)

#(12) normality diagnostics
library(car)
qqPlot(table2,distribution="t",simulate=TRUE,grid=TRUE)
qqPlot(table2.no,distribution="t",simulate=TRUE,
        grid=TRUE)

# normality test
shapiro.test(residuals(table2))
shapiro.test(residuals(table2.no))

#(13) report results in table
library(stargazer)
stargazer(table2, table2.r, table2.no, type="text",
    no.space=TRUE, omit.stat=c("f","ser"),model.names=FALSE,
    dep.var.labels.include=FALSE, dep.var.caption="")
```

复制 Bénabou et al.（2015）的程序代码

```
# replicate Table 2 in "Religion and Innovation"
#(1) remove all objects in workspace
rm(list=ls(all=TRUE))

#(2) change working directory to project folder
setwd("C:\\Project\\benabou")
```

```r
#(3) import stata file into R
# load the foreign package
library(foreign)

benabou <- read.dta("aerpp2015btv-dataset.dta",
                    convert.factors=FALSE)

#(4) produce formatted table of descriptive statistics
# load stargazer into R
library(stargazer)

stargazer(benabou, type="text", title = "Summary Statistics")

#(5) obtain variable labels from original Stata data file
# no variable labels in the dataset
var.labels <- attr(benabou,"var.labels")
bendata.key <- data.frame(var.name=names(benabou),var.labels)

# show variable labels using stargazer function
stargazer(bendata.key,type="text",summary=F,rownames=F)

#(6) replicate models in table 2
# load car, lmtest, and sandwich packages
library(car)
library(lmtest)
library(sandwich)

# Table 2 Column 1 five models for A029
c1m2 <- lm(A029 ~ A006m + X001m + X003 + X025 + X045m + X047
           + factor(X049m) + factor(F025) + factor(S003)
           + factor(year), weights=S017, data=benabou)
# White robust standard errors
c1m2.r <- coeftest(c1m2, vcov=vcovHC(c1m2, type="HC1"))

c1m3 <- lm(A029 ~ F050 + X001m + X003 + X025 + X045m + X047
           + factor(X049m) + factor(F025) + factor(S003)
           + factor(year), weights=S017, data=benabou)
# White robust standard errors
c1m3.r <- coeftest(c1m3, vcov=vcovHC(c1m3, type="HC1"))

c1m4 <- lm(A029 ~ F063 + X001m + X003 + X025 + X045m + X047
           + factor(X049m) + factor(F025) + factor(S003)
           + factor(year), weights=S017, data=benabou)
# White robust standard errors
c1m4.r <- coeftest(c1m4, vcov=vcovHC(c1m4, type="HC1"))

c1m5 <- lm(A029 ~ F028m + X001m + X003 + X025 + X045m + X047
           + factor(X049m) + factor(F025) + factor(S003)
```

```r
          + factor(year), weights=S017, data=benabou)
# White robust standard errors
c1m5.r <- coeftest(c1m5, vcov=vcovHC(c1m5, type="HC1"))

# Table 2 Column 2 five models for A034
c2m1 <- lm(A034 ~ F034rp + X001m + X003 + X025 + X045m + X047
          + factor(X049m) + factor(F025) + factor(S003)
          + factor(year), weights=S017, data=benabou)
# White robust standard errors
c2m1.r <- coeftest(c2m1, vcov=vcovHC(c2m1, type="HC1"))

c2m2 <- lm(A034 ~ A006m + X001m + X003 + X025 + X045m + X047
          + factor(X049m) + factor(F025) + factor(S003)
          + factor(year), weights=S017, data=benabou)
# White robust standard errors
c2m2.r <- coeftest(c2m2, vcov=vcovHC(c2m2, type="HC1"))

c2m3 <- lm(A034 ~ F050 + X001m + X003 + X025 + X045m + X047
          + factor(X049m) + factor(F025) + factor(S003)
          + factor(year), weights=S017, data=benabou)
# White robust standard errors
c2m3.r <- coeftest(c2m3, vcov=vcovHC(c2m3, type="HC1"))

c2m4 <- lm(A034 ~ F063 + X001m + X003 + X025 + X045m + X047
          + factor(X049m) + factor(F025) + factor(S003)
          + factor(year), weights=S017, data=benabou)
# White robust standard errors
c2m4.r <- coeftest(c2m4, vcov=vcovHC(c2m4, type="HC1"))

c2m5 <- lm(A034 ~ F028m + X001m + X003 + X025 + X045m + X047
          + factor(X049m) + factor(F025) + factor(S003)
          + factor(year), weights=S017, data=benabou)
# White robust standard errors
c2m5.r <- coeftest(c2m5, vcov=vcovHC(c2m5, type="HC1"))

# Table 2 Column 3 five models for A039
c3m1 <- lm(A039 ~ F034rp + X001m + X003 + X025 + X045m + X047
          + factor(X049m) + factor(F025) + factor(S003)
          + factor(year), weights=S017, data=benabou)
# White robust standard errors
c3m1.r <- coeftest(c3m1, vcov=vcovHC(c3m1, type="HC1"))

c3m2 <- lm(A039 ~ A006m + X001m + X003 + X025 + X045m + X047
          + factor(X049m) + factor(F025) + factor(S003)
          + factor(year), weights=S017, data=benabou)
# White robust standard errors
c3m2.r <- coeftest(c3m2, vcov=vcovHC(c3m2, type="HC1"))
```

```r
c3m3 <- lm(A039 ~ F050 + X001m + X003 + X025 + X045m + X047
           + factor(X049m) + factor(F025) + factor(S003)
           + factor(year), weights=S017, data=benabou)
# White robust standard errors
c3m3.r <- coeftest(c3m3, vcov=vcovHC(c3m3, type="HC1"))

c3m4 <- lm(A039 ~ F063 + X001m + X003 + X025 + X045m + X047
           + factor(X049m) + factor(F025) + factor(S003)
           + factor(year), weights=S017, data=benabou)
# White robust standard errors
c3m4.r <- coeftest(c3m4, vcov=vcovHC(c3m4, type="HC1"))

c3m5 <- lm(A039 ~ F028m + X001m + X003 + X025 + X045m + X047
           + factor(X049m) + factor(F025) + factor(S003)
           + factor(year), weights=S017, data=benabou)
# White robust standard errors
c3m5.r <- coeftest(c3m5, vcov=vcovHC(c3m5, type="HC1"))

#(7) Report Replicated Results of Table 2 in Bénabou et al.
library(stargazer)
stargazer(c1m1.r, c1m2.r, c1m3.r, c1m4.r, c1m5.r, type="text",
  no.space=TRUE, keep=c("F034rp","A006m","F050","F063","F028m"),
  dep.var.labels="Importance of child independence (A029)",
  covariate.labels = c("Religious person (F034rp)",
  "Importance of religion (A006m)", "Belief in God (F050)",
  "Importance of God (F063)", "Church attendance (F028m)"),
  out="benabou1")

stargazer(c2m1.r, c2m2.r, c2m3.r, c2m4.r, c2m5.r, type="text",
  no.space=TRUE, keep=c("F034rp","A006m","F050","F063","F028m"),
  dep.var.labels="Importance of child imagination (A034)",
  covariate.labels = c("Religious person (F034rp)",
  "Importance of religion (A006m)", "Belief in God (F050)",
  "Importance of God (F063)", "Church attendance (F028m)"),
  out="benabou2")

stargazer(c3m1.r, c3m2.r, c3m3.r, c3m4.r, c3m5.r, type="text",
  no.space=TRUE, keep=c("F034rp","A006m","F050","F063","F028m"),
  dep.var.labels="Importance of child determination (A039)",
  covariate.labels = c("Religious person (F034rp)",
  "Importance of religion (A006m)", "Belief in God (F050)",
  "Importance of God (F063)", "Church attendance (F028m)"),
  out="benabou3")
```

7.4 总结

当您读到这里的时候,我希望您在总体上对 R、统计推断和实际的经验研究有了更好的认识。希望我们对于 R 的极简学习路径的强调、对数据分析中以研究过程与项目为导向的学习路径的聚焦以及对如何复制已发表研究的演示,都能够使得学习 R、统计分析和实证研究的过程在不那么令人畏惧的同时又富有成效。海量的数据正在逐渐淹没我们的生活,计算机编程、数据分析和实证研究能力的整合可以增强您的能力,并使您在未来职业生涯中具有更强的竞争力。

第八章 附录:如何分析分类数据和寻找更多数据

8.1 目标

本书侧重于介绍如何使用 R 的基本数据管理、可视化和统计建模来解决与连续因变量相关的各种实际问题。它通过复制已发表的定量分析研究证明了 R 的实用价值。但是,在应用研究中,许多因变量不是连续而是离散的,例如生或死、幸福或不幸福、有罪或无罪等这样的二元变量。由于篇幅所限,在这本入门教材中不可能详细介绍离散数据的分析。但是,对于有兴趣进一步深入本书范围以外的读者,我们将简要介绍两种常用于离散数据的方法:检验两个离散变量之间的统计独立性,以及使用逻辑回归检验某些自变量对因变量取值为 1 而不是 0 的概率的影响。我们将通过关注受访者自我报告的幸福感这个二分变量来说明这一过程。

数据分析需要数据。在过去的几年中,向大众开放的数据量呈指数增长,其来源包括个人研究者、学术期刊的复制数据集、地方和全国政府以及国际组织。我们将提供一个简短的资源列表,以便读者能够熟悉那些公开可用的数据来源。

8.2 准备数据

我们将使用世界价值观调查(WVS)Wave 6 数据集进行分析,以自我报告的幸福感及其协变量为例。在介绍用于分析的相关的 R 代码之前,我们必须首先准备好数据。

WVS 数据和编码手册可以从以下网址下载:

http://www.worldvaluessurvey.org/WVSDocumentationWV6.jsp.

我们将在项目文件夹中创建一个 wvs 文件夹,然后在该文件夹中下载数据集和编码手册,首先从 pdf 格式的编码手册开始:

WV6_Official_Questionnaire_v4_June2012.pdf.

图 8.1 是 WVS6 编码手册的一个示例。此页面上的两条信息与我们最相关。首先,变量 V10 是自我报告的幸福感,这是我们分析的重点。其次,变量的缺失值类型为 -1(表示未知)、-2(表示无答案)和 -3(表示不适用)。我们在清理数据时必须重新编码它们,因为 R 不能将它们正确识别为缺失值。

WVS 数据有多种格式。我们只需下载 .RData 格式的数据集,名为 WV6_Data_R_v_2016_01_

01. RData。值得注意的是,该数据集已被压缩,因此必须如第二章中所示首先解压缩和提取文件。

```
WVS 2010-2012 Wave, revised master, June 2012                    2 of 21

(Introduction by interviewer):
Hello. I am from the _____ (mention name of the interview organization). We are carrying out a
global study of what people value in life. This study will interview samples representing most of the
world's people. Your name has been selected at random as part of a representative sample of the people in
_____ (mention country in which interview is conducted). I'd like to ask your views on a number of
different subjects. Your input will be treated strictly confidential but it will contribute to a better
understanding of what people all over the world believe and want out of life.

(Show Card A)
For each of the following, indicate how important it is in your life. Would you say it is (read out and code
one answer for each):
                    Very important   Rather important   Not very important   Not at all important
V4.   Family             1                 2                   3                     4
V5.   Friends            1                 2                   3                     4
V6.   Leisure time       1                 2                   3                     4
V7.   Politics           1                 2                   3                     4
V8.   Work               1                 2                   3                     4
V9.   Religion           1                 2                   3                     4

NOTE: Code but do not read out-- here and throughout the interview:   -1  Don't know
                                                                      -2  No answer
                                                                      -3  Not applicable

V10.  Taking all things together, would you say you are (read out and code one answer):
      1  Very happy
      2  Rather happy
      3  Not very happy
      4  Not at all happy
```

图 8.1 世界价值观调查编码手册的样本页

在 R 中,我们首先清理工作区,将工作目录设置为创建的新文件夹,然后加载 R 数据集。从数据集的大小来看,将文件加载到 R 中需要花费一些时间。R 代码和输出结果如下:

```
# Data Preparation Program install following packages only
# once, then comment out code
# install.packages(c('gmodels','MASS'), dependencies=TRUE)

#(1) before running project program, first remove all
# objects from workspace
rm(list = ls(all = TRUE))

#(2) changes the working directory to point to the
# project data directory
setwd("C:\\Project\\wvs")

#(3) load RData file
load("WV6_Data_R_v_2016_01_01.RData")
```

8.3 男性和女性在自我报告的幸福感上有区别吗?

我们使用 WVS 数据解决的第一个问题是自我报告的幸福感是否存在性别差异。从概念上讲,如果存在性别差异,那么性别和自我报告的幸福感必然在统计上相关。如果它们不相关,则不存在性别差异。

统计推断的逻辑是使用 WVS 中的样本数据得出关于总体中两个变量之间关系的结论。我们将检验以下假设。

零假设:性别与幸福感在统计上互相独立。

备择假设:性别和幸福感在统计上相关。

在检验假设之前,我们必须首先准备两个变量的数据并描述它们各自的分布与联合分布。

8.3.1 创建和描述离散变量

创建和描述幸福感二分变量

我们首先将自我报告的幸福感变量 V10 列表显示出来,然后基于 V10 创建一个虚拟变量。Table()函数将变量 V10 每个值的观测次数列表显示。如下所示,该变量包含图 8.1 编码手册中所列出的值,例如 1 表示 Very happy(非常幸福),2 表示 Rather happy(相当幸福),3 表示 Not very happy(不太幸福),4 表示 Not at all happy(很不幸福)。

```
# tabulate self-reported happiness variable
table(WV6_Data_R$V10)

  -5    -2    -1     1     2     3     4
   4   237   505 29430 46092 11482  2600
```

输出结果还显示了诸如-5、-2 和-1 这样的值,它们是根据编码手册编码的缺失值(请注意编码手册中并未显示-5,很可能是-3 被错误地编码为-5)。这些负值都是缺失值,但是 R 无法将它们识别为缺失值,因此我们需要将其重新编码为 NA,如下所示:

```
# recode missing values
WV6_Data_R$V10[WV6_Data_R$V10 == -5 | WV6_Data_R$V10 == -2 |
    WV6_Data_R$V10 == -1] <- NA

# tabulate again to confirm coding
table(WV6_Data_R$V10)

    1     2     3     4
29430 46092 11482  2600
```

如上所示,负值被成功地重新编码为缺失值 NA。频数显示,调查中的大多数人都表示非常幸福(1)或相当幸福(2),但其他许多人则表示不太幸福(3)和很不幸福(4)。

但是,单纯根据频数来看出变量的分布并不容易。因此,我们还报告了不同取值的比例。我们使用 prop.table() 函数来计算比例,并将 table() 函数的输出结果作为其参数。由于我们对百分比更感兴趣,因此我们将 prop.table() 函数的输出结果乘以 100。

```
# tabulate self-reported happiness variable
100 * (prop.table(table(WV6_Data_R$V10)))
        1         2         3         4
32.844516 51.439668 12.814160  2.901656
```

如上所示,约 84% 的受访者表示非常幸福或相当幸福,12.8% 的受访者表示不太幸福,只有 2.9% 的受访者表示非常不幸福。比例比频数更清晰地表示了变量的分布。

为了回答关于幸福感上的性别差异问题,我们将创建一个二分变量 `happy`,如果 `V10` 小于或等于 2,则将其编码为 1,否则将其编码为 0。在第二章中,我们强调了使用索引方法来创建新的虚拟变量。由于现在我们对 R 更加熟悉,我们将引入另一个常用函数 `ifelse()`。`ifelse()` 函数具有三个参数。它首先检验第一个参数中设定的逻辑条件。如果该条件为真,则函数返回第二个参数;如果该条件为假,该函数返回第三个参数。

以下面的 R 代码为例。如果第一个参数 `WV6_Data_R$V10 <= 2` 为真,则函数返回值为 1;否则函数返回值为 0。将输出结果分配给新变量 `happy`,然后,我们使用 `table()` 函数来确认是否正确地创建了虚拟变量。

```
# create a dummy variable happy
WV6_Data_R$happy <- ifelse(WV6_Data_R$V10 <= 2, 1, 0)

# check variable coding
table(WV6_Data_R$happy, WV6_Data_R$V10)
```

	1	2	3	4
0	0	0	11482	2600
1	29430	46092	0	0

创建和描述性别二分变量

要回答我们的问题,下一步是创建一个性别变量。编码手册显示该变量为 `V240`。

`V240`(通过观察编码受访者的性别):

1:男性

2:女性

下面列表中显示的频数表明该变量也需要清理,其中的负值将被重新编码为缺失值。根据编码手册,对于 `V240` 而言,1 代表男性,2 代表女性。

```
# tabulate frequency count
table(WV6_Data_R$V240)
```

-5	-2	1	2
40	51	43391	46868

如上所示,43391 名受访者为男性,46868 名受访者为女性,而 91 名受访者在 `V240` 中为缺失值。

我们将基于 `V240` 创建一个新的性别变量。我们首先创建一个新变量 `male` 作为 `V240` 的副本,然后将其负值重新编码为缺失值,将其值 2(对应女性)重新编码为 0。由此,`male` 变量中男性编码为 1,女性编码为 0。下面的输出结果确认了二分变量 `male` 的创建。

```
# create a copy of V240
WV6_Data_R$male <- WV6_Data_R$V240

# recode missing values
```

```
WV6_Data_R$male[WV6_Data_R$male == -2 | WV6_Data_R$male ==
  -5] <- NA

# recode value for women
WV6_Data_R$male[WV6_Data_R$male == 2] <- 0

# double check frequency count
table(WV6_Data_R$male)

    0     1
46868 43391
```

8.3.2 交叉列表显示两个离散变量:双向列联表

为了描述两个离散变量之间的关系,我们通常会对它们进行交叉列表,生成双向列联表并显示其边际和联合分布。这类似于第四章中两个连续变量之间的散点图和相关系数。两个二分变量的 2×2 列联表是两个离散变量的交叉列表,每个离散变量具有两个级别,总共有 4 个频数单元格。

下面的 R 代码和输出结果显示了 male 为行变量、happy 为列变量的 2×2 列联表。其中有 7 369 名受访者是自我报告感到不幸福的女性,有 6 708 名受访者是自我报告感到不幸福的男性,有 39 148 名自我报告感到幸福的女性,有 36 291 名自我报告感到幸福的男性。

```
# cross tabulate frequency count
table(WV6_Data_R$male, WV6_Data_R$happy)
      0     1
0  7369 39148
1  6708 36291
```

我们可以使用 prop.table() 函数在 2×2 表格中报告样本比例而不是频率计数。每个单元格包含一个单元格比例,即单元格频数除以总样本大小。约有 43.7% 的女性报告幸福,约有 40.5% 的男性报告幸福。相比之下,约有 8.2% 的女性报告不幸福,约有 7.5% 的男性报告不幸福。

```
# cross tabulate sample proportions
prop.table(table(WV6_Data_R$male, WV6_Data_R$happy))
            0          1
0  0.08232048 0.43732964
1  0.07493632 0.40541356
```

请注意 table() 和 prop.table() 都是比较简单的函数。要获取更多信息,我们可以使用 gmodels 软件包中的 CrossTable() 函数。当然,我们需要先安装和加载这个包。请注意,该函数的拼写是区分大小写的。

```
# cross tabulation install.packages(gmodels)
library(gmodels)
CrossTable(WV6_Data_R$male, WV6_Data_R$happy)
```

```
Cell Contents
|-------------------------|
|                       N |
| Chi-square contribution |
|             N /Row Total |
|             N /Col Total |
|           N /Table Total |
|-------------------------|

Total Observations in Table: 89516

              | WV6_Data_R$happy
WV6_Data_R$male |         0 |         1 | Row Total |
----------------|-----------|-----------|-----------|
             0 |      7369 |     39148 |     46517 |
               |     0.397 |     0.074 |           |
               |     0.158 |     0.842 |     0.520 |
               |     0.523 |     0.519 |           |
               |     0.082 |     0.437 |           |
----------------|-----------|-----------|-----------|
             1 |      6708 |     36291 |     42999 |
               |     0.429 |     0.080 |           |
               |     0.156 |     0.844 |     0.480 |
               |     0.477 |     0.481 |           |
               |     0.075 |     0.405 |           |
----------------|-----------|-----------|-----------|
  Column Total |     14077 |     75439 |     89516 |
               |     0.157 |     0.843 |           |
----------------|-----------|-----------|-----------|
```

R 的输出结果包含许多值得说明的信息。如上所示,每个单元格包含五个数字:行列变量组合后的频数(`N`)、卡方贡献值(`Chi-square contribution`)、给定行值下的条件比例(`N/Row Total`)、给定列值下的条件比例(`N/Col Total`)和单元格比例(`N/Table Total`)。

以第一个单元格(`male = 0, happy = 0`)为例,它代表不幸福和女性的组合。在样本总共 89 516 个观察结果中,有 7 369 个是自我报告不幸福的女性。在所有女性中(行值总数:46 517),不幸福的女性比例为 0.158 或 15.8%。在所有不幸福的受访者中(列值总数:14 077),不幸福的女性比例为 0.523 或 52.3%。在整个样本中(表格总数:89 516),不幸福的女性比例为 0.082 或 8.2%。

我们经常将单元格比例视为事件组合的联合概率。例如,一个女性不幸福的概率为 0.082。另外,我们将单元格中行或列的比例视为条件概率。例如,假设一个受访者是女性,那么她不幸福的概率为 0.158。

边际(即行或列)总数的值也值得注意。在样本中,有 52% 的受访者是女性,而 48% 是男性;有 15.7% 的人表示不幸福,而 84.3% 的人表示幸福。

8.3.3 统计推断

之前所提出的实际问题的关键在于,总体中 `male` 和 `happy` 两个变量是否在统计上彼此独立。如果它们彼此独立,那么自我报告的幸福感就不存在性别差异。如果它们不是彼此独立的,那么自我报告的幸福感就存在着性别差异。对于两个离散变量的双向列联表,统计上的独立性意味着联合概率等于边际概率的乘积。根据此信息,可以将零假设和备择假设重新表述如下:

零假设:`male` 和 `happy` 在统计上彼此独立。(每个单元的联合概率等于对应的边际概率的乘积,四个单元都是如此。)

备择假设:`male` 和 `happy` 在统计上并不相互独立。(至少一个单元的联合概率不等于相应边际概率的乘积。)

一个常用的检验是卡方独立性检验,为了节省篇幅,此处将省略其详细信息。按照前几章中的统计推断流程,我们将检验统计量的 p 值与可接受的第一类错误概率 α 进行比较并得出结论。

R 代码和输出结果如下:

```
# cross tabulate frequency count
freq.output2 <- table(WV6_Data_R$male, WV6_Data_R$happy)

chisq.test(freq.output2)

Pearson's Chi-squared test with Yates' continuity
Correction

data: freq.output2
X-squared = 0.96243, df = 1, p-value = 0.3266
```

p 值为 0.33,远大于典型阈值 $\alpha = 0.05$。因此,零假设不能被拒绝。实际的结论是,男女之间在自我报告的幸福感上不存在性别差异。

8.4 信徒与非信徒在自我报告的幸福感上有区别吗?

再举一个例子,我们可以检验关于信徒和非信徒在自我报告的幸福感上是否存在不同的假设。变量 `V148` 是关于受访者是否信仰神的虚拟变量。

V148 您信仰神吗?

1:是

2:否

以下是用于准备数据并对宗教信仰与自我报告的幸福进行交叉列表的 R 代码和输出结果。

```
# tabulate belief in God V148
table(WV6_Data_R$V148)

 -5    -4    -2    -1     1     2
 36  8291   483  2061 67846 11633

# create a belief variable
WV6_Data_R$belief <- WV6_Data_R$V148
```

```r
# recode missing values
WV6_Data_R$belief[WV6_Data_R$belief %in% c(-5, -4, -2, -1)] <- NA

# recode non-believers as equal zero
WV6_Data_R$belief[WV6_Data_R$belief == 2] <- 0

# double check frequency count
table(WV6_Data_R$belief)
```

```
    0     1
11633 67846
```

```r
# simple cross tabulation
table(WV6_Data_R$belief, WV6_Data_R$happy)
```

```
     0     1
0  1576  9927
1  9842 57514
```

```r
prop.table(table(WV6_Data_R$belief, WV6_Data_R$happy))
```

```
           0          1
0  0.01998504 0.12588290
1  0.12480503 0.72932703
```

```r
# show cross tabulations of belief and happiness
CrossTable(table(WV6_Data_R$belief, WV6_Data_R$happy))
```

Cell Contents

```
|-------------------------|
|                       N |
|   Chi-square contribution |
|             N /Row Total |
|             N /Col Total |
|           N /Table Total |
```

Total Observations in Table: 78859

	0	1	Row Total
0	1576	9927	11503
	4.812	0.815	
	0.137	0.863	0.146
	0.138	0.147	
	0.020	0.126	

1	9842	57514	67356	
	0.822	0.139		
	0.146	0.854	0.854	
	0.862	0.853		
	0.125	0.729		
Column Total	11418	67441	78859	
	0.145	0.855		

如上所示,在所有受访者中,有 2% 是报告不幸福的非信徒,12.6% 是报告幸福的非信徒,12.5% 是报告不幸福的信徒,72.9% 是报告幸福的信徒。有趣的是,仅在非信徒中(第一行),有 13.7% 的人表示不幸福,有 86.3% 的人表示幸福。而仅在信徒中(第二行),有 14.6% 的人表示不幸福,有 85.4% 的人表示幸福。

问题在于,这些差异是由于随机噪声和抽样误差所致,还是可以归因为总体中信徒与自我报告的幸福感之间存在某种有意义的关系。检验的 R 代码和输出结果如下:

```
# test statistical independence
freq.output2 <- table(WV6_Data_R$belief, WV6_Data_R$happy)
chisq.test(freq.output2)

    Pearson's Chi-squared test with Yates' continuity
    Correction

data: freq.output2
X-squared = 6.5137, df = 1, p-value = 0.0107
```

卡方检验的 p 值为 0.0107,小于常规阈值 0.05。因此,宗教信仰和自我报告的幸福感在统计上互相独立的零假设被拒绝了。实际结论是,自我报告的幸福感和宗教信仰不是彼此独立的。但是,统计检验不能告诉我们这是因为宗教信仰使人们更多或更少地感受到幸福,还是因为不幸福的人更有可能或更不可能具有宗教信仰。使用这种类型的观测数据很难确定因果关系,这是一个需要牢记的重要注意事项。

8.5　自我报告的幸福感的来源:逻辑回归

8.5.1　概念背景

我们对性别、宗教信仰和收入是否影响自我报告的幸福感有兴趣。因变量 `happy` 是二分变量,1 为幸福,0 为不幸福。我们想要评估性别、宗教信仰和收入对受访者报告幸福的可能性的影响。在这种类型的问题中,OLS 是不合适的,因为它会生成大于 1 且小于 0 的预测概率值。逻辑回归是这种情况下被广泛使用的统计方法。

从概念上讲,受访者报告幸福与否的概率可以表示为性别、宗教信仰和收入的函数。

$$\pi_i = p(\text{happy}_i = 1) = 第\,i\,名受访者报告幸福的概率$$

$$= \beta_0 + \beta_1 \text{male} + \beta_2 \text{belief} + \beta_3 \text{income}$$

为了使预测的概率在 0 和 1 之间，逻辑回归采用以下模型拟合了 happy 和其他协变量之间的 S 形关系：

$$\ln\left(\frac{\pi_i}{1-\pi_i}\right) = \beta_0 + \beta_1 \text{male} + \beta_2 \text{belief} + \beta_3 \text{income}$$

其中 $\frac{\pi_i}{1-\pi_i}$ 是受访者报告幸福的比值，是报告幸福的概率（π_i）除以报告不幸福的概率（$1-\pi_i$），$\ln\left(\frac{\pi_i}{1-\pi_i}\right)$ 是比值的对数，即对比值进行对数转换。

有两个问题值得说明。首先，这些 β 是回归参数。在前面的章节中，我们会针对每个 β 为零的零假设进行假设检验，这代表总体中一个变量对因变量没有统计影响。

其次，本质上我们感兴趣的是在不同自变量值下 π_i 的值，即受访者报告幸福的概率。为了获得该值，我们可以应用以下公式：

$$\pi_i = \frac{e^{\beta_0 + \beta_1 \text{male} + \beta_2 \text{belief} + \beta_3 \text{income}}}{1 + e^{\beta_0 + \beta_1 \text{male} + \beta_2 \text{belief} + \beta_3 \text{income}}}$$

8.5.2 数据准备

我们已经在之前准备好了 income 以外的所有变量。因此，我们现在准备 income 变量以进行分析。income 变量在编码手册中定义如下：

> **V239** 此卡上显示的是收入等级，其中 1 代表您所在国家的最低收入组，10 代表您所在国家的最高收入组。我们想知道您的家庭属于哪一组。请选择适当的数字，计算所有的工资、薪金、退休金和其他收入（编码一个数字）：
>
> 最低收入组　　　　　　　　　　　最高收入组
>
> 1　2　3　4　5　6　7　8　9　10

以下列表显示的结果表明该变量具有多个代表缺失值的负值。它们将被重新编码为 NA。

```
# tabulate variable
table(WV6_Data_R$V239)
   -5    -2    -1     1     2     3     4     5     6     7
   17  1736  1371  6758  6280 10030 12076 18665 13536 10650
    8     9    10
 6123  1778  1330

# create an income variable
WV6_Data_R$income <- WV6_Data_R$V239

# recode missing values
WV6_Data_R$income[WV6_Data_R$income %in% c(-5, -2, -1)] <- NA

# confirm recoding
table(WV6_Data_R$income)
```

1	2	3	4	5	6	7	8	9	10
6758	6280	10030	12076	18665	13536	10650	6123	1778	1330

另一点需要注意的是,我们的数据来自跨国调查中的不同国家。因此,我们必须根据关键变量的国家分布对样本进行校正。这就像在第七章贝纳布等人的文章中一样。WVS中的权重变量是 V258,定义如下:

V258 权重变量(提供4位数字的权重变量来校正样本,以反映关键变量的国家分布。如果不需要权重,只需将每个案例编码为1。对教育进行校正尤为重要。例如,如果您的样本中接受高等教育的受访者在成年人口中的比例增加了10%,该组成员的权重应降低10%,使他们的权重为0.90)。

有时考虑权重变量会影响结果,有时则不会。如果目标是推断总体,则最好在调查的回归模型中应用权重变量。

差异性的另一个来源是调查的跨国性质。这一点可以在回归模型中被显式表达,我们将在下面进一步讨论这个问题。

8.5.3 估计和假设检验

我们将首先估算一个模型设定。在下面的R代码中,`glm()`函数执行逻辑回归分析,并且其操作类似于线性回归模型的`lm()`函数。`glm()`函数的名称含义是广义线性模型(generalized linear model)。它包含四个主要参数:公式`y~x`设定模型的因变量和自变量;`family = binomial`表示假定的二项分布,因此需要使用逻辑回归;`data = filename`设定所使用的数据集;`weights =`设定调查的权重变量。

```
# estimate model and assign output to a data object
model1.logit <- glm(happy ~ male + belief + income, weights = V258,
    family = binomial("logit"), data = WV6_Data_R)

# display model output
summary(model1.logit)

Call:
glm(formula = happy ~ male + belief + income, family =
    binomial("logit"),
    data = WV6_Data_R, weights = V258)

Deviance Residuals:
    Min       1Q    Median       3Q      Max
-7.2209   0.3464   0.4745   0.6003   3.5918

Coefficients:
              Estimate  Std. Error  z value  Pr(>|z|)
(Intercept)   0.743994   0.036816   20.208   < 2e-16 ***
male         -0.019371   0.020861   -0.929   0.35312
belief       -0.112190   0.030635   -3.662   0.00025 ***
income        0.252452   0.005195   48.597   < 2e-16 ***
```

```
---
Signif. codes:
0 '***' 0.001 '**' 0.01 '*' 0.05 '.' 0.1 ' ' 1

(Dispersion parameter for binomial family taken to be 1)

    Null deviance: 63818  on 76613  degrees of freedom
Residual deviance: 61311  on 76610  degrees of freedom
  (13736 observations deleted due to missingness)
AIC: 61941

Number of Fisher Scoring iterations: 5
```

结果显示了一些有趣的发现。第一,自我报告的幸福感没有男女之间的性别差异。平均而言,男性与女性报告幸福的概率相同。第二,`belief` 的系数为负且在统计上显著。平均而言,信徒比非信徒更不容易自我报告幸福。第三,`income` 系数为正且在统计上显著。平均而言,高收入组的受访者比低收入组的受访者更有可能自我报告幸福。

上面模型的一个问题是,它没有考虑到样本中包括来自 50 多个国家的受访者这一事实。各国之间存在的许多差异会影响到协变量对因变量的影响。如贝纳布等人的文章所示,解决此问题的一种常用方法是通过加入国家虚拟变量来控制所谓的国家固定效应。如第七章所示,在 R 中很容易实现这一点。国家代码变量为 `V2`,我们可以通过简单地在模型中加入 `factor(V2)` 来控制国家之间的差异。

第二个模型设定的 R 代码和输出结果如下:

```
# estimate model and assign output to a data object
model2.logit <- glm(happy ~ male + belief + income + factor(V2),
  weights = V258, family = binomial("logit"), data = WV6_Data_R)

# display model output
summary(model2.logit)

Call:
glm(formula = happy ~ male + belief + income + factor(V2),
    family = binomial("logit"),
    data = WV6_Data_R, weights = V258)

Deviance Residuals:
    Min       1Q   Median       3Q      Max
-6.9135   0.2660   0.4137   0.5945   3.4507

Coefficients:
              Estimate  Std. Error  z value  Pr(>|z|)
(Intercept)  -0.057132    0.089043   -0.642  0.521124
male         -0.014423    0.021497   -0.671  0.502256
belief        0.228422    0.038312    5.962  2.49e-09 ***
income        0.275343    0.005674   48.528  < 2e-16 ***
```

factor(V2)31	-0.104519	0.110739	-0.944	0.345255
factor(V2)32	0.361841	0.123614	2.927	0.003420 **
factor(V2)36	1.311205	0.132002	9.933	< 2e-16 ***
factor(V2)51	0.372078	0.111800	3.328	0.000874 ***
factor(V2)76	1.219641	0.124467	9.799	< 2e-16 ***
factor(V2)112	-0.676415	0.095659	-7.071	1.54e-12 ***
factor(V2)152	0.300268	0.120422	2.493	0.012650 *
factor(V2)156	0.714094	0.107033	6.672	2.53e-11 ***
factor(V2)158	0.979152	0.129629	7.554	4.24e-14 ***
factor(V2)170	0.959120	0.120723	7.945	1.95e-15 ***
factor(V2)196	0.013178	0.114059	0.116	0.908021
factor(V2)218	1.178045	0.137496	8.568	< 2e-16 ***
factor(V2)233	0.096109	0.104215	0.922	0.356414
factor(V2)268	-0.307751	0.099505	-3.093	0.001983 **
factor(V2)276	0.440598	0.102354	4.305	1.67e-05 ***
factor(V2)288	0.133932	0.100386	1.334	0.182149
factor(V2)344	0.855843	0.130173	6.575	4.88e-11 ***
factor(V2)356	0.567661	0.085560	6.635	3.25e-11 ***
factor(V2)368	-0.805280	0.099600	-8.085	6.21e-16 ***
factor(V2)392	1.125060	0.119031	9.452	< 2e-16 ***
factor(V2)398	0.548679	0.111889	4.904	9.40e-07 ***
factor(V2)400	0.365182	0.113355	3.222	0.001275 **
factor(V2)410	0.977902	0.125893	7.768	7.99e-15 ***
factor(V2)417	1.635809	0.153731	10.641	< 2e-16 ***
factor(V2)422	-0.376743	0.105305	-3.578	0.000347 ***
factor(V2)434	0.501311	0.103275	4.854	1.21e-06 ***
factor(V2)458	1.514907	0.162582	9.318	< 2e-16 ***
factor(V2)484	1.895852	0.124679	15.206	< 2e-16 ***
factor(V2)504	0.030994	0.106180	0.292	0.770363
factor(V2)528	1.480927	0.128094	11.561	< 2e-16 ***
factor(V2)554	1.529226	0.204527	7.477	7.61e-14 ***
factor(V2)566	0.272201	0.101523	2.681	0.007337 **
factor(V2)586	0.160440	0.111983	1.433	0.151940
factor(V2)604	-0.201879	0.103441	-1.952	0.050982 .
factor(V2)608	0.980598	0.121829	8.049	8.35e-16 ***
factor(V2)616	1.471782	0.158966	9.258	< 2e-16 ***
factor(V2)642	-0.592488	0.096459	-6.142	8.13e-10 ***
factor(V2)643	-0.073535	0.092598	-0.794	0.427117
factor(V2)646	0.717313	0.116207	6.173	6.71e-10 ***
factor(V2)702	1.004679	0.117501	8.550	< 2e-16 ***
factor(V2)705	0.287875	0.119068	2.418	0.015617 *
factor(V2)710	-0.289337	0.086781	-3.334	0.000856 ***
factor(V2)716	0.005633	0.099580	0.057	0.954887
factor(V2)724	0.645725	0.122560	5.269	1.37e-07 ***
factor(V2)752	1.470060	0.156306	9.405	< 2e-16 ***
factor(V2)764	1.508651	0.143401	10.521	< 2e-16 ***
factor(V2)780	0.579790	0.126263	4.592	4.39e-06 ***

```
factor(V2)792    0.075972    0.104163     0.729    0.465782
factor(V2)804   -0.341644    0.096998    -3.522    0.000428 ***
factor(V2)840    0.805515    0.105347     7.646    2.07e-14 ***
factor(V2)858    0.568272    0.123446     4.603    4.16e-06 ***
factor(V2)860    1.644162    0.160830    10.223    < 2e-16  ***
---
Signif. codes:
0 '***' 0.001 '**' 0.01 '*' 0.05 '.' 0.1 ' ' 1

(Dispersion parameter for binomial family taken to be 1)

    Null deviance: 63818 on 76613 degrees of freedom
Residual deviance: 57881 on 76558 degrees of freedom
  (13736 observations deleted due to missingness)
AIC: 58557

Number of Fisher Scoring iterations: 5
```

有趣的是,在控制了国家之间的差异之后,**male** 和 **income** 的影响仍然保持不变,但是 **belief** 的影响已经变为正向且在统计上显著。一旦控制了国家之间的差异,信徒比非信徒更有可能报告幸福。

如前所述,下面我们使用 **stargazer()** 函数以表格形式报告模型结果。我们在下面的 R 代码中作了两处修正。第一,我们使用 **omit =** 选项来表明由于篇幅原因,表中省略了国家固定效应虚拟变量。第二,我们使用 **ci =** 选项要求报告置信区间而不是标准误。

```
# report regression results
library(stargazer)
stargazer(model1.logit, model2.logit, type = "text", no.space = TRUE,
  omit = "factor", ci = TRUE)

==================================================================
                              Dependent variable:
                         -----------------------------------------
                                       happy
                              (1)                    (2)
------------------------------------------------------------------
male                         -0.019                 -0.014
                         (-0.060, 0.022)       (-0.057, 0.028)
belief                      -0.112 ***              0.228 ***
                         (-0.172, -0.052)      (0.153, 0.304)
income                       0.252 ***              0.275 ***
                         (0.242, 0.263)        (0.264, 0.286)
Constant                     0.744 ***             -0.057
                         (0.672, 0.816)        (-0.232, 0.117)
------------------------------------------------------------------
```

```
Observations                    76,614                  76,614
Log Likelihood               -30,966.460             -29,222.430
Akaike Inf. Crit.             61,940.920              58,556.870
===============================================================
Note: *p<0.1; **p<0.05; ***p<0.01
```

8.5.4 解释影响的大小

我们可以使用零假设检验和构建置信区间来解释逻辑回归模型的输出结果。一个重要的注意事项是，逻辑回归中的系数估计值表示自变量对因变量的对数比值的边际效应。对数比值的实际含义是难以直观理解的。

有两种方法以实际中更有意义的方式解释所估计的系数。第一种方法是对系数估计进行取幂运算。这使我们可以将新得到的量解释为 x 对因变量的比值的边际效应。

以 model2.logit 为例，我们可以对它的系数估计取幂，过程如下所示：

```
# odds ratio
exp(coef(model2.logit))

  (Intercept)            male          belief          income
    0.9444699       0.9856804       1.2566151       1.3169824
  factor(V2)31    factor(V2)32    factor(V2)36    factor(V2)51
    0.9007574       1.4359713       3.7106421       1.4507466
  factor(V2)76   factor(V2)112   factor(V2)152   factor(V2)156
    3.3859721       0.5084365       1.3502210       2.0423357
 factor(V2)158   factor(V2)170   factor(V2)196   factor(V2)218
    2.6621971       2.6093993       1.0132650       3.2480196
 factor(V2)233   factor(V2)268   factor(V2)276   factor(V2)288
    1.1008791       0.7350980       1.5536355       1.1433149
 factor(V2)344   factor(V2)356   factor(V2)368   factor(V2)392
    2.3533568       1.7641355       0.4469628       3.0804031
 factor(V2)398   factor(V2)400   factor(V2)410   factor(V2)417
    1.7309647       1.4407757       2.6588725       5.1336119
 factor(V2)422   factor(V2)434   factor(V2)458   factor(V2)484
    0.6860925       1.6508844       4.5489975       6.6582211
 factor(V2)504   factor(V2)528   factor(V2)554   factor(V2)566
    1.0314794       4.3970215       4.6146022       1.3128508
 factor(V2)586   factor(V2)604   factor(V2)608   factor(V2)616
    1.1740271       0.8171935       2.6660488       4.3569903
 factor(V2)642   factor(V2)643   factor(V2)646   factor(V2)702
    0.5529501       0.9291037       2.0489203       2.7310307
 factor(V2)705   factor(V2)710   factor(V2)716   factor(V2)724
    1.3335899       0.7487595       1.0056492       1.9073692
 factor(V2)752   factor(V2)764   factor(V2)780   factor(V2)792
    4.3494958       4.5206278       1.7856638       1.0789325
 factor(V2)804   factor(V2)840   factor(V2)858   factor(V2)860
    0.7106009       2.2378484       1.7652143       5.1766686
```

belief 的系数 0.228 经取幂运算后变为 1.2566。这意味着,随着 belief 增加一个单位,即从非信徒变为信徒,报告幸福的比值增加了(1.2566−1)×100%,即 25.66%。

我们可以应用以下 R 代码为每个变量计算取幂后的量,如下所示:

```
# odds ratio
(exp(coef(model2.logit)) - 1) * 100
```

(Intercept)	male	belief	income
-5.5530137	-1.4319585	25.6615140	31.6982430
factor(V2)31	factor(V2)32	factor(V2)36	factor(V2)51
-9.9242650	43.5971309	271.0642109	45.0746568
factor(V2)76	factor(V2)112	factor(V2)152	factor(V2)156
238.5972134	-49.1563485	35.0221011	104.2335740
factor(V2)158	factor(V2)170	factor(V2)196	factor(V2)218
166.2197120	160.9399309	1.3265014	224.8019620
factor(V2)233	factor(V2)268	factor(V2)276	factor(V2)288
10.0879108	-26.4901960	55.3635536	14.3314938
factor(V2)344	factor(V2)356	factor(V2)368	factor(V2)392
135.3356813	76.4135454	-55.3037152	208.0403145
factor(V2)398	factor(V2)400	factor(V2)410	factor(V2)417
73.0964656	44.0775746	165.8872465	413.3611854
factor(V2)422	factor(V2)434	factor(V2)458	factor(V2)484
-31.3907493	65.0884398	354.8997467	565.8221110
factor(V2)504	factor(V2)528	factor(V2)554	factor(V2)566
3.1479358	339.7021458	361.4602188	31.2850785
factor(V2)586	factor(V2)604	factor(V2)608	factor(V2)616
17.4027086	-18.2806526	166.6048771	335.6990284
factor(V2)642	factor(V2)643	factor(V2)646	factor(V2)702
-44.7049907	-7.0896329	104.8920329	173.1030748
factor(V2)705	factor(V2)710	factor(V2)716	factor(V2)724
33.3589933	-25.1240457	0.5649219	90.7369218
factor(V2)752	factor(V2)764	factor(V2)780	factor(V2)792
334.9495839	352.0627766	78.5663846	7.8932547
factor(V2)804	factor(V2)840	factor(V2)858	factor(V2)860
-28.9399146	123.7848404	76.5214346	417.6668608

随着 income 增加一个单位,报告幸福的比值增加了 31.7%。每个因子变量的值代表该国家与参考国家之间报告幸福的比值的变化。

解释逻辑回归系数估计的第二种方法是找到变量对因变量取特定值的概率的影响。例如,在基准国家的收入组 5 中,男性非信徒报告幸福的概率为:

$$\pi_i = \frac{e^{-0.057-0.014\text{male}+0.228\text{belief}+0.275\text{income}+0}}{1+e^{-0.057-0.014\text{male}+0.228\text{belief}+0.275\text{income}+0}}$$

$$= \frac{e^{-0.057-0.014*1+0.228*0+0.275*5}}{1+e^{-0.057-0.014*1+0.228*0+0.275*5}}$$

$$= 0.79$$

与此相对,在基准国家同样的收入组中,男性信徒报告幸福的概率为:

$$\pi_i = \frac{e^{-0.057-0.014\text{male}+0.228\text{belief}+0.275\text{income}+0}}{1+e^{-0.057-0.014\text{male}+0.228\text{belief}+0.275\text{income}+0}}$$

$$= \frac{e^{-0.057-0.014*1+0.228*1+0.275*5}}{1+e^{-0.057-0.014*1+0.228*1+0.275*5}}$$

$$= 0.82$$

因此,收入组 5 中男性信徒和男性非信徒之间报告幸福的概率之差为 0.036。宗教信仰虔诚程度与报告幸福的概率上很小的增长有关。值得注意的是,由于这是一个非线性模型,因此一个变量的实际影响通常取决于其他变量取什么值。因此,最好不要计算比值比(odds ratio),而应该计算所有感兴趣场景中的实际影响。

8.6 在哪里寻找更多的数据?

在过去十年中,已经有大量用于复制和进行原创研究的数据可以使用。这种现象既是由研究走向透明化和可复制化的趋势所引导,也是被科技和大数据的快速发展所推动。由于如今可以在线获得种类繁多且近乎无穷无尽的数据,对所有可用数据进行详尽讨论是不可能的。在这里,我们仅讨论少量示例性质的数据来源,以此种方式向读者介绍网络上的丰富数据来源。

8.6.1 复制数据来源

现在,许多期刊开始向研究人员提供复制数据和程序文件。一个很好的例子是《和平研究期刊》,该期刊提供了自 1998 年以来已发表文章的数据集。读者可以在 https:// www. prio. org/ JPR/ Datasets/ 上找到这些数据集。另一个很好的例子是《美国经济评论》,它也为最近发表的文章提供了数据集。读者可以在 https:// www. aeaweb. org/ journals/ aer/ issues 上找到它们。

许多学者在哈佛大学 dataverse 项目(网址为 https:// dataverse. harvard. edu/)中提供已发表论文的数据集。目前已有超过 65 000 个数据集可用,覆盖了大量的学科。在哈佛大学 dataverse 网站上还可以找到其他各种 dataverse 的链接,例如 World Agroforestry Centre、Population Services International (PSI)、International Food Policy Research Institute (IFPRI)、Murray Research Archive、CfA Dataverse、*American Journal of Political Science* (AJPS)、Brain Genomics Superstruct Project (GSP)和 Bill and Melinda Gates Foundation。

8.6.2 原始数据来源

许多由国家政府和国际组织支持的大型数据项目也已开放其数据。以下是一个示例性质的清单。

- 世界价值观调查(网址 http:// www. worldvaluessurvey. org)提供了来自近 100 个国家/地区具有全国代表性的调查数据,这些数据涉及发展情况、宗教、民主化、性别平等、社会资本、主观幸福感等议题上的个人信念、价值和动机。
- 国际社会调查项目(网址 http:// www. issp. org/)提供了来自约 53 个国家/地区在广泛主题上的调查数据,这些主题包括政府的作用、社会网络、社会不平等、宗教、环境、家庭变化、性别角色变化和民族身份。

- 美国政府开放数据(网址 https://www.data.gov/)提供了与农业、商业、气候、消费者、生态系统、教育、能源、金融、卫生、地方政府、制造业、海洋、公共安全、科学研究相关的 185 397 个数据集,例如消费者投诉、人口统计数据、天气、商品和服务的国际贸易、美国高校记分卡等数据集。
- UNCTAD(网址 http://unctadstat.unctad.org/EN/)提供了广泛的国家和国际数据来源。它的数据中心覆盖了广泛主题上的 150 个时间序列,包括贸易、投资、商品、人口、外部资源、信息经济、创意经济、钢铁与矿石、海运。
- 世界银行(网址 http://data.worldbank.org/)提供了免费的全球发展数据。其中包括许多数据集,例如全球治理指数、贫困和平等数据库、世界发展指数、教育统计数据、性别统计数据,以及健康营养和人口统计数据。
- 由各种分析人员创建的其他数据集。例如 Kaggle(网址 https://www.kaggle.com/datasets)可访问 100 多个数据集,包括针对 ISIS 的推特、自 1908 年以来全球各地的飞机坠毁事故、寨卡病毒流行、2016 年美国总统辩论,等等。

其他的例子有 Awesome Public Datasets(网址 https://github.com/caesar0301/awesome-public-datasets#education)。它提供从博客、回答和用户反馈中收集和整理的数据,涵盖了农业、生物学、气候/天气、复杂网络、计算机网络、背景数据、数据挑战赛、经济学、教育、能源、金融、地理、地理信息系统(GIS)/环境、政府、医疗保健、图像处理、机器学习、博物馆、自然语言、物理学、心理学/认知科学、公共领域、搜索引擎、社交网络、社会科学、软件、运动、时间序列、运输、附加藏品等主题。

8.6.3 R 中提供的数据包

现在已经可以通过 R 的软件包获取大量数据。例如,我们在本教材中使用过两个关于经济数据的软件包:`pwt` 和 `wbstats`。

另一个出色的数据源 Quandl 位于 https://www.quandl.com/,其通过应用程序接口(API)或直接通过 R 与其他软件从数百个来源中提供金融和经济数据。数据涵盖了股票、期货、商品、货币、利率、期权、资产管理、工业和经济。使用 Quandl R 软件包,可以从 R 内获得 Quandl 上的所有数据库和数据集。

网址 https://ropensci.org/related/提供了不断增加的 R 数据包列表,这些数据包涵盖了各种学科和主题,例如生态学、基因、地球科学、经济学、金融、化学、农学、文学、市场营销、网络分析、新闻、媒体、体育、地图、社交媒体、政府、数据仓储、谷歌网络服务、亚马逊网络服务,等等。

参考文献

分析文章

（1）Anscombe, Francis J. 1973. "Graphs in Statistical Analysis," *American Statistician* 27（1）：17-21.

（2）Bénabou, Roland, Davide Ticchi, and Andrea Vindigni. 2015. "Religion and Innovation," *American Economic Review* 105（5）：346-351.

（3）Braithwaite, Alex. 2006. "The Geographic Spread of Militarized Disputes," *Journal of Peace Research* 43（5）：507-522.

（4）Frankel, Jeffrey A., and David Romer. 1999. "Does Trade Cause Growth?" *American Economic Review* 89, 379-399.

（5）Iversen, Torben, and David Soskice. 2006. "Electoral Institutions and the Politics of Coalitions：Why Some Democracies Redistribute More Than Others," *American Political Science Review* 100（2）：165-181.

数据来源

（1）Heston, Alan, Robert Summers, and Bettina Aten. Penn World Table, Version Mark 5.6 and Version 7.0. Center for International Comparisons of Production, Income and Prices at the University of Pennsylvania.

（2）Piburn, Jesse. 2016. wbstats：Programmatic Access to the World Bank API. Oak Ridge National Laboratory, Oak Ridge, TN. http：// web.ornl.gov/ sci/ gist/ .

（3）World Values Survey Wave 6 2010-2014 Official aggregate v.20150418. World Values Survey Association. www.worldvaluessurvey.org. Aggregate File Producer：Asep/ JDS, Madrid, Spain.

（4）Zeileis, Achim, and Guan Yang. 2013. pwt：Penn World Table. R package version 7.1-1. http：// CRAN.R-project.org/ package＝pwt.

R 软件包

（1）Auguie, Baptiste. 2016. gridExtra：Miscellaneous Functions for "Grid" Graphics. R package version 2.2.1. https：// CRAN.R-project.org/ package＝gridExtra.

（2）Dowle, matt et al. with contributions from R. Saporta and E. Antonyan. 2015. data.table：Extension of Data.frame. R package version 1.9.6. https：// CRAN.R-project.org/ package＝data.table.

(3) Gandrud, Christopher. 2016. DataCombine: Tools for Easily Combining and Cleaning Data Sets. R package version 0.2.21. https:// CRAN.R-project.org/ package=DataCombine.

(4) Harrell, Frank E., Jr. with contributions from Charles Dupont and many others. 2016. Hmisc: Harrell Miscellaneous. R package version 4.0-0. https:// CRAN.R-project.org/ package=Hmisc.

(5) Hope, Ryan M. 2013. Rmisc: Ryan Miscellaneous. R package version 1.5. https:// CRAN.R-project.org/ package=Rmisc.

(6) Højsgaard, Søren, and Ulrich Halekoh. 2016. doBy: Groupwise Statistics, LSmeans, Linear Contrasts, Utilities. R package version 4.5-15. https:// CRAN.R-project.org/ package=doBy.

(7) Paradis, E., Julien. Claude, and Korbinian Strimmer. 2004. "APE: Analyses of Phylogenetics and Evolution in R Language." Bioinformatics 20: 289-290.

(8) R Core Team. 2016. foreign: Read Data Stored by Minitab, S, SAS, SPSS, Stata, Systat, Weka, dBase …. R package version 0.8-67. https:// CRAN.R-project.org/ package=foreign.

(9) R. Core Team. 2016. R: A Language and Environment for Statistical Computing. R Foundation for Statistical Computing, Vienna, Austria. https:// www.R-project.org/ .

(10) Robinson, David. 2016. broom: Convert Statistical Analysis Objects into Tidy Data Frames. R package version 0.4.1. https:// CRAN.R-project.org/ package=broom.

(11) Solt, Frederick, and Yue Hu. 2015. interplot: Plot the Effects of Variables in Interaction Terms. Available at The Comprehensive R Archive Network (CRAN). https:// CRAN.R-project.org/ package=interplot.

(12) Venables, William. N., and Brian D. Ripley. 2002. *Modern Applied Statistics with S* (4th ed.). New York: Springer.

(13) Warnes, Gregory R., et al. 2015. gdata: Various R Programming Tools for Data Manipulation. R package version 2.17.0. https:// CRAN.R-project.org/ package=gdata.

(14) Warnes, Gregory R., Ben Bolker, Thomas Lumley, and Randall C. Johnson. 2015. gmodels: Various R Programming Tools for Model Fitting. R package version 2.16.2. https:// CRAN.R-project.org/ package=gmodels.

(15) Wickham, Hadley. 2007. "Reshaping Data with the Reshape Package." *Journal of Statistical Software* 21(12): 1-20. http:// www.jstatsoft.org/ v21/ i12/ .

(16) Wickham, Hadley. 2009. *ggplot2: Elegant Graphics for Data Analysis*. New York: Springer-Verlag.

(17) Wickham, Hadley, and Romain Francois. 2016. dplyr: A Grammar of Data Manipulation. R package version 0.5.0. https:// CRAN.R-project.org/ package=dplyr.

(18) Wickham and Chang before Wickham and Francois. 2016. devtools: Tools to Make Developing R Packages Easier. R package version 1.12.0. https:// CRAN.R-project.org/ package=devtool.

(19) Xie, Yihui. 2014. "knitr: A Comprehensive Tool for Reproducible Research in R." In Victoria Stodden, Friedrich Leisch, and Roger D. Peng, editors, *Implementing Reproducible Computational Research*. Boca Raton, FL: Chapman and Hall/ CRC.

(20) Xie, Yihui. 2015. *Dynamic Documents with R and knitr*. (2nd edition). Boca Raton, FL: Chapman and Hall/ CRC.

(21) Xie, Yihui. 2016. "knitr: A General-Purpose Package for Dynamic Report Generation in R." R package version 1.15.

(22) Zeileis, Achim. 2004. Econometric computing with HC and HAC covariance matrix estimators. *Journal of Statistical Software* 11(10): 1–17. http://www.jstatsoft.org/v11/i10/.

R 参考文献

(1) Hogan, Thomas P. 2010. *Bare-Bones R: A Brief Introductory Guide*. Thousand Oaks, CA: Sage Publications.
(2) Muenchen, Robert A., and Joseph M. Hilbe. 2010. *R for Stata Users*. New York: Springer.
(3) Spector, Phil. 2008. *Data Manipulation with R*. New York: Springer.
(4) Teetor, Paul. 2011. *R cookbook*. Sebastopol, CA: O'Reilly Media, Inc.
(5) Wickham, Hadley. 2009. *ggplot2: Elegant Graphics for Data Analysis*. New York: Springer.
(6) Zuur, Alain, Elena N. Ieno, and Erik Meesters. 2009. *A Beginner's Guide to R*. New York: Springer.

统计学参考文献

(1) Agresti, Alan, and Christine Franklin. 2009. Statistics: *The Art and Science of Learning from Data*. Upper Saddle River, NJ: Prentice Hall.
(2) Dougherty, Christopher. 2016. *Introduction to Econometrics*. Oxford: Oxford University Press.
(3) Kutner, Michael H., Christopher J. Nachtsheim, and John Neter. 2003. *Applied Linear Regression Models*. New York: McGraw-Hill.
(4) Wooldridge, Jeffrey M. 2009. *Introductory Econometrics: A Modern Approach*. Mason, OH, USA: South-Western Cengage Learning.

使用 R 的统计学参考文献

(1) Crawley, Michael J. 2007. *The R book*. Hoboken, NJ: Wiley.
(2) Dalgaard, Peter. 2008. *Introductory Statistics with R*. New York: Springer.
(3) Hothorn, Torsten, and Brian S. Everitt. 2014. *A Handbook of Statistical Analyses Using R*. Boca Raton, FL: CRC Press.
(4) Kabacoff, Robert. 2015. *R in Action: Data Analysis and Graphics with R*. Shelter Island, NY: Manning Publications Co.
(5) Maindonald, John, and John Braun. 2006. *Data Analysis and Graphics using R: An Example-based Approach*. Cambridge: Cambridge University Press.
(6) Monogan, James E., III. 2015. *Political Analysis Using R*. New York: Springer.
(7) Verzani, John. 2014. *Using R for Introductory Statistics*. Boca Raton, FL: CRC Press.

常用附加软件包

broom
car
DataCombine
data.table
devtools
doBy
dplyr
foreign
gdata
GGally
gmodels
gridExtra
haven
Hmisc
installr
interplot
knitr
lmtest
multiwayvcov
plyr
prevalence of
reshape2
Rmisc
RODBC
sandwich
wbstats
XLConnect